高等学校创新性数智化应用型经济管理规划教材（审计系列）

总主编 / 李雪　　主审 / 徐国君

经济效益审计（第二版）

李雪◎主编

洪宇　高金清◎副主编

立信会计出版社
LIXIN ACCOUNTING PUBLISHING HOUSE

图书在版编目(CIP)数据

经济效益审计/李雪主编. -- 2版. --上海：立信会计出版社,2025.4. --("十四五"高等学校创新性数智化应用型经济管理规划教材). -- ISBN 978-7-5429-7807-3

Ⅰ. F239.42

中国国家版本馆 CIP 数据核字第 202588Y1M8 号

策划编辑　　方士华
责任编辑　　孙　勇
美术编辑　　吴博闻

经济效益审计(第二版)
JINGJI XIAOYI SHENJI

出版发行	立信会计出版社			
地　　址	上海市中山西路 2230 号	邮政编码	200235	
电　　话	(021)64411389	传　　真	(021)64411325	
网　　址	www.lixinaph.com	电子邮箱	lixinaph2019@126.com	
网上书店	http://lixin.jd.com		http://lxkjcbs.tmall.com	
经　　销	各地新华书店			
印　　刷	常熟市人民印刷有限公司			
开　　本	787 毫米×1092 毫米　　1/16			
印　　张	12.5			
字　　数	305 千字			
版　　次	2025 年 4 月第 2 版			
印　　次	2025 年 4 月第 1 次			
书　　号	ISBN 978-7-5429-7807-3/F			
定　　价	45.00 元			

如有印订差错，请与本社联系调换

总 序

教材是高校实现人才培养目标的重要载体,教材及教材建设对高校发展具有举足轻重的作用。与培养模式相对应的教材是培养合格人才的基本保证,是实现培养目标的重要工具。由于历史原因,在财经类教材的出版方面,相关出版社出版研究型本科或者高职高专、中等职业等层次的教材较多,而应用型本科教材较少。虽然近年来一些应用型本科教材也陆续出版,但总体而言,这些教材还是缺乏权威性、普适性、实用性、创新性。造成这种状况的原因主要在于:出版社对财经类应用型本科教材的出版还不够重视,没有进行有效组织;财经类应用型本科院校多为新建院校,教材建设相对滞后,主观上也较愿意使用研究型本科教材;在教材使用中存在比较严重的混用现象,教材目标读者群不明确,如不少教材声称既适用于研究型本科院校又适用于应用型本科院校,或者既适用于本科院校又适用于高职高专院校。

由于目前财经类应用型本科教材种类和数量匮乏或质量欠佳,财经类应用型本科院校不得不沿用传统研究型教材。这些教材本身的质量很好、级别很高,但是并不适用于应用型本科院校的教学,教师和学生普遍反映不好用。即使在全国范围看,也还没有相对成套、成熟的、适合财经类应用型本科院校的教材。现有财经类教材存在的主要问题包括:①教材的定位和要求较高;②教材的内容偏多、难度大;③教材着重于理论解释,相关案例、实训等内容较少,缺乏普适性、实用性。

与此同时,信息技术的快速发展使学生的学习习惯和阅读习惯发生了改变,不断朝个性化、自主学习式的方向发展,传统的单一纸质版教材已经无法适应这种变化。翻转课堂、慕课、微课等网络课程的兴起,混合式教学的不断推进,也对立体化教材建设提出了新的要求。教材作为一种课堂上的教学工具,一种传播媒介,理应顺势而为,随课堂形式、学生学习方式的改变而改变,朝着数字化、立体化、可视化的方向发展。因此,编写一套适应学生水平、便于学生接受的立体化财经类应用型本科教材迫在眉睫。

我们组织具有多年应用型人才培养经验的优秀教师和实务界专家编写了这套高等学校创新性数智化应用技术型经济管理规划教材。本系列教材有《会计基本技能》《出纳实务》《基础会计》《中级财务会计》《成本会计》《管理会计》《会计信息系统》《财务管理》《审计学》《经济效益审计》《高级财务会计》《商业分析》《税法》《经济法》《金融学》《Excel在会计和财务管理中的应用》等品种。为了保证教材的质量,我们为本系列教材聘请了知名高校的专家教授进行专门指导和审核。每本教材至少有一名本学科的知名专家或学科带头人提出审核指导意见、至少有一名高等院校教学一线的高级职称教师参与组织编写、至少有一名行业协会、实务界专家或教学研究机构人员提出编写建议。

本系列教材的特色如下。

1. 应用性

应用型本科的教材建设应坚持培养应用型本科人才的定位,充分吸收和借鉴传统的普通本科教材与高职高专类教材建设的优点和经验,以就业为导向,做到理论上高于高职高专类教材、动手能力的培养上高于传统的本科院校教材。本系列教材体现了应用型本科的定位,体现了素质教育和"以学生发展为本"的教育理念,遵循了高等教育教学基本规律,重视知识、能力和素质的协调发展,根据应用型人才培养模式对学生的创新精神、实践能力和适应能力的要求,在内容选材、教学方法、学习方法、实验和实训配套等方面突出了应用性特征。

2. 针对性

本系列教材的编写符合会计学、财务管理和审计学等专业的培养目标、培养需求、业务规格和教学大纲的基本要求,与各专业的课程结构和课程设置相对应,与课程平台和课程模块相对应。本系列教材在结构纵横的布局、内容重点的选取、示例习题的设计等方面符合教改目标和教学大纲的要求,把教师的备课、试讲、授课、辅导答疑等教学环节有机地结合起来。

3. 立体化

本系列教材为立体化教材,实现了由传统纸质教材向"纸质教材+数字资源"的转变,通过技术手段将晦涩难懂的理论知识转变为直观的具体知识,以立体化、数字化的方式呈现,包括图文、动画、音频、视频等多种形式,生动、有趣且易懂,不仅可以激发学生的学习兴趣,还有利于教学效果的提升。

4. 趣味性

本系列教材注重趣味性,使用了大量的例题和案例,每章都加入了"思政育人""相关思考""延伸阅读"等内容,使读者能够加深理解,便于掌握相关内容。在案例、例题等的设计选用上重点突出趣味性,易于引发读者的共鸣。

5. 先进性

本系列教材反映了应用型会计人才教育教学改革的内容,能够反映学科领域的新发展。教材的整体规划、内容构建等均体现了创新性。教材还强调了系列配套,包括教材、学习参考书、教学课件等。立体化教材在内容修订上更具有明显优势,线上资源可以随时根据政策法规、理论知识或工作实务等的变化进行调整,更有利于保持教材内容的先进性。

6. 基础性

本系列教材打破传统教材自身知识框架的封闭性,尝试多方面知识的融会贯通,注重知识层次的递进,体现每一门科目的基本内容,同时在具体内容上突出实际运用知识能力,做到"教师易教,学生乐学,技能实用"。

7. 易于自学性

自学能力是大学生的一项基本能力。学生只有具备了自主学习的能力,才能最终建立起终身学习的保障体系,这也是应用型本科人才培养的客观要求。应用技术型高校的生源素质与普通高校相比存在一定的差距,除一部分是高考发挥失误的学生外,还有一部分学生在学习习惯、基础知识等方面存在一定的欠缺,这就要求教材能够调动这部分学生的学习积极性,在理论方面尽量通俗易懂,在实践方面尽量采用案例式教学。为了有利于学生课后自主学习,本系列教材配套了学习指导书和教学课件。

因此,本系列教材的定位准确,特色明显,适用于应用型本科院校教学,便于学生的自学和教师的教学。

本系列教材凝聚了众多教授和专家多年来的经验和心血。当然,由于我们的经验和人力有限,教材中难免存在不足,我们期待着各位同行、专家和读者的批评指正。我们将根据经济发展和会计环境的变迁不断修订教材,以便及时反映学科的最新发展和人才培养的最新变化。

本系列教材自2014年出版后,得到市场的认可,深受广大高校师生的欢迎。为了更好地回馈读者,我们从2017年起启动本系列教材第二版的修订工作,2019年启动第三版的修订工作,2021年启动第四版的修订工作。各种教材的修订版已陆续出版。我们会一如既往地做好教材修订和相关服务工作,希望广大读者对本系列教材继续给予支持。

李 雪

2024年1月

前 言

审计是社会经济组织结构中的一项重要的制度安排。经济越发展,审计越重要。20世纪60年代初期美国审计学家莫茨和夏拉夫的《审计理论结构》一书的问世,使审计学的独立学科地位逐渐得以确立。审计学学科体系由审计学基础、财政财务审计、经济效益审计、审计抽样、国际审计和信息系统审计六部分内容构成。其中,财政财务审计属于传统审计,而经济效益审计属于现代审计。

作为现代审计的经济效益审计,其产生和发展的客观基础是评价受托管理责任的需要。在第二次世界大战之后,西方国家的企业内部就已经有了评价企业经济效益的需求,于是企业内部经营与管理审计就产生了。随着西方国家政治民主化和法治化进程的不断推进,一种全新的政府审计类型——绩效审计便应运而生。进入21世纪,随着《企业风险管理框架》(2004)的出台和《萨班斯—奥克斯利法案》(2002)的颁布实施,经济效益审计在西方国家获得新的发展机遇,成为企业内部风险管理和公司治理的重要手段。

经济效益审计是一种综合性、多层次性审计,既包括合规性审计,又包括效益性审计;既有微观效益审计,又有宏观和中观效益审计。与传统的财政财务审计相比,经济效益审计具有特定的目标、方法、准则和评价标准。作为审计学专业人才培养重要课程之一的"经济效益审计",应当实现不断创新和优化。在我国,经济效益审计教材较少,加之现有的教材出版时滞,大部分教材的内容与体例结构已难以适应现代审计发展的需要,变革教材内容、创新人才培养模式,已是高校审计学专业人才培养的必然要求,基于此,我们组织编写了本教材。

本教材具有以下几个特点:①突出重点,兼顾一般。本教材以经济效益审计基本理论为基础,以内部审计开展的经济效益审计为主导,综合阐述了经济效益审计理论、方法和程序,同时对国家审计开展的绩效审计作了概括性介绍。②内容新颖,体例规范。在内容方面,本教材在参阅和借鉴已有论著的基础上,将现行准则与规定融入教材内容中,大大增强了本教材的实用性和科学性;在体例方面,本教材理论部分力求全面、系统、新颖,以便更好地指导实务,实务部分尽量简明扼要,通俗易懂,以利于应用。③理论联系实际,可操作性强。本教材附有大量练习与案例,可帮助、引导读者进行正确思考,引导读者由感性认识上升到理性分析,达到事半功倍的学习效果。

本教材由李雪教授主编,洪宇、高金清为副主编,陈磊、刘超、庄秋慧、张文娟、隋雪、夹姝惠、李艳花、马瑞颖为编者。具体分工如下:第1章绪论(李雪、陈磊),第2章经济效益审计方法与程序(李雪、刘超),第3章经济效益审计准则和标准(李雪、庄秋慧、隋雪),第4章经营活动审计(洪宇、高金清、马瑞颖),第5章管理审计(洪宇、李艳花、马瑞颖),第6章内部控制审计(洪宇、高金清),第7章财政支出效益审计(高金清、隋雪、夹姝惠),第8章投资项目效益审计(张文娟、李艳花、夹姝惠),第9章经济效益审计报告(洪宇、隋雪、马瑞颖),经济效益审计模拟试题及参考答案(洪宇)。

  本次改版仍保留了原教材的内容结构,承续了原教材的编写风格,主要的变化体现在三个方面,一是在各章增加了相关的课程思政内容,二是在各章新增练习题,三是根据最新审计法规、审计理论与实务的发展以及教师的反馈意见更新了部分内容。

  在本教材的编写过程中,编者参考了大量相关教材和论著,在此向有关作者致以深深的谢意!

  在本教材的编写过程中,编者进行了多次讨论研究,力求内容编排合理、避免错误,但难免存在考虑不周、表述不妥当的地方,敬请读者批评指正。

编   者
2025 年 5 月

目　录

第 1 章　绪论 ………………………………………………………………………… 1
   内容简介 ……………………………………………………………………………… 1
   重点难点 ……………………………………………………………………………… 1
   学习目标 ……………………………………………………………………………… 1
   知识框架 ……………………………………………………………………………… 1
   1.1　经济效益审计的产生与发展 …………………………………………………… 2
   1.2　经济效益审计的概念框架 ……………………………………………………… 5
   1.3　经济效益审计的内容与特征 …………………………………………………… 11
   1.4　经济效益审计的意义 …………………………………………………………… 16
   重要概念 ……………………………………………………………………………… 17
   思考题 ………………………………………………………………………………… 17
   练一练 ………………………………………………………………………………… 17

第 2 章　经济效益审计方法与程序 …………………………………………………… 19
   内容简介 ……………………………………………………………………………… 19
   重点难点 ……………………………………………………………………………… 19
   学习目标 ……………………………………………………………………………… 19
   知识框架 ……………………………………………………………………………… 19
   2.1　经济效益审计的方法 …………………………………………………………… 21
   2.2　经济效益审计的程序 …………………………………………………………… 23
   2.3　审计立项及计划 ………………………………………………………………… 27
   2.4　后续审计 ………………………………………………………………………… 30
   重要概念 ……………………………………………………………………………… 32
   思考题 ………………………………………………………………………………… 32
   练一练 ………………………………………………………………………………… 32

第 3 章　经济效益审计准则和评价标准 ……………………………………………… 34
   内容简介 ……………………………………………………………………………… 34
   重点难点 ……………………………………………………………………………… 34
   学习目标 ……………………………………………………………………………… 34
   知识框架 ……………………………………………………………………………… 34
   3.1　经济效益审计准则 ……………………………………………………………… 36
   3.2　经济效益审计评价标准 ………………………………………………………… 38

  3.3 经济效益审计评价标准的发展 ································ 40
  3.4 经济效益审计评价指标体系 ···································· 44
 重要概念 ·· 46
 思考题 ·· 46
 练一练 ·· 46

第4章 经营活动审计 ·· 48
 内容简介 ·· 48
 重点难点 ·· 48
 学习目标 ·· 48
 知识框架 ·· 48
  4.1 经营活动审计概述 ·· 50
  4.2 供应业务经济效益审计 ·· 53
  4.3 生产业务经济效益审计 ·· 55
  4.4 成本经济效益审计 ·· 57
  4.5 质量经济效益审计 ·· 62
  4.6 销售业务经济效益审计 ·· 64
 重要概念 ·· 67
 思考题 ·· 67
 练一练 ·· 67

第5章 管理审计 ·· 69
 内容简介 ·· 69
 重点难点 ·· 69
 学习目标 ·· 69
 知识框架 ·· 69
  5.1 管理审计概述 ·· 72
  5.2 管理机能审计 ·· 73
  5.3 管理部门审计 ·· 81
  5.4 公司战略审计 ·· 84
 重要概念 ·· 88
 思考题 ·· 88
 练一练 ·· 88

第6章 内部控制审计 ·· 90
 内容简介 ·· 90
 重点难点 ·· 90
 学习目标 ·· 90
 知识框架 ·· 90

  6.1 内部控制概述 ·· 93
  6.2 内部控制审计概述 ·· 98
  6.3 内部控制审计的内容 ··· 103
  6.4 内部控制审计的组织方式和程序 ································ 111
  6.5 内部控制审计的方法 ··· 117
  重要概念 ·· 120
  思考题 ·· 120
  练一练 ·· 121

第7章　财政支出效益审计 ··· 123

  内容简介 ·· 123
  重点难点 ·· 123
  学习目标 ·· 123
  知识框架 ·· 123
  7.1 经济方针政策执行情况审查 ······································ 125
  7.2 预算支出结构审查 ·· 127
  7.3 政府预算支出效益评价 ·· 131
  重要概念 ·· 133
  思考题 ·· 133
  练一练 ·· 133

第8章　投资项目效益审计 ··· 135

  内容简介 ·· 135
  重点难点 ·· 135
  学习目标 ·· 135
  知识框架 ·· 135
  8.1 投资项目效益审计概述 ·· 137
  8.2 投资项目可行性研究的审计 ······································ 142
  8.3 项目投资决策的审计 ··· 149
  8.4 投资项目中后期经济效益审计 ································· 153
  重要概念 ·· 155
  思考题 ·· 155
  练一练 ·· 155

第9章　经济效益审计报告 ··· 157

  内容简介 ·· 157
  重点难点 ·· 157
  学习目标 ·· 157
  知识框架 ·· 157

9.1　经济效益审计报告概述 ·· 159
9.2　经济效益审计报告的格式和内容 ·································· 162
重要概念 ·· 171
思考题 ·· 171
练一练 ·· 174

经济效益审计模拟试题 ··· 175
经济效益审计模拟试题参考答案 ···································· 180

参考文献 ·· 185

第 1 章 绪 论

◇ 内容简介
◇ 重点难点
◇ 学习目标
◇ 知识框架
➢ 1.1 经济效益审计的产生与发展
➢ 1.2 经济效益审计的概念框架
➢ 1.3 经济效益审计的内容与特征
➢ 1.4 经济效益审计的意义
◇ 重要概念
◇ 思考题

内容简介

本章主要讲解了经济效益审计的一些基本概念,包括它的产生与发展、概念框架、内容与特征、意义等。

重点难点

本章重点为经济效益审计的内容与特征,经济效益审计与财务审计、经济活动分析及经济管理活动的联系和区别,难点为经济效益审计的基本特征。

学习目标

通过本章的学习,学生应掌握经济效益审计的一些基本概念;了解经济效益审计产生与发展的过程;明确经济效益审计的内容与特征等;了解经济效益审计的意义。

知识框架

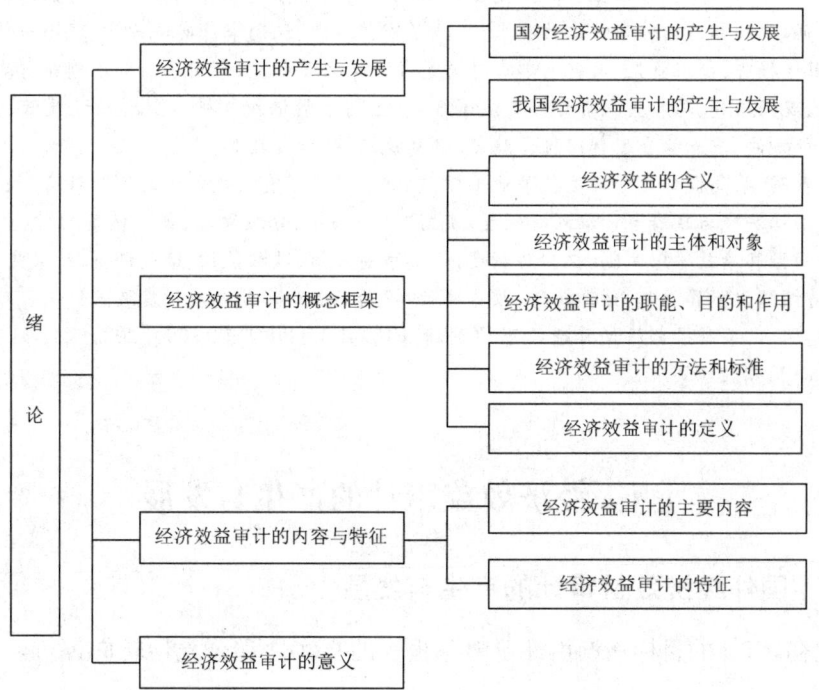

 引入案例

××市某部门效益审计

2×15年8—10月,××市审计局结合对市直某机关部门领导干部的经济责任审计,首次尝试性开展了部门绩效审计。

选择本次审计项目时,本审计局在充分考虑现有资源情况的同时,还综合考虑了管理职能突出、审计成本和可操作性以及对社会、经济和环境影响力较大等三个因素,经过对所有备选项目的调查筛选,最终确定A局作为此次部门绩效审计的对象。

A局是主管全市海洋事务和渔业行政工作的部门,其管理情况代表着本市农业部门的管理状况和水平,下属部门职能较多,有宽泛的经济管理活动。市审计局正在对该局原局长进行任期经济责任审计,对其部门资金总量、财务管理状况、内部控制及财务收支的合规合法情况有了初步了解。对A局进行部门绩效审计,便于节约审计成本,同时,也是丰富和完善部门领导干部经济责任审计内容的一个有效尝试。

本次审计确定的目标:规范管理、提高效益。通过重点评价政府部门履行职责的经济性、效率性和效果性,揭示政府部门管理不善和决策失误造成效率低下、国有资产流失等问题。针对审计查出的问题,分析具体对策,确保提出操作性强、切实有效的规范管理措施,并监督政府部门认真抓好落实,最终建立科学管理的长效机制,建立节约高效的政府。

为了做好部门绩效审计工作,审计人员作了大量的审前调查工作,通过与被审计单位有关人员深入交谈,查阅相关业务档案、内部控制制度等相关资料,对A局的基本职责和业务范围、部门的机构和人员设置、部门的财政财务隶属关系、资源情况和管理方式、部门的主要活动和内部控制情况等内容进行了全面了解。

资料来源:赵保卿.绩效审计理论与实务[M].上海:复旦大学出版社,2007.

 课程思政

某高校部门预算绩效审计案例(节选)

根据内部审计工作计划,审计机构对某高校预算执行实施了绩效审计。审计组依据内部审计准则基本准则及具体准则,以及部门内部审计工作要求,实施了审前调查、编制审计实施方案、现场审计取证、编制审计底稿、撰写审计报告、征求意见、履行内部审计质量复核等必要程序,采用了内部控制穿行测试、绩效审计相关资料查阅、现场盘查、与相关人员访谈交流等方式,运用了数据式分析、比较分析、最低成本法、因素分析法等绩效审计方法,重点检查了部门预算编制、预算执行、绩效管理等。

审计结果表明,某高校作为全额拨款事业单位,能够按照国家有关规定认真履行教育、教学、科研职责,严格执行国家法律法规与政府会计准则及制度,实行"统一领导、分级管理、集中核算"的财务管理体制,不断建立健全全面预算绩效管理体制、机制与制度,落实事前评估、过程监控、绩效评价、结果应用等全过程绩效管理要求,持续强化预算编制、预算执行、预算绩效,推动了部门事业高质量发展。

资料来源:佚名.某高校部门预算绩效审计案例[EB/OL].(2024-09-09)[2025-01-01]. https://sjc.nit.edu.cn/info/1140/2105.htm.

1.1 经济效益审计的产生与发展

1.1.1 国外经济效益审计的产生与发展

20世纪初,审计的目标逐渐由评价财务报表的真实性和公允性转向评价经济活动的有

效性、管理的合理性和管理程序的恰当性。经过几十年的发展,一门独立的审计分支——经济效益审计形成了。经济效益审计的产生和发展,使审计的发展进入了一个新的阶段。

国外虽然不存在经济效益审计这一名称,但实际上是存在经济效益审计的。经济效益审计的产生和内部审计的产生密切相关,内部审计的产生对经济效益审计的发展起了巨大的推动作用。第一次世界大战以后,世界经济得到迅速发展,企业的规模不断扩大,跨国公司纷纷崛起,市场和贸易趋向国际化。在这种情况下,企业纷纷建立了内部审计机构,企业的最高管理层把内部审计看作一种内部监督、加强管理的手段,从而使审计从防护性的审计发展到建设性的审计。内部审计的产生和发展,必然促进经济效益审计的产生和发展,这有着内在的必要性和可能性。由于企业处于激烈的竞争环境中,为保持有利地位,不断扩大销售市场,取得高额利润,企业管理者的战略眼光必然要放在经济效益上。企业不能仅仅依靠外部审计的审计结果,更迫切需要内部审计人员对企业内部各个环节的合理性、各项规章制度的贯彻执行情况、各项措施的落实情况实施审计,以保证经营方针的实现,以取得预期的效果。此外,内部审计所处的地位也要求它把审计重点放在经济效益上。由于内部审计是为企业管理层服务的,其审计的范围能够扩大到广泛的经营管理领域。又由于内部审计人员来自企业内部,对企业的组织、生产和经营过程,对企业所处的环境、经营目标、经营方针有深刻的理解,也易于收集各种必要的资料,他们有可能对企业的各项经济活动进行全面的评价并提出建议。1941 年,美国内部审计师协会成立,之后确立了内部审计的审计准则和道德规范,这标志着内部审计的成熟。内部审计往往用其他的术语来表述经济效益审计,它有时被称为管理审计、经营审计、项目审计、成果审计等。内部审计是对组织中各类业务和控制进行独立评价的活动,以确定组织是否遵循了公认的方针和程序、是否符合规定的标准、是否有效和经济地使用资源、是否正在实现组织的目标。这表明内部审计的范围扩大到了经营管理活动,内部审计不但要发现、防止错误弊端,而且要评价有关事项的经济性、效率性和效果性。在内部审计不断发展的同时,政府审计机构在审计范围方面也作了某些调整。政府在组织本国社会经济建设中的作用越来越重要,政府职能的变化涉及巨额的财政开支,可能导致纳税人的负担加重,公众日益关心政府经费开支的效益,并提出了政府管理人员的经济责任问题。为了满足公众以及立法机构的愿望,一些发达国家的政府审计机构,相继提出了经济效益审计的理论,实施了经济效益审计。政府审计范围的扩大推动了经济效益审计的迅速发展。

美国是最早将政府审计引向经济效益审计的国家。20 世纪 60 年代,美国会计总署率先把注意力转向经济效益审计,把审计划分为财务和合法性审计、经济和效益审计、计划项目效果审计三类,后两者属经济效益审计的范围。之后,美国会计总署听取了各级政府审计人员、注册会计师以及其他团体和个人的意见,制定了较为完善的审计准则。美国的经济效益审计称为效率(efficiency)、效果(effectiveness)、经济(economy)审计,即"3E 审计"。美国的做法对其他国家产生了很大的影响。70 年代,英国总会计审计长在议会公共会计委员会的支持下开始加强在合同和行政管理事务的处理中对规章制度执行情况的检查,进而对议会所拨款项的使用是否经济、效益如何、能否达到原定目的等进行检查。这一变化导致英国发展了价值为本审计(value for money auditing)。与此同时,加拿大开展了以经济效益为中心的综合审计(comprehensive auditing),这是经济效益审计的另一种模式。加拿大审计总局对议会提出的更好地进行财务和资源管理的要求作出了反应,进行了一系列重大研究,其中包括政府工作程序的经济、效率和效果的研究,提出了综合审计。综合审计的实质是对人、财、物的利用情况的审查,通过审计明确经济责任。在这一时期,各国政府审计也相继实施了适合各自国情的经济效益审计。尽管各国对于经济效益审计还没有一个统一定义,做法也不尽相同,但所关心的都是经济、效率和效果。考虑经济,即考虑是否以最低成本获得人力资源和物质资源;考虑效率,即在所提供的服务和用于提供服务的消耗之间寻求一个尽可能理想的比例关系;考虑效果,即一项方案达到其目标和其他预期效果的程度。经济、效率和效果是西方国家经济效益审计的核心。

在很短时间里,经济效益审计的理论和实践,引起了许多国家审计界有识之士的重视。最高审计机关国际组织(International Organization of Supreme Audit Institutions, INTOSAI)多次将经济效益审计的有关内容列入其代表大会的议题。1986年,最高审计机关国际组织召开第十二届代表大会,提出了世界审计发展的主要趋势是:审计的范围,政府审计由过去的以行政部门为主转向行政部门审计与公营企业审计并重;审计的领域,由传统的合规性审计扩大到绩效审计(performance auditing)。这次大会,将政府审计范围内的经济效益审计统一为绩效审计。绩效审计内容包括:①利用财务资料和非财务资料,对资源管理的经济性、效率性和效果性作出评价;②对一个单位、一个计划和项目的总的业绩作出报告,但仍警惕任何差错、失误和舞弊;③对提高政府部门的经济性、效率性和效果性提出总的建议。最高审计机关国际组织对经济效益审计的重视和宣传,促进了经济效益审计在世界各国的普及。许多国家对本国的审计法规作了相应的修改,并实施了经济效益方面的审计,使审计的思想和方法都发生了重大的变化。

1.1.2 我国经济效益审计的产生与发展

20世纪70年代末,我国社会主义建设进入了一个新时期,我国实行了对外开放的政策,我国审计界有机会接触国外的审计理论,了解国外经济效益审计的状况,从中吸收了有利于我国审计发展的有价值的营养,并提出了经济效益审计的概念。经济效益审计在我国的出现有着深刻的社会背景。1982年,中国共产党第十二次全国代表大会提出要厉行节约、反对浪费,把经济工作转移到以提高经济效益为中心的轨道上来,这是振兴我国经济、建设现代化强国的关键所在。经济效益低下是发展我国经济的一个重大障碍,长期以来,生产、建设、流通领域中经济效益差,其表现在:人力、物力、财力浪费严重;基本建设周期长,投资回收缓慢;经营管理不善,成本费用高,企业亏损严重。在宏观控制上也存在许多问题,诸如各地区争投资、争物资,乱上基建项目,不讲投资效益等。要改变这种状况,开展经济效益审计就成为一条重要途径。经济效益审计是西方国家的审计思想体系与我国的政治、经济和社会实际情况相结合的产物,不仅具有十分重要的理论意义,而且具有更广泛的实际意义。

1983年,我国建立了各级政府审计机关,恢复了中断许久的审计工作。我国国家审计机关成立伊始,就把经济效益审计作为一项重要的审计内容。我国政府对审计机关也提出了抓经济效益审计的要求,指出不仅要抓生产领域的效益,也要抓流通领域的效益;不仅要考核一个部门、一个单位的微观效益,而且还要注意考核宏观效益,注重在搞好经济效益审计的同时搞好财务收支审计和财经法纪审计。这把经济效益审计放到了一个十分重要的地位,加速了经济效益审计在我国的发展。我国国家审计机关成立不久,在试审阶段就把经济效益审计作为试审内容,通过试审,改善了企业经营管理,也积累了开展经济效益审计的经验。1985年以后,我国国家审计机关所实施的经济效益审计不断地向深度和广度发展,其中有两个显著的特点:其一,经济效益审计和财务收支审计、财经法纪审计结合在一起进行;其二,经济效益审计始终围绕我国各阶段经济工作的重点开展。在短短几年里,全国开展了一系列重大的经济效益审计:①扭亏增盈的审计,有重点地审计一些亏损大户;②以增产节约、增收节支为目标的经济效益审计;③厂长(经理)离任经济责任审计,以后逐渐演变为厂长(经理)任期目标审计;④控制行政事业经费开支的经济效益审计;⑤履行承包经营合同的经济效益审计;⑥对基本建设项目的经济效益审计,重点是自筹资金项目、停建缓建项目、引进项目和涉外项目;⑦各种资金使用效率的审计;等等。1989年中共十三届四中全会以后,国家审计机关围绕党的中心任务,将固定资产停建缓建的追踪审计、流通活动的审计、消费基金的审计、发展农业和扶贫专项资金的审计、对财政金融部门的审计等,列为审计的重点,以进一步提升宏观管理水平。

虽然我国国家审计机关在经济效益审计方面作了大量的工作,但限于国家审计力量的相对不足,经济效益审计的覆盖面很小,因此,内部审计作为我国审计体系的一个重要组成部分必然成为开展经济效益审计的一支重要力量。20世纪80年代以来,我国众多的单位和部门相继建立了部门内部审计机构和单位内部审计机构。一方面,部门内部审计机构围绕我国国家审计机关各时期的工作中心,把重点放在经济效益审计上,它们在国家审计机关的指导下开展了各项经济效益审计;另一方面,单位内部审计机构利用熟悉本企业情况的特点,大力开展业务经营审计和管理审计,促使企业生产力各要素得到较好的使用,提高了企业的管理水平。多部门和单位积累了许多开展经济效益审计的宝贵经验。

在我国经济效益审计迅速发展的同时,经济效益审计的理论日臻完善。20世纪80年代初,我国审计理论界偏重介绍国外的经济效益审计理论与实务。审计工作恢复以后,经济效益审计的理论研究逐渐转向探索建立适合我国国情的经济效益审计。我国审计界认识到,我国开展经济效益审计的目的与西方国家有着本质不同,不能照搬西方的做法,在开展经济效益审计时,不能只考虑微观效益而不讲宏观效益;经济效益审计的范围也不一样,在名称上不能套用国外的3E审计、价值为本审计、综合审计,我国提出的经济效益审计的概念比西方国家提出的概念更为完整。各界对经济效益审计的名称基本上形成了一致的看法。以后,我国审计理论界对经济效益审计的定义、职能范围、方法和程序进行了广泛的研究,取得了初步的研究成果,我国经济效益审计理论研究出现了一个高潮,发表或出版了大量的经济效益审计方面的论文和专著,许多教材引入了经济效益审计的内容,各大高校在高等审计教育中设置了经济效益审计课程,一个适合我国国情的经济效益审计体系正在逐步完善。

1.2 经济效益审计的概念框架

1.2.1 经济效益的含义

经济效益审计简称效益审计,其目的是促使被审计单位提高经济效益。正确理解效益和经济效益,才能更好地开展经济效益审计。人们进行劳动,总希望取得效益。效益是指劳动的效果和劳动的效率。劳动是有目的的活动,必须创造使用价值。不创造使用价值的劳动是无效劳动,没有效益或负效益。人类劳动的效益,可归纳为三类:一是经济效益,即经济方面的价值;二是社会效益,指某项活动有助于精神文明建设或有利于社会安定团结、健康发展的效益,它通常表现在精神或社会责任方面,往往难以用货币计量;三是生态效益,指某项活动有助于保持或恢复生态平衡,有助于形成良性生态循环的效益,它表现为对生物和人类生存环境的影响,多数难以用货币计量。

  人们从事任何经济活动,都要投入一定的劳动以取得相应的成果。人们总希望能以较少的投入取得更多的产出,把产出和投入进行比较,以衡量效益的高低。经济效益就是人们经常说的经济活动中的产出与投入之间的比例关系。从科学意义上说,这个定义过于简单。因为产出如果是废品或是社会不需要的无用之物,那不但没有成果,而且浪费了原材料,哪里谈得上经济效益。另外,如果不同人占用的资源不同,付出同样的劳动,其产出的成果也会大不相同。因此,本书认为,经济效益就是要以尽量少的劳动消耗和资源占用,取得更多的符合社会需要的有用成果。劳动消耗包括物化劳动消耗和活劳动消耗。物化劳动消耗指经济活动中实际消耗的燃料、原材料、机器设备的磨损等。活劳动消耗是指劳动力使用过程中脑力劳动和体力劳动的消耗。资源占用是指劳动过程中所占用的各种人力、财力、物力等资源,主要是物化劳动的占用,如使用的房屋、机器设备以及为保证劳动正常进行所需的其他劳动条件和必要的物资储备。讲求经济效益要尽量减少劳动消耗和资源占用。明确区别劳动消耗和资源占用有利于分析各种因素对经济效益的影响,避免忽视资源占用和资源优势的作用。经济效益中的有用成果,在物质生产部门,表现为符合社会需求的各种产品和劳务(废品和社会不需要的产品就不能算)。在非物质生产部门,主要表现为各种社会服务及其成果,如学校教育、医疗服务、文艺团体的演出、科研机构的科研成果等。经济效益一般概念用简单的公式表示为:

$$经济效益 = \frac{有用成果}{劳动消耗 + 资源占用}$$

  由于经济活动的性质不同,经济效益在社会经济不同部门具有不同的特点。在物质生产部门,经济效益具有三个特点:①消耗、占用与产出成果之间存在着线性关系,可以用线性代数计算出经济效益期望值;②产出成果一般可以用货币计量;③经济效益的提高表现为社会再生产价值总量的增加量。在非物质生产部门,经济效益具有不同于物质生产部门的特点:①消耗、占用与产出成果之间关系模糊,难以确定消耗、占用与成果的期望值;②成果一般难以用货币计量;③由于非物质生产部门经济活动本身并不创造新的财富,经济效益的提高往往表现为劳动消耗和资源占用的节约,或服务数量的增加,服务质量的提高。

  以尽量少的劳动消耗和资源占用,取得更多的符合社会需要的有用成果,它反映了经济效益的一般含义,可以说这是它的自然属性,这是各社会形态共有的,否则,社会就不能进步。但是,经济效益还是一个经济范畴,它是和一定的社会经济形态相联系的,因此,经济效益还具有社会属性,不同的社会对符合社会需要的有用成果的理解并不相同,这不仅是产品质的高低、量的大小问题,更重要的是生产什么、为谁生产的问题。对符合社会需要的有用成果理解的不同,反映了劳动消耗目的的不同,社会需要的满足程度也就不同。经济效益所反映的社会经济关系也就有所区别,这是经济效益的社会属性。

社会主义经济效益具有下列特点。

1. 社会主义经济效益必须符合社会主义生产目的

不同社会的生产目的是不同的。社会主义的生产目的是满足人民日益增长的物质和文化生活的需要。资本主义生产是为了剩余价值，可以不考虑是否满足人民需要。社会主义生产必须符合人民需要，如果不符合人民需要，就谈不上经济效益。

2. 社会主义经济效益是使用价值和价值的统一

社会主义经济是有计划的商品经济。商品是使用价值与价值的统一。社会主义生产是以满足人民日益增长的物质和文化生活需要为目的的，而能够满足这种需要的只能是商品的使用价值。因此，社会主义生产必须注重使用价值的生产，必须不断开发新产品，努力增产数量多、质量好、人民需要的产品。但是，社会主义企业的生产仍然是商品生产，价值规律在有计划商品经济条件下仍是重要的经济规律。因此，企业不能不重视价值的生产，应当努力做到盈利，并不断地增加积累。社会主义经济效益是使用价值和价值的统一。单纯地强调价值而忽略使用价值或狭义地认为经济效益必然以货币表现是不符合社会主义生产目的的。

3. 社会主义经济效益是宏观经济效益与微观经济效益的统一

社会经济活动的层次性决定了经济效益也具有层次性。社会主义经济是有计划的商品经济。社会主义经济具有统一性。社会主义经济的整体性要求人们在衡量、评价一个单位经济效益时不仅要注重其微观经济效益，还应当考虑其经济活动对本地区、部门以及整个国民经济的影响，坚持宏观经济效益与微观经济效益的统一。

4. 社会主义经济效益是当期经济效益与长远经济效益的统一

当期经济效益是指一个主体在本期内（一般指1年内）所实现的经济效益。长远的经济效益是指今后一段时间内可实现的经济效益。在经济活动中不仅存在着当期所实现的经济效益，也存在着长远的或者说潜在的经济效益。社会主义经济的性质决定了社会主义经济效益不仅指眼前所实现的经济效益，而且是长远的经济效益和当期的经济效益的统一。讲求经济效益不能光顾当期经济效益而忽略长远的经济效益。社会主义经济效益的内涵要求人们在评价经济效益时应注重长远的、潜在的经济效益，要坚持当期经济效益与长远经济效益的统一。

5. 社会主义经济效益与社会效益和生态效益是相统一的

在资本主义社会，企业为了谋求经济效益，可以不考虑社会影响；企业为了经济效益，可以不惜破坏生态平衡。社会主义企业不能只讲赚钱，而不考虑社会影响。社会主义社会生产目的要求企业在提高经济效益的同时，注重环境保护，维护生态平衡，重视生态效益。所以，在评价经济效益时，企业应重视经济效益、社会效益、生态效益的统一，要将三者结合起来进行综合评价。

现在不少人将企业利润等同于经济效益，认为利润多就是经济效益好。经济效益和企业利润是既有联系又有区别的两个概念，不能简单地把它们等同起来。企业利润是按照会计制度规定的计算方法确定的。它强调会计计量中的实现原则，是把延续不断的营业收入与成本费用按计算期配比的结果。说它与经济效益有联系，是因为利润是成果和消耗相比之差。但是，计算利润的消耗和成果是按照会计原则和方法来确定的，其内涵与计算经济效益的消耗和成果并不一样，因而不能简单地把两者等同起来。经济效益的含义既包括受益者当期实现的效益,也包括当期创造而由后期受益的潜在效益。在评价被审计单位的经济效益时,可以考察利润的多少,但是不能单看利润,不能将利润等同于经济效益。因为,如果把利润和经济效益等同起来,就会产生下列问题:

第一,利润体现不出技术突破、产品开发、科学研究、智力投资等带来的长期的经济效益。不仅如此,利润还可以基于"寅吃卯粮"实现,企业可能采取拼设备、拼体力等"掠夺"式经营方式,以图得眼前的利润,而究其实质,当期减少的消耗,或增加的产出,是以减少后期效益为其代价的,因而并非真正的经济效益。

第二,利润不能确切地反映因改善产品性能、提高产品质量、降低产品(耐用品)的使用成本、延长产品寿命等所带来的不直接属于生产者的经济效益。

第三,利润不能体现不同的资源占用、不同的自然环境、不同的生产能力所造成的差异。企业如果具有地理位置优势,拥有丰富的自然资源、先进的设备和技术,消耗同样的物化劳动和活劳动就能带来优厚的利润,但这种高利润来自客观条件而不是人们主观的努力。

第四,利润受价格的影响。在价格机制尚未理顺以前,利润甚至不能反映企业的真正成绩。可见经济效益这一概念的内涵和外延,大于企业利润,不应当简单地把两者等同起来。人们在评价企业的经济效益时,不能单看利润多少,还应当联系其他指标、联系其他因素,只有这样,才能作出正确的评价。

经济效益审计是现代审计的重要组成部分,它是和传统的财务审计不同的一种新型审计。本书在给经济效益审计下定义前,先对它的主体、对象、职能、目的、方法、标准等作一番考察,才能对经济效益审计有更深的了解。

1.2.2 经济效益审计的主体和对象

审计主体是指进行审计的机构和人员。经济效益审计的主体是独立的审计机构或独立的审计人员。审计机构包括国家审计机关、内部审计机构和民间审计组织(审计师事务所和会计师事务所)。审计人员除了审计机构中专门从事审计工作的人员,还包括企事业中独立的审计人员。只有独立的审计机构或审计人员进行的以提高经济效益为目的的审核检查活动才能称为经济效益审计。其他机构或人员,如财政税务机关,企业计划、财务部门、财政专管员等进行的检查分析活动,不可以称作经济效益审计。

审计对象是审计所审查、考查的客体。经济效益审计要实现其职能,发挥其应有的作用,做到有的放矢,首先应明确审计的对象。经济效益审计的核心工作是评价被审计单位实现的经济效益的现状,帮助被审计单位挖掘经济效益潜力,促使其合理、有效地实现可以实现的经济效益。经济效益审计作为以提高经济效益为目的的审计,它审查和考察的客体就离不开被审计单位的经济活动及其结果。经济效益审计的对象是被审计单位的经济活动。具体来说,经济效益审计的对象是被审计单位的业务经营活动和管理活动。审计对象可以是企事业单位的微观经济活动,也可以是以地区、部门为范围的中观经济活动,或是涉及整个国民经济的宏观经济活动。经济效益审计对象是由经济效益审计目的所规定的,反映了经济效益的内涵。

经济效益审计对象决定了经济效益审计具有广泛的应用范围。各种经济活动,不论是物质生产部门还是非物质生产部门的经济活动,都面临以尽量少的劳动消耗和资源占用,取得更多的符合社会需要的有用成果的问题,都面临提高经济效益的问题。所以,哪里有经济活动,哪里就存在经济效益问题。经济效益审计是由审计机构和审计人员根据委派人或委托人的要求,对经济活动的合理性、有效性进行审查分析和评价,并提出建议的一种审计活动。经济效益审计的委派人和委托人不但有财产所有者,还有经济活动的管理机关和负责人。哪里存在经济效益问题,只要有委派人或委托人的要求,哪里就需要经济效益审计。经济效益审计适用于社会经济活动的各方面和各环节。

1.2.3 经济效益审计的职能、目的和作用

经济效益审计和财政财务审计、财经法纪审计一样,具有经济监督职能。但是,经济效益审计所具有的经济监督职能已不仅仅是一般审计意义上的对被审计单位经济活动的合法性、合规性和反映经济活动资料的真实性、公允性的监督。传统财务审计的经济监督反映了审计的目的是纠错防弊,维护法纪。经济效益审计的经济监督相对传统财务审计是一种更高层次、更广意义上的经济监督,即监督被审计单位经济活动的合理性和有效性,监督是否发生损失和浪费。对被审计单位经济活动合理性、有效性的监督对我国社会主义经济建设的发展具有积极的促进意义。

经济效益审计除了具有经济监督职能,还具有经济评价职能。经济评价是经济效益审计的主要职能。经济评价就是审核、检查、分析、评定被审计单位的经济决策、计划和方案是否先进、可行;经济活动是否按照既定的决策和目标进行;经济活动是否合理和有效;经济效益的高低优劣以及规范经济活动的规章制度是否健全、完备、有效等。经济评价建立在真实情况基础之上,审核检查经济活动的真实性是评价的前提,审计人员查明了客观事物真相,对照一定的标准进行分析、研究,才能够形成对被审计单位经济活动是否合理、有效的评价意见。经济评价的过程同时就是肯定成绩、发现问题的过程。经济效益审计在评价被审计单位经济效益的同时要向被审计单位提出改善管理、挖掘潜力、提高经济效益的建议。审计建议是评价职能的深化,也是评价职能的重要组成部分。

经济效益审计也具有鉴证职能。鉴证是对经济效益的鉴别和证明,鉴别其是否确实具有经济效益,证明其已达到或可能达到的经济效益水平。例如,对可行性研究报告的审计,不但要评价可行性研究报告的合理性、有效性,而且还要签署意见,鉴定、证明可行性研究报告是可行的,这就是鉴证的职能。

经济效益审计还具有挖潜的职能。例如,审计人员经过审计,对怎样利用材料提出建议,对怎样提高经济效益提出审计建议,这就是挖潜职能在起作用。例如,对于 100 厘米长的一根钢材,按工艺要求,切割成长 30 厘米的零件,多余 10 厘米的钢材料头。审计建议用它制造某种小商品,这是挖潜职能。挖潜是挖掘原来未被利用的潜力,它能变无用为有用,化废为宝,"无中生有"。它和经济监督、经济评价都不同。经济监督是原来已有某种规定、某个"轨道",审计人员通过审计,监督经济活动是否按预定的目标、规定执行,是否在规定的"轨道"上运行。如果不符合,就会造成损失、浪费,这是经济监督的职能。经济评价是对经济活动的合理性、有效性进行评价,它是对已有经济活动的"评头品足"。例如,在切割零件时,30 厘米一段,这 3 段从钢材上紧挨着截下,还是每切割一段就间隔几厘米,这就有切割是否合理的问题,这是经济评价。而挖潜则完全不同,它对 10 厘米长的"废料"提出如何利用的建议,它既不是"经济监督",也不是"经济评价",而是"挖潜"。审计职能并不是固定不变

的,随着审计工作的发展、人们认识的深化,人们逐渐发现审计过去未显示的新职能。古代审计只有经济监督一个职能。后来,出现了民间审计,它对财务报表、财务状况的真实性、正确性进行鉴证,形成了经济鉴证职能。通过内部审计的开展,人们发现了审计具有经济评价的职能。如今开展经济效益审计,挖掘被审计单位原来没有利用、现在可以利用的潜力,提出挖潜的审计建议。这就说明审计本身具有"挖潜"的职能。

经济效益审计是以提高经济效益为直接目的的审计。通过审计,评价经济效益的现状,提出控制损失、减少浪费的意见和挖掘潜力的建议,促使被审计单位改善管理,提高经济效益。

经济效益审计可以发挥以下几方面作用:①促进作用,促使被审计单位提高经济效益;②控制作用,控制损失浪费的再次发生;③证明作用,证明经济效益已达到的水平或可能获得的效益;④信息反馈作用,把相关信息反馈至有关部门;⑤对国家有关部门和企业领导的参谋作用,帮助其决策。

1.2.4　经济效益审计的方法和标准

经济效益审计的方法和财政财务审计、财经法纪审计的方法有很大不同。经济效益审计除了应用核对法、盘点法、调节法、鉴定法等传统的审计方法,还大量应用经济活动分析方法、现代管理方法和数理统计以及数学方法。经济效益审计运用传统的审计方法一般只是为了证实经济活动和经济资料的真实性和正确性。经济活动分析方法、数理统计和数学方法才是评价经济效益高低、挖掘提高效益潜力的主要方法。经济效益审计中各种技术方法的理论基础是辩证唯物主义,但还要用系统论、信息论、控制论的观点对各种经济活动以及影响经济活动的各因素进行综合的、系统的审查分析,才能找出根本原因,从而作出恰如其分的评价。

经济效益审计的审计标准和财政财务审计、财经法纪审计的审计标准也有不同。财政财务审计、财经法纪审计主要以法律、法规、财务会计制度审计准则和会计准则作为审计标准;经济效益审计则主要以计划、技术经济指标等作为评价经济效益高低、优劣的审计标准。

1.2.5　经济效益审计的定义

综合上述对经济效益审计的主体、对象、职能、目的、方法、标准等的分析,可将经济效益审计的定义表述如下:经济效益审计是指由独立的审计机构或审计人员,对被审计单位或项目的经济活动进行综合的、系统的审查和分析,对照一定的标准评定其经济效益的现状和挖掘潜力,提出提高经济效益的建议,促使其改善管理、提高效益的一种审计活动。掌握经济效益审计的定义应当明确以下几点。

经济效益审计是由独立的审计机构或独立的审计人员执行的审计活动。非独立审计机构或非审计人员所进行的审查或经济分析活动,即使其审查的目的、内容、方法等和经济效益审计相似,也不能算经济效益审计。

经济效益审计是对被审计单位经济效益实现途径、资源开发利用程度和效益实现程度的审计,审计的目的是促使被审计单位提高经济效益。它的作用主要不是制约,而是促进。经济效益审计是旨在挖掘潜力的建设性审计。

审计人员在进行经济效益审计时应当进行综合的、系统的审查和分析。审计人员进行评价时应当坚持宏观经济效益与微观经济效益相统一,当期经济效益与长远经济效益相统一的原则,既要看到被审计单位的局部利益,又要看到整体利益,局部利益要服从整体利益;既要看到当期利益,也要看到长远利益,当期利益要服从长远利益。

经济效益审计是现代审计的重要组成部分。经济效益审计是以提高经济效益为目的的审计,经济效益审计具有审计的基本特征,经济效益审计与财政财务审计、财经法纪审计一起构成完整的现代审计体系。

1.3 经济效益审计的内容与特征

1.3.1 经济效益审计的主要内容

经济效益审计的审计内容是经济效益审计对象的具体化。不同的部门、不同的行业,经济活动的内容不同,经济效益审计的内容也有所区别。

1. 企业经济效益审计的主要内容

企业是从事生产、流通、服务等活动的独立经济核算单位。企业拥有一定的资金,依法进行经营,为社会提供物质产品或劳务,并取得盈利。它包括工业、农业、交通运输、建筑业和商业企业等。

企业经济效益审计的主要内容如下:

(1) 审查、分析企业在一定时期内经济活动所取得的成果,将各项经济指标与一定的标准进行比较,评价其经济效益的现状和水平。

(2) 审查、分析企业的业务经营情况和各职能部门的具体业务,如供应、生产、销售、运输等业务开展情况,以及各业务环节之间的协调和各业务部门的作用发挥情况。

(3) 审查、分析企业对占用的各项生产资料、资金和各种资源的利用情况及其对经济效益的影响。通过对企业现有生产资料、各种资源利用效果的考查,分析生产资料、资源的使用情况,研究影响生产资料和资源充分利用的原因,以提升生产资料和资源利用的效率。

(4) 审查、分析劳动力的素质和利用情况。审查企业的职工队伍,包括领导干部、管理人员、工程技术人员和工人的基本素质,职工队伍结构的合理性,各类人员的思想、业务水平,提高职工队伍素质的措施。分析劳动力、工作时间的利用情况和劳动效率,以便挖掘利用的潜力。

(5) 审查、分析企业开发活动的效益,包括技术开发、新产品开发、市场开发等。通过审查,评价开发的效益,研究提高开发效益的措施,选择最佳的开发方案。

(6) 审查、分析管理情况。经济效益审计通过对管理职能和管理职能部门工作的审查,分析被审计单位管理水平和管理效率的基本情况、管理职能的发挥情况、管理制度的完善情况、经济责任制的落实情况等,以促进企业加强管理,减少管理中的薄弱环节,进一步提高管理水平和管理效率。

2. 行政事业单位经济效益审计的主要内容

行政事业单位包括行政机关和事业单位。行政事业单位本身一般并不创造物质财富,但仍然面临着如何少花钱、多办事,节约支出,提高经济效益的问题。行政事业单位经济效益审计的内容主要包括以下几个方面:

（1）投入的经济性。投入的经济性是指劳动消耗和资源利用的节约，就是用最少的劳动消耗、占用最少的资源完成预期的任务或达到既定的目标。投入的经济性审查包括审查是否节约使用资金，是否合理利用资源，是否恰当配置人员，是否节约劳动消耗。

（2）管理的效率。管理效率的审查包括审查机构设置是否科学、人员配备是否合理、管理人员的思想作风是否正确、管理职能是否充分发挥和管理方法与手段是否科学先进等。

（3）产出的效果。产出效果的审查包括数量和质量两个方面：一方面确定成果的数量是否最大，另一方面确定成果的质量是否达到一定的标准，最终确定成果是否具有良好的效益。

3. 宏观经济效益审计的主要内容

宏观经济活动是指整个国民经济活动。它应当以尽量少的劳动消耗和现有资源，取得更多的符合社会需要的有用成果，保证国民经济的持续、稳定、协调发展。要做到这一点，就必须提高经济效益，加强宏观经济效益审计。宏观经济效益审计对实现国民经济的宏观调控、建设社会主义市场经济具有更重要的意义。宏观效益审计的主要内容包括对国民经济发展计划完成情况的审查、国家的财政预算执行效果的审查、国家的金融活动效益的审查、国家重大的固定资产投资效益的审查、引用外资和技术效益的审查等。

1.3.2 经济效益审计的特征

经济效益审计是现代审计区别于传统审计的主要标志之一，也是现代审计的重要组成部分。经济效益审计作为审计的一个独立的类别，仍具有审计的基本性质。跟传统的财务审计一样，都是由独立的审计机构和审计人员，对被审计单位或被审计项目进行审核检查，搜集证据，对照一定的标准，进行判断，得出审计结论。独立性是其本质特点，但其又有别于其他审计活动和管理活动。

1. 经济效益审计与相关工作的关系

1) 经济效益审计与财务审计

经济效益审计和财务审计是两个相独立的类别，均是现代审计的重要内容。它们之间的主要联系是：从某种意义上说，财务审计是经济效益审计产生和发展的基础，正因为财务审计的范围扩大，才产生了现代的经济效益审计；财务审计和经济效益审计具有一定的相融性，如在财务审计过程中有经济效益审计的行为。而审计人员在开展经济效益审计时，往往又以财务审计的结果为依据，以增加经济效益审计的可靠性，或者从财务审计入手，在核实财务资料正确无误的基础上，逐渐开展经济效益审计。但是经济效益审计绝不是财务审计的延伸，也不是每一项经济效益审计均要从财务审计做起，它们毕竟是两种不同类别的审计，主要表现在以下几个方面：

（1）审计的目的不同。虽然任何审计的总目的都在于评价经济责任，财务审计的具体目的是评价财务收支活动的合规性、合法性和会计资料的真实性、正确性及公允性，以发挥其查错防弊功能；而经济效益审计的具体目的则是改善经营，促进经济效益的提高。它要对被审计单位经济活动的合理性、经济性、效率性、效益性进行客观评价，以寻求提高经济效益的途径。

（2）审计的对象不同。财务审计和经济效益审计虽然都以被审计单位的经济活动为其审计对象,但它们各自具体的对象、内容、范围有很大差别。财务审计主要以被审计单位的财务收支活动及其载体的会计资料作为其审计对象,其内容少、范围小;而经济效益审计要以被审计单位整体的经营、管理活动及其载体(各项管理资料)为审计对象,其内容复杂,范围涉及被审计单位的整体活动。

(3) 审计的标准不同。财务审计的标准主要是国家现行的经济法律、法规、法令、会计准则、财务通则及单位内部会计制度与财务计划,其标准明确、易依、易行;而经济效益审计的标准,主要是单位的内部控制制度及其量化指标,如计划、定额、业务技术标准及有关指标、数字,一些定性标准带有很大的模糊性,不易掌握,难以对照评价。

(4) 审计的方法不同。财务审计一般以事后审计为主,而经济效益审计则有事前、事中和事后审计,并已有以事前、事中审计为主的趋势。在具体方法应用上,财务审计主要使用会计资料检查法和实物检查法,如顺查法、逆查法、详查法、抽查法、审阅法、核对法、查询法、观察法、盘存法、鉴定法、分析法、评价法等;经济效益审计除了运用财务审计的所有方法,还要运用大量的价值分析法、量本利分析法、技术经济分析法、现代管理方法及数学方法等。

(5) 审计的作用不同。虽然财务审计和经济效益审计基本职能均是经济监督,但发挥作用的方式有所不同。财务审计直接通过监督职能发挥作用,其审计结论和决定要强制执行;而经济效益审计主要通过评价,提出改进的建议和意见,要被审计单位采纳后才能发挥作用,其审计结论和决定不带有任何强制性。财务审计属于防护性或公正性审计,具有查错防弊及证明作用;而经济效益审计则属于建设性审计,如果被审计单位采纳了审计人员的建议、意见,就有利于其改善经营,加强管理,提高经济效益。

(6) 审计的主体不同。财务审计可由财务审计人员独立完成,因为在财务审计中,审计人员只要具备财务会计知识、审计知识,掌握相关的财经法规,以及能熟悉运用传统的审计技术,就可以胜任工作。而从事经济效益审计的人员,则不仅要具备从事财务审计工作应具备的知识和能力,而且还要掌握现代管理知识和有关的专业技术,这对于审计人员个体来说很难做到。因此,审计人员开展经济效益审计时,必须还要有懂工程技术、会经营管理的有关专业人员辅助,否则难以解决专业技术性强的问题。

2) 经济效益审计与经济活动分析

经济活动分析是利用会计、统计、业务核算等有关资料对一定期间的经济活动过程及其结果进行比较、分析和研究,借以发现管理中的不足,以寻求挖掘单位内部潜力、提高经营管理水平和经济效益的途径。在一个单位中,经济活动分析工作是一种正常的管理工作,也是各层次管理人员应尽的职责。它既不存在阶段性工作,也不存在固定的模式。经济活动分析和经济效益审计虽然是两个完全不同的概念,但它们之间也存在着很多相似之处;其一,它们的目的具有一致性,无论是从管理角度出发,还是从监督角度出发,无非都是为了促使单位提高经营管理水平和经济效益,以适应市场竞争的需要;其二,它们工作的对象具有一致性,经济活动分析和经济效益审计都把经济资料、技术经济资料以及这些资料所反映的经济活动及管理活动,当作分析或审查的对象,即便有些区别,也只是应用的广度和深度不同;其三,它们所使用的方法具有一致性,两者都使用多种经济分析方法,如果说有区别,也只是应用多寡的区别。经济活动分析和经济效益审计的主要区别有以下几个方面:

(1) 工作的性质不同。经济效益审计是一种独立的审计活动,具有经济监督的职能,它是由独立于被审计单位或被审计项目之外的第三者所实施的证实行为,具有一定的权威性。

而经济活动分析则是一种管理活动,它是由单位内部有关部门或人员所执行的一种管理控制行为,受主观因素影响较大;同时它是一种方法学科,主要用于分解剖析某些经济现象。

(2) 工作的范围不同。经济活动分析只适用于企事业单位内部;经济效益审计则不受单位限制和区域限制,对企事业单位、政府机关均可进行经济效益审计,对跨区域、跨单位的经济项目也可进行经济效益审计。经济活动分析的主要内容是单位具体的经济活动,如生产(经营)分析、财务分析、质量分析等,而其基本内容是对经济指标和差异因素进行解剖,一般很少涉及管理问题,除非在分析原因时附带涉及;经济效益审计则不同,它要对被审计单位的业务经营过程、管理职能和部门、管理目标和改革、管理环境和能力及有关经济技术指标进行审查评价,比经济活动分析所涉及的内容要广泛得多、全面得多。

(3) 工作的方法不同。经济效益审计要按审计的基本程序和方法进行工作,如根据审计目的要求,确定审计的目的、范围、要点和方法,进行审核、取证、分析、评价,然后形成审计结论,提出审计报告,报告中要提出提高经济效益的建议。在这套程序中,审计人员不仅要使用常用的审计方法,还要使用各种分析方法去收集必要的证据,以助于查明事实,对照标准,形成审计结论。而经济活动分析不同,它只以某些经济指标为主导,就其有关的各项指标或定额,主要采用会计、统计所常用的经济分析法,进行层层解剖、逐步分析,确定导致指标变化和差异的主要因素,然后形成分析结论,提出改进工作的建议和措施。

(4) 工作的主体不同。经济效益审计只能由审计机构或审计人员进行,具有独立性和权威性,其审计结论一般均要执行;而经济活动分析,主要由管理经济业务的职能部门和有关人员进行,他们不具备独立性,其评价意见与建议也缺少客观性、权威性和约束力,一般只作为单位领导改进经营、加强管理的参考。由于两种工作的主体不同,其工作效率也不相同。经济效益审计报告所反映的信息,不仅可以供被审计单位使用,还可以提供给主管部门及国家经济决策部门作为进行宏观调控的依据,作为制定产业政策、决定投资方向、修订经济法规和政策的参考;而经济活动分析的资料却不能发挥如此的宏观作用。

3) 效益审计与经济管理活动

经济效益审计是一种审计的类别,无论是外部审计人员所执行的经济效益审计,还是内部审计人员所执行的经济效益审计,都不能改变审计的本质——审计是一种经济监督活动,而不属于管理的范畴。经济效益审计和经济管理活动的主要区别有以下两个方面:

(1) 经济效益审计属于经济监督体系,处于管理过程之外;而经济管理活动是管理过程和工作的总称。现代管理是指建立在现代科学技术和高度社会化生产基础上的企业的经济活动所进行的规划、组织、领导、协调和控制的总称。经济效益审计不仅不属于上述管理过程的任何一个环节,而且还把上述管理职能及其管理结果当作审查评价的对象,审查它们的恰当性,评价它们的有效性,其目的在于改善管理过程,提高管理水平,最终充分发挥管理效能,促进经济效益的提高。

(2) 经济效益审计不参与任何管理实务,其审核、评价也不属于管理行为,而是经济监督行为。无论是外部审计人员还是内部审计人员,他们既不参加被审计单位的经营决策和计划制订工作,也不参与日常的控制和调节工作,更不直接处理经济业务事项;而单位的经济管理者正是要参与上述工作,才能完成其管理活动。从事经济效益审计的人员,虽然也有意于促进被审计单位提高管理水平和经济效益,但不会参与其经济管理活动,至于被审计单位能否采纳建议,能否真正提高经济效益,全在于被审计单位管理人员的主观努力。审计人员无论从事什么样的审计工作,始终处于监督地位,而不介入经济管理过程。

经济效益审计和经济管理活动虽然有本质的区别,但它们之间也有联系。例如,审计活动和管理活动的根本目的是一致的,都希望提高单位的管理水平和经济效益;经济效益审计和经济管理活动都能发挥建设性的作用,促进企业经营水平的提高。经济效益审计把全部的经济管理活动当作其审查评价的对象,经济管理工作也希望借助审计监督促进管理目标的实现和管理质量的提高。

2. 经济效益审计的基本特征

从经济效益审计与财务审计、经济活动分析及经济管理活动的联系和区别中,可以看出经济效益审计具有以下一些基本特征:

(1) 独立性。经济效益审计和其他类型的审计一样,是由独立的审计机构或审计人员进行的。不是由审计机构或审计人员所进行的审查,即便其审查内容、方法和结果是相似的,也不能称为经济效益审计。如果要把经济效益审计的潜在利益变成现实,那么审计人员不仅要具有形式上的独立性,还要具有精神上的独立性,否则就难以实现经济效益审计目标。审计人员在经济效益审计中应保持实际意义上的独立性:不应卷入被审计单位经营管理或承担对被审计单位进行经营管理的责任;能够在没有不适当压力的情况下判定独立的审计程序;根据需要,可以获得充分接触被审计证据,以及各层次经营管理者;收集和评价被审计证据时,应坚持客观性和实事求是的原则;报告应反映自己认为必要的所有事项,并充分阐述自己的看法。独立性的重要意义无论怎样强调都不为过,特别是内部审计人员在进行经济效益审计时的独立性,必须从被审计单位组织地位上得到反映和保证。管理部门必须理解和承认审计独立性的必要性。审计人员诚实正直、处事客观、实事求是,这对于保证经济效益审计的独立性尤为重要;审计人员要勇于承担责任,不徇私情,既要保持职业上的谨慎,又要开阔思路,广泛求证,在评价有关证据和事项时,必须毫无偏见、客观公正。

(2) 建设性。经济效益审计以提高被审计单位的经济效益为前提,目的在于促进被审计单位各级管理部门,通过科学管理,增强经营活力,即通过对各项控制制度和规程、经营业务、管理过程、管理部门和单位环境的审查、分析与鉴别,发现不足或有待改进的地方,向最高管理当局和有关管理部门提出改进的建议,以求改善经营管理和提高管理水平。经济效益审计旨在提高被审计单位未来的经济效益,所以它具有建设性。其审查、评价的重点集中于管理部门的方针、计划、控制制度和决策过程。经济效益审计从调查、审核、分析直至最后提出审计报告,始终都要突出一个中心,就是要为被审计单位指出问题与潜力之所在,进而提出改善经营、提高经济效益的途径与措施。

(3) 广泛性。经济效益审计虽然以经营管理、生产技术管理方面的经济活动为主要对象,实质上,它涉及一切经济活动的全过程及其各个方面。它既要审查财会资料,又要审查计划、统计、技术及各项管理资料;它既要审查经营管理活动的过程,又要审查对其产生影响的各个要素,如对一个单位的生产经营布局、资源利用、人力安排、生产组织、经营决策、管理方式与方法、管理效率均要进行审查和评价等。对一家企业进行经济效益审计,要在对其经营成果进行评价的基础上,对影响效益的企业环境、管理职能、管理部门及业务经营各环节等因素进行审查和评价。对于整个社会来说,经济效益审计涉及生产、流通、分配、消费等社会再生产的各个环节,也涉及非物质生产部门的一切经济活动;它要对社会生产力各要素的开发和利用途径及其执行程度进行审计。

（4）多样性。经济效益审计所采取的形式和实施的方法是多种多样的，这是其他审计所不能及的。经济效益审计既可以由外部审计部门牵头审，也可以由内部审计机构直接审；既可以进行全面审，也可以进行局部审；既可以进行事前审，也可以进行事中、事后审。总之，审计人员可以根据任务需要，择取有效的审计方式。经济效益审计不仅可以采用传统的资料与实物核对的核查法，也可以采用多种分析方法和数学方法，以高效率地取得准确可靠的审计证据。

（5）系统性。经济效益审计所涉及的问题十分复杂，属于一个系统工程。因此，必须有一套系统的评价标准，审计人员才能衡量效益高低、管理优劣。审计人员必须掌握据以比较和评估现实经营管理状况的标准。就财务审计而言，其衡量、评价标准具有规范性和确定性，大多数都是由国家和有关部门制定的财经法规及制度，如经济法、税法、会计法、会计准则、财务通则、企业会计制度等。而经济效益审计的标准不仅内容庞杂，且具有不确定性，不仅有财务审计的有关标准，还有衡量经济效益高低优劣的多种经济技术标准，这些标准有国家制定的、部门制定的，还有单位自己制定的。进行经济效益审计，一般都从评价标准着手，即将事实现况与标准比较，借以发现差异，进一步追踪审查造成差异的原因，寻求改善的出路。如果被审计单位无效益标准可循，审计人员就需要借助其他来源，整理或提出某一类型的标准，而且要十分注意所提标准的恰当性和系统性，否则会增加评价的难度和影响评价的质量。

（6）客观性。审计是一个能够客观地评价、证实经济活动和经济事件，并取得证据的系统过程。经济效益审计的实质，就是审计人员对有关证据所作的系统而客观的分析。所以，客观地收集证据并实事求是地评价证据至关重要。审计人员必须熟练地掌握、运用分析审计证据的技术；必须对具有说服力的各种类型的证据有充分的认识；还必须善于确定应收集的证据类型及其数量。审计人员不仅要注意个别证据的证明力，还要注意综合证据的证明力。审计人员还必须具有制定审计计划和执行审计程序的能力，以保证能收集到客观的审计证据。

（7）可行性。经济效益审计的一个突出特征，是审计人员所报告的工作成绩是否与确定的标准一致，所提出的旨在改善被审计单位的经营计划与控制制度的建议是否合理、可行。仅仅局限于鉴别问题及其原因，还是不一定能达到审计目的的，提出解决问题的办法，才是经济效益审计中最为艰巨和最富有创造性的工作。经济效益审计的成功，始于准确地鉴别存在的问题及其原因，并为解决这些存在的问题而提出建议。这就要求审计人员具有广泛的经营管理知识，但并不期望他们具有为技术问题提出具体解决方案的能力。技术问题需要从技术上解决。经济效益审计要求审计人员从改进管理计划、管理过程、管理部门、管理控制方面提出建议。

1.4 经济效益审计的意义

开展效益审计是审计机关强化对权力的制约和监督，认真履行宪法和法律赋予的职责的具体体现。开展经济效益审计是促进被审计单位提高财政资金的管理水平和使用效益的有效形式，是审计的出发点和落脚点。

经济效益审计是我国国家审计发展的方向。随着我国市场经济和公共财政制度的建立,国家审计必须适应经济和社会发展的需要,审计职能作用的范围和内容也必须扩展。2002年5月,李金华审计长在重庆、湖北考察时曾指出:"审计的最终职能是促进国家行政机关的政务公开化。查错纠弊只是审计的基础和手段;财政财务收支审计的进一步发展就是绩效审计[①]和政论决策审计,这是世界审计发展的趋势。"要开展经济效益审计,就要对其有一个全面的认识。

一方面,经济效益审计是国际上公认的政府审计的主要职责。20世纪40年代以后,政府审计的范围发生了很大变化,政府审计开始进入以绩效审计为中心、绩效审计与财务审计并存的现代审计发展阶段。目前,广泛开展绩效审计的国家不仅包括美国、加拿大、英国、德国、瑞典、挪威、荷兰等西方国家,一些亚洲国家的政府审计机关也开展了绩效审计,其中有的国家政府审计机关还总结出一些相对成熟的绩效审计方法和规律,如印度、巴基斯坦、新加坡、日本、马来西亚等。

另一方面,经济效益审计符合我国经济管理法治化的要求,体现先进的管理理念和变化趋势。在社会主义市场经济条件下,针对市场作用的失灵,政府通过财政政策和货币政策对国家宏观经济进行调节,政府在社会经济生活中发挥的作用越来越大,国家的公共支出占国内生产总值的比例大幅度增加,政府作为公共利益的代表,强化使用和管理公共资源的责任也随之增加。在政府部门财务管理水平不断提高的条件下,国家审计机关责无旁贷地应该注重经济活动的有效性,有步骤地开展经济效益审计。

重 要 概 念

经济效益　经济效益审计

思 考 题

(1) 经济效益审计是如何产生的?
(2) 经济效益审计的发展过程有什么特点?
(3) 经济效益审计包含哪些内容?
(4) 开展经济效益审计有什么意义?

练 一 练

1. 经济效益是指在经济活动中,通过资源的有效配置和利用,所实现的(　　)。
   A. 利润最大化　　　　　　　　　　B. 成本最小化
   C. 投入与产出的最优比例　　　　　D. 生产规模的扩大
2. 经济效益的产生主要依赖于(　　)。
   A. 先进的技术设备　　　　　　　　B. 丰富的自然资源
   C. 合理的经济结构和有效的管理　　D. 大量的资金投入
3. 在经济发展过程中,提高经济效益的关键在于(　　)。

[①] 经济效益审计在政府审计层面表现为绩效审计,在企业内部审计层面表现为效益审计。

A. 增加劳动力投入　　　　　　　　B. 扩大生产规模
　　C. 科技进步和劳动者素质的提高　　D. 降低产品价格
4. 下列各项措施中,最有可能直接提高经济效益的是(　　)。
　　A. 增加广告宣传投入　　　　　　　B. 优化生产流程,减少浪费
　　C. 提高员工福利待遇　　　　　　　D. 扩大市场份额
5. 经济效益的发展受到多种因素的影响,其中不包括(　　)。
　　A. 市场需求的变化　　　　　　　　B. 政治体制的稳定
　　C. 科技进步的速度　　　　　　　　D. 自然灾害的发生频率
6. 经济效益审计的主要职能是(　　)。
　　A. 监督经济活动的合规性　　　　　B. 评价和鉴证经济效益的优劣
　　C. 核实财务数据的准确性　　　　　D. 审查内部控制的有效性
7. 经济效益审计的目的是帮助组织(　　)。
　　A. 遵守法律法规　　　　　　　　　B. 提高经济效益,优化资源配置
　　C. 防范财务风险　　　　　　　　　D. 确保财务报表的可靠性
8. 经济效益审计通过(　　)促进组织的经济效益提升。
　　A. 发现和纠正错误　　　　　　　　B. 提供管理建议和改进措施
　　C. 核实资产的存在性和价值　　　　D. 评估组织的风险水平
9. 下列各项中,不属于经济效益审计作用的是(　　)。
　　A. 促进组织经济效益的增长　　　　B. 增强组织的竞争力
　　C. 确保组织的财务报表符合会计准则　D. 优化组织的资源配置
10. 经济效益审计通过分析和评价组织的经济活动,旨在发现(　　)。
　　A. 潜在的投资机会　　　　　　　　B. 经济效益的潜在增长点
　　C. 内部控制的漏洞　　　　　　　　D. 财务报表中的错误和舞弊

第 2 章 经济效益审计方法与程序

◇ 内容简介
◇ 重点难点
◇ 学习目标
◇ 知识框架
➢ 2.1 经济效益审计的方法
➢ 2.2 经济效益审计的程序
➢ 2.3 审计立项及计划
➢ 2.4 后续审计
◇ 重要概念
◇ 思考题

 内容简介

本章主要讲解了经济效益审计的方法与程序,包括经济效益审计的方法、经济效益审计的程序、审计立项及计划以及后续审计。

 重点难点

本章的重点为经济效益审计的程序、审计立项及计划,本章内容难度相对较低,容易理解。

 学习目标

通过本章的学习,学生应了解和掌握经济效益审计程序的基本特点和具体规范,特别是经济效益审计项目的选择和立项、编制审计计划的内容,为后面学习经济效益审计实务奠定一定的基础。为此,学生应从理论和实践相结合的高度掌握经济效益审计程序的构成、内容及其规定性,并能够自觉地比较经济效益审计与财务审计在方法和程序上的异同点。

 知识框架

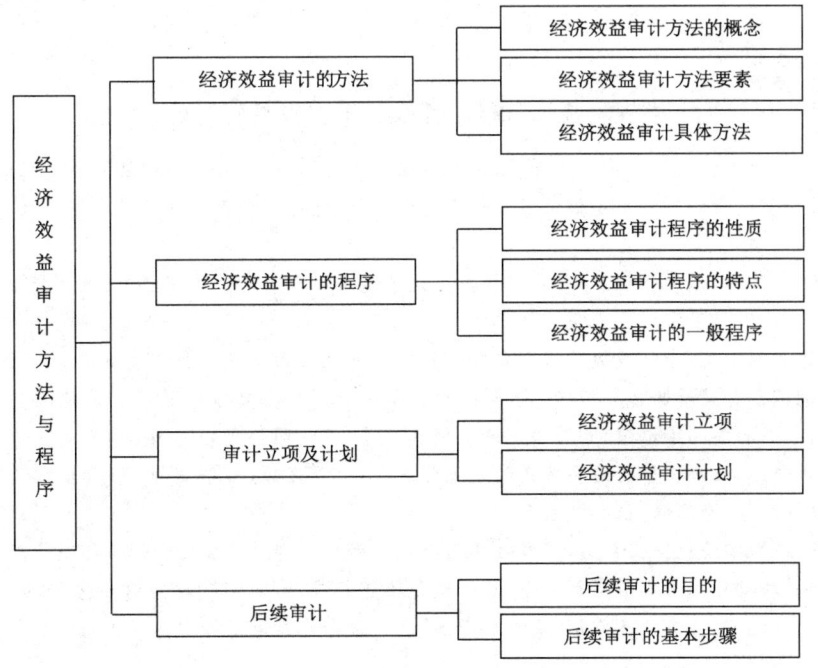

 引入案例

××集团节能减排效益审计

××集团是A市十大企业集团之一,下属××有限公司及其子公司是其主要资产,从事钢铁生产、销售业务。截至2006年年末,××集团合并资产总额106亿元,负债总额78亿元,净资产28亿元。2004—2006年,××集团3个主体企业实现钢铁销量分别为213万吨、299万吨和316万吨,销售收入分别为67亿元、87亿元和90亿元,利润总额分别为4.6亿元、1.98亿元和2.98亿元。××集团既是A市重要的用能大户,也是A市主要的污染源之一。本次审计调查围绕"企业节能工作会计信息的真实性、节能制度的健全有效性、能耗数量结构状况、成本费用水平以及重点节能工程(项目)开展情况"进行,通过对××集团2006年度节能目标完成情况的审计调查,摸清企业节能和减排现状,探索企业绩效审计的路子。具体目标是:掌握企业节能减排制度建设、能源利用现状和存在的问题,企业节能减排工程(项目)建设和营运情况,分析企业能耗与环保之间的联系,找出企业节能减排的途径,促进企业挖掘节能潜力和增强环保意识;推动企业转变经济增长方式,积极开展节能减排,为建设资源节约型、环境友好型社会服务。

本次效益审计的思路是:围绕××集团节能减排信息的真实性、制度建设的有效性、能耗数量结构状况、成本费用水平以及重点节能减排项目开展情况,评价该公司2006年度节能减排目标完成的经济性、效率性和效果性。

在审计步骤上,本次节能减排效益审计与同时进行的经济责任审计一致,也是由项目计划、审前调查、证据收集和评价、形成效益审计报告和后续跟踪五个阶段构成。

本次效益审计除了使用常规的审计技术方法,更多地运用了观察法、访谈法、比较分析法。审计中特别注重获取第一手调查资料,向有关专家请教节能减排的相关技术性问题。通过走访焦化厂,在现场看到4台脱硫设备尽管已经生锈,但干干净净,可以断定该设备一直没有启用。经了解,不启用脱硫设备每年最少排放二氧化硫约700吨。某区环保局2006年11月曾对该厂出具行政处罚决定书,但该厂未执行处罚决定。

该案例中审计程序有哪些?用了哪些审计方法?

资料来源:高岩芳.企业经济效益审计[M].北京:人民邮电出版社,2006.

 课程思政

"节能减排"审计:要算的不仅仅是经济账

节能减排也能审计?空气污染严不严重,企业排放达不达标,能不能实现经济效益和社会效益,这些不都是环保、工信等部门管的事吗?不但许多普通人感到新鲜,就连审计人员也都是在这个领域尝了一回"头啖汤"。

自2009年10月起,审计署组织了18个特派办就节能减排专项资金管理使用、重点行业落实节能减排政策情况,先后两次进行了审计和专项审计调查。

财政资金运用到哪里,审计就要跟进到哪里。在审计署农业和资源环保审计司司长黄道国看来,节能减排中动用到的国家补贴资金需要审计,这一点是毫无疑义的,一个更重要的目的则是,"对审计发现的问题予以披露,对相关的漏洞予以填补,对缺失的法规和政策,建议尽快予以完善,进而促进地方政府和企业贯彻落实国家调整经济结构、转变发展方式的政策措施"。也就是说,节能减排审计,要算的不仅仅是经济账,更要算一算环境账、资源账、社会效益账。

自"十一五"规划中首次提出之后,节能减排这个词就频频见诸政府公文和媒体报道。然而令人遗憾的是,尽管节能减排的指标纳入各类考核之中,尽管这是推进经济结构调整、转变增长方式的必由之路,但在政绩和利益的驱动之下,总有许多看似"明智""理性"的行为和节能减排的宗旨背道而驰。

比如，太阳能发电虽然是一种清洁能源，但是要生产太阳能发电面板的主要原料多晶硅，会产生一种四氯化硅的副产品，它是一种有毒的物质，会对环境造成严重污染。由于该种物质回收再利用的成本昂贵，多数中国太阳能厂房均未装设或完全安装相关的回收设备。审计发现，某地方政府违规以土地税收优惠政策引进产能过剩的多晶硅项目，并违规给予土地出让金和税收方面的优惠政策。这些违规上马的项目，莫不和当地的税收乃至主政者政绩息息相关。这种现象的出现，主要与体制有关系，要遏制这种利益驱动。

来源：廖朝明."节能减排"审计：要算的不仅仅是经济账[EB/OL].(2010-10-15)[2025-01-02]. https://www.audit.gov.cn/oldweb/n9/n281/n338/n341/c14077/content.html.

2.1 经济效益审计的方法

2.1.1 经济效益审计方法的概念

经济效益审计方法是指为达到经济效益审计目标所采用的一切手段和措施。审计人员正确地运用经济效益审计方法既有助于抓住被审计事项中的根本问题，更好地挖掘增产节约、增收节支、提高经济效益的潜力，也有助于缩短经济效益审计的时间，提高审计工作效率。因此，讲求审计方法在经济效益审计工作中有重要的意义。

经济效益审计目标和标准是多种多样的，针对不同的经济效益审计目的，审计方法应该是不一样的。经济效益审计方法是收集能够证明效益评价结论、产生原因和提出效益改善建议的证据的方法。与财务审计相比，经济效益审计的本质与其说是审计，倒不如说是对被审计单位管理状况、效益高低、如何改进等问题的深入分析探讨。

经济效益审计方法有广义和狭义两个方面的含义。广义的经济效益审计方法包括制定审计方案、获取审计证据、编制审计工作底稿、撰写审计报告、组织审计队伍、协调审计工作等手段和措施，即经济效益审计程序。狭义的经济效益审计方法是指审计人员为获得审计证据、挖掘潜力和取得经济效益数据所采用的各种技术手段和措施。本节所述的审计方法即狭义的经济效益审计方法。

2.1.2 经济效益审计方法要素

经济效益审计的本质是一项独立的经济监督活动，其基本方法要素如图2-1所示。

审计取证方法——事实真相
　　　　　｜
判断—结论—审计报告方法
　　　　　｜
审计依据方法——判断尺度

图2-1 经济效益审计方法要素

图2-1实际上给出了一个审计活动的基本构架，其中包括三个方法要素，即审计取证方法、审计依据方法和审计报告方法，三者不可或缺，否则就不能成为审计。但是，经济效益审计所运用的具体技术方法并不是审计所特有的方法，而是来自相关学科的方法，这些相关学科包括财务管理、企业管理、管理会计、统计学等，因此，经济效益审计技术方法体

系如表 2-1 所示。

表 2-1　　　　　　经济效益审计技术方法体系

经济效益审计技术方法	经济活动分析方法	对比分析法
		因素分析法
		动态分析法
		平衡分析法
		……
	数量分析方法	线性规划法
		回归分析法
		网络计划技术法
		投入产出法
		……
	技术经济论证方法	本量利分析法
		价值分析法
		货币时间价值法
		投资分析法
		……

2.1.3　经济效益审计具体方法

1. 线性规划法

线性规划法是指一种可以在具有确定目标，而实现目标的手段和资源又有一定限制的条件下，从大量供选择的活动方案中求解出最优方案的数学运算方法。

它的运用能解决两类问题：一是在任务已定的情况下，如何统筹安排，用最少的资源去实现任务；二是在资源数量已定的情况下，如何合理利用资源，完成最多的任务。在经济效益审计中，审计人员利用线性规划法，可以审查生产方案是否最优、运输方案是否最佳、作业布局是否合理等。

2. 网络计划技术法

网络计划技术法是指运用网络理论，通过绘制网络图从而确定关键路线，据以合理安排人力、物力、财力，达到控制任务进度和成本费用的一种统计方法。在经济效益审计中，审计人员经常用它来确定加快工程进度、降低成本费用的途径。

3. 回归分析法

回归分析法是指对具有相互关系的现象，根据其关系形式，选择合适的数学模式，用来近似地表达变量间平均变动关系的一种方法。在经济效益审计中，审计人员利用回归分析法可以审查销售预测、成本预测、利润预测等是否正确。

4. 投入产出法

投入产出法是指研究经济活动的投入与产出之间的数量依存关系的一种方法。在经济效益审计中，审计人员常使用投入产出法寻找挖掘潜力的途径和方法，进而提高企业的经济效益。

5. 因素分析法

因素分析法是指将综合指标分解为各种具体因素，以揭示各因素对综合指标影响程度的一种方法。

6. 本量利分析法

本量利分析法是指在假定销售单价和费用耗用水平不变的条件下,研究销售利润与销售数量关系的一种分析方法。

7. 价值分析法

价值分析法是指通过对产品进行功能分析和成本分析,力图用最低的成本实现必要的功能,借以提高产品价值的一种方法。

8. 投资分析法

投资分析法是指对固定资产和流动资产投资的经济效果进行分析的一种方法,在经济效益审计中审计人员常使用投资分析法对投资项目的可行性研究进行再论证。

9. 方案比较法

方案比较法是指借助一组能够从各方面说明方案经济效益的指标体系,对实现同一目标的几个不同方案进行计算、分析和比较,最后选出最优方案的一种方法。在经济效益审计中,审计人员既可将其用于不同投资方案的比较,又可将其用于不同生产方案的比较;既可将其用于不同售价方案的比较,又可将其用于不同产品组合方案的比较。

2.2 经济效益审计的程序

与其他审计程序一样,经济效益审计也包括准备、实施和结束三个阶段。但是,在这三个阶段中,经济效益审计所进行的具体活动,与财务审计和财经法纪审计是有所不同的。①经济效益审计在准备阶段要收集更为全面的内容和比其他审计更多、更复杂的数据资料。②经济效益审计需要编制更具体和细致的审计计划及实施方案。因此,经济效益审计工作实际操作难度更大。③经济效益审计不采取突击审计的方式,审计人员在实施审计工作前,要给被审计单位下达审计通知书。④经济效益审计报告采取详式报告形式,审计报告所反映的内容与其他审计有较大的区别。审计报告要对被审计单位的经济效益状况进行系统分析,指出制约经济效益提高的因素,提出具体的建议和措施。

2.2.1 经济效益审计程序的要求

经济效益审计程序是审计人员开展具体经济效益审计工作的先后步骤和基本内容。经济效益审计程序应该体现以下要求。

1. 体现法规要求

审计工作是依法进行的,审计程序必须体现法规要求。我国审计法和审计准则中都有关于审计程序的规定,开展经济效益审计也必须严格遵守。

2. 体现经济效益审计特征

经济效益审计不同于财务审计和合法性审计,有其自身特征。例如,审计战略的制定、审计项目的选择、提出审计建议、后续监督或检查等,这都是其他审计所没有或不大强调的。

3. 体现审计质量要求

按照审计程序开展审计工作,可以保证审计质量,降低审计风险。同时,它也可以保护人员的合法权益。

4. 体现审计效率要求

必要的审计程序不是繁文缛节，但是，过于繁琐、机械的审计程序也会极大地影响审计效率，因此，审计人员应根据实际情况具体灵活地运用审计程序，必须体现精简、高效的要求。

2.2.2 经济效益审计程序的特点

1. 审计项目需要选择

经济效益审计的目的是促进审计对象提高经济效益，控制和降低经营、管理、投资等风险。如果经过审计，不能达到上述目的，经济效益审计就没有意义了，只能浪费审计资源。这是由于它的审计目的不同于财务审计。通常，选择经济效益审计项目的原则如下：

（1）经济效益有提高潜力的事项，如成本高于历史水平的产品，盈利水平低于同行业或长期亏损的企业等。

（2）内部控制制度不健全、风险较大的事项，如回收期较长的投资项目等。

2. 审计方案应分层次编制

经济效益审计的方案应分层次编制，原因如下：

（1）对于审计范围较大的效益审计项目，审计人员需要通过不同层次的计划或方案进行事前的组织和规划，包括确定审计重点、选择审计方法、配置审计资源等。这类审计项目包括全面审计、任期经济效益业绩评价、行业经济效益审计及专项资金使用效益审计等。

（2）在审计程序的不同阶段，审计人员只能编制不同层次的审计方案。在审计准备阶段，审计组在初步了解情况的基础上，只能对审计对象的固有风险进行初步的评估，对控制风险进行初步的调查，这样编制出来的审计方案只能是一种粗糙的方案。

3. 审计取证比较复杂

经济效益审计的取证过程比较复杂，主要表现在以下两个方面。

1）经济效益审计证据的特殊性

一般审计证据有书面证据、实物证据和言词证据三种，但经济效益审计的审计证据却有以下三个特点：

（1）书面证据、实物证据与环境证据并存。

（2）现实证据和趋势证据并存。

（3）结果证据和过程证据并重。

2）证据的特殊性对取证方法的影响

由于经济效益审计需要取得环境证据、趋势证据、过程证据等特殊类型的证据，其审计取证的方法，除了常规的查账、审阅、计算、分析性复核等方法，还包括相关学科和工具学科的方法，如统计学、应用数学、计算机等工具学科的方法，以及财务管理、管理会计和企业管理等相关学科的方法。经济效益审计的审计工作底稿内容也主要是这些方法的具体应用和计算过程；支持审计结论的审计证据，大部分是这些方法应用、计算的结果；这些结果也经常被用作对审计对象的经济活动、管理业绩进行评价的依据。这些较复杂的取证方法，要求审计人员具有较高的素质和能力。

4. 审计报告的建设性、风险性

1）审计报告的建设性

财务审计的审计报告以防护性为特点，是指以财政、财务收支有关规定以及会计准则、会计制度为依据,揭示审计对象在财政、财务收支及有关经济活动中存在的弊端,并按审计职权范围进行处理,对审计对象的合法性、真实性发表意见。经济效益审计的审计报告与其审计目的有密切的联系,是以评价被审计单位经济活动的效益性、合理性和可行性为基础,促使被审计单位提高经济效益,降低经营、管理风险,所以具有建设性的特点。

经济效益审计报告的建设性表现在以下方面:

(1) 以评价职能为主,以监督、鉴证职能为辅。

(2) 审计结论和建议具有指导性,而非强制性。

(3) 为达到审计目标,经济效益审计的审计结论和建议应该与被审计单位协商,为了促使被审计单位能达到提高效率、降低风险的经济效益审计目标,审计组在实施审计并得出审计结论和审计建议后,在将结论和建议写入审计报告以前,必须与被审计单位进行协商,以保证它们的可行性。

2) 审计报告的风险性

经济效益审计的风险性有两层含义:

(1) 审计的结论与被审计单位的实际情况不符,这是审计风险。

(2) 审计结论与实际不符合,审计建议的执行导致严重损失与后果。

这两种风险都会表现在审计报告上,所以,经济效益审计的报告比财务审计的报告具有更大的风险性。

5. 后续审计

后续审计也叫跟进审计,是指在审计报告发出后,为检查被审计单位对审计报告提出的问题及建议是否采纳,是否采取适当的措施,而采取的审计行为。在经济效益审计程序中,后续审计占重要地位,是由于它有以下作用:

(1) 验证审计结论和审计建议的正确性。

(2) 检查、了解被审计单位对审计建议的采纳、执行情况及效果。

2.2.3 经济效益审计的一般程序

不同的审计主体从事不同类别的经济效益审计,其审计程序是有所区别的。本节以内部审计中的经济效益审计为例,介绍经济效益审计的一般程序。

1. 选择审计事项,建立审计项目

从经济效益审计的目的出发,考虑被审计单位经营风险的大小及其对经济效益影响的轻重,以及审计主体的资源状况,选择审计事项,建立审计项目。

2. 制订审计方案或审计计划

根据审计目的和所选定的审计项目,审计组应制订审计工作计划或审计方案,其内容包括:项目的来源、审计目的、审计依据的选择、风险评估的结果、重点测试的事项和方法、审计资源的配置等。国际内部审计师协会制定的《内部审计实务标准》指出,"根据管理当局的审查和批准,内部审计师负责计划和执行委托的审计任务",具体如下:

(1) 拟订审计目的和审计范围。

(2) 取得有关拟审计的经济活动的背景资料。

(3) 确定进行审计工作所需要的资料来源。

(4) 与所有与审计事项有关的人员进行交流。

(5) 适当地进行现场调查以熟悉所要审查的经济活动和控制系统,确定审计重点并征求被审计单位的意见和建议。

(6) 编写审计方案。

(7) 确定如何、何时向何人通报审计结果。

(8) 取得对审计工作计划的批准。

3. 深入调查,详细了解情况

经济效益审计不像财务审计那样,有与凭证、账簿和报表等相关的固定的处理程序,它需要审计人员通过深入调查,了解情况并加以分析判断,只有这样才能抓住主要矛盾,查明原因,达到项目审计目的。深入调查的方法如下:

(1) 召开各种座谈会。

(2) 向有关人员作口头调查并形成笔录。

(3) 发放问题式调查表。

(4) 通过发函、深入外调、委托对方内审机构调查等方式向有关单位了解情况。

(5) 实地走访、现场调查。

4. 测试分析,揭示矛盾

现代经济效益审计中的测试分析有很多,具体如下:

(1) 组织结构的测试分析。

(2) 内部控制制度的控制测试分析。

(3) 经济活动的实质性测试分析。

(4) 效益、效率和效果性指标测试分析。

5. 评价、审查审计证据和工作底稿

上述各种测试分析的过程和结果,应在审计工作底稿中加以记录和反映,并形成审计证据等资料。审计人员应收集、分析和评价这些审计资料,作为形成初步审计结果的依据。评价、审查的过程如下:

(1) 有关审计目的和审计范围的所有重要资料都应收集。

(2) 审计证据应是足够的、有法律效用的、相关的和可靠的,能为审计结果和相关建议提供一个可靠的支持。

(3) 所采用的测试和抽样技术应事先选定。

(4) 分析、评价、审查的过程应得到监督和控制。

(5) 审计工作底稿应由审计人员编制并由管理层进行审查。

6. 通报审计结果

审计人员的审计结果,有以下的通报方式:

(1) 对于需要立即引起注意的情况,可采用中期报告的方式进行报告。

(2) 发出最终书面报告以前,须在适当的管理层次征求对审计结论和建议的意见。

(3) 报告必须客观、清晰、富有建设性和时效性。

(4) 审计报告应说明审计的目的、范围和结论,适当地表明审计师的意见,并包括可能采取的改进措施或纠正方法。

(5) 管理层的意见可以包括在审计报告中。

(6) 审计人员在发出最终审计报告前应得到审批,并决定向哪些人发送这份报告。

7. 后续审计

审计人员必须进行后续审计,以确保被审计单位对报告中提出的审计结果采取适当的行动。

由于经济效益审计的主体可以是国家审计机关,也可以是内部审计人员或注册会计师,在学习经济效益审计的程序时,学习者应该注意不同的审计主体实施的审计程序有区别。国家审计机关进行经济效益审计,审计组形成审计报告后,应由国家审计机关对报告进行审核和处理,其中还可能包括听证、复议等程序;注册会计师进行经济效益审计,必须通过业务约定书建立审计项目,项目审计报告一经报出,审计程序即告结束,通常不需要进行后续审计;内部审计人员进行经济效益审计,其目的偏向于建设性,审计结果包含较多的建议,其程序应包括后续审计阶段,以追踪审计建议的执行情况。

2.3 审计立项及计划

2.3.1 经济效益审计立项

为审计立项是审计组织确定被审计单位和审计事项的过程。从审计关系看,审计立项又是审计组织接受委托或授权,与被审人(单位或项目)建立审计关系的过程,因此,审计立项应遵循一定的法定程序。

1. 审计立项的种类

综观各种不同的审计组织,按能否选择审计对象,审计立项的类型有两种:主动立项和被动立项。

(1) 主动立项是指可以选择被审计单位或审计事项的立项方式,主要适用于国家审计机关和内部审计组织一部分审计项目的确立。这种立项方式主要解决的问题是选择哪些被审计单位和事项。

(2) 被动立项是指不能选择被审计单位或审计事项的立项方式,主要适用于社会审计和内部审计组织一部分审计事项的确立。这种立项方式主要解决的问题是能否承担和接受所委托的审计单位和事项。

按审计关系进行分类,审计立项可分为授权立项和委托立项。国家审计机关和内部审计组织在大部分情况下是按法律、法规、政府、所在部门、单位的授权确立审计项目,有可能是主动立项,也有可能是被动立项。社会审计组织一般都是接受客户的委托进行审计立项,属于被动立项。

2. 立项原则

(1) 可行性原则。可行性原则即审计人员根据审计主体和客体的条件、内部和外部的环境,判断是否能实现审计目的,评估审计风险的大小。

(2) 重要性原则。重要性原则是指根据对所在地区、部门、行业或单位的经济效益产生影响的程度确定审计事项,包括单位内举足轻重的经营(业务)项目,对地区、行业财政税收有重大影响的单位或项目等。只有主动立项才需要考虑重要性原则。

3. 审计立项应考虑的因素

(1) 上一次审计的日期和结果。一般来说,审计师可以假定,对某一项业务活动的审计间隔期越长,该项业务活动出现问题的风险将越大,所以应该优先开展审计。同样,若在上次审计中发现的缺陷越多,则可假定被审计单位该项业务活动在控制上的缺陷也越大,就越需要开展审计。

(2) 涉及的金额。涉及资金数额较大的项目一旦出了问题,造成的损失也就越大。在比较各业务活动以决定如何最好地安排审计资源时,审计师会倾向于优先安排那些涉及更多资金的项目,因为其中存在更高的潜在风险。

(3) 潜在的损失和风险。这一因素是针对内部控制系统的。较弱的控制意味着较大的潜在损失和风险,而较强的控制意味着较少的损失和风险,因而在同一资金水平下,应选择对内部控制较弱的业务活动优先开展审计。一些表面上看来不是财务上的风险也应加以注意,例如,涉及法律诉讼、形象受损或在公众中处于被动的境地,虽然最初的影响与财务无关,但这些风险最终可能导致财务上的不良后果。

(4) 管理层的要求。当管理层要求对某项特定的业务活动开展审计时,审计师通常可以考虑管理层觉察到的风险,通常管理层会比其他人更熟悉业务,因而他们会较清楚地了解其中所存在的风险。

(5) 经营方案、制度和控制的重大变化。如果基本业务发生重大变化,那么审计师就有理由优先对其审计,因为在变化过程中多会出现稳定情况下不会发生的复杂情况或风险。在变化以后,被审计单位也可能要进行很多调整,以使新业务能良好运作,但在实施的初期会增加风险。而且,新的业务从未被审计过,所以很难确定相关的控制系统是否健全有效。

(6) 获得经营收益的机会。未能获得潜在的收益给组织带来的损失不亚于实际的资产损失或其他损失。因此,管理人员和内部审计师都对不断地开拓新的领域机会抱有兴趣,即使业绩已经足够出色。另外,还要考虑管理层对审计结果的接受程度,在相同的风险水平下,审计师将优先考虑那些可能带来新的收益或积极影响的审计项目。

(7) 审计资源配置状况及能力结构。审计资源的配置,尤其是审计人员的能力结构会影响对审计项目的选择。举例来说,审计部门若全由注册会计师组成,则会更善于检查财务与会计系统而不是工程系统。因此,审计部门在选择审计对象、编制年度审计项目计划时,应尽可能考虑审计资源配置和人员的能力结构的变化。

在安排审计项目、编制年度审计计划时,审计师自然要考虑以上七个因素。

2.3.2 经济效益审计计划

经济效益审计的范围较大、内容较复杂,取证方法也较复杂,因此,审计人员在经济效益审计中只有编制多层次的审计计划,才能起到事前充分规划的作用。表2-2列明了经济效益审计三个层次的审计计划及其作用和内容。

表2-2　　　　　经济效益审计三个层次的审计计划及其作用和内容

审计计划层次	作用	计划内容
项目计划大纲	轮廓性、纲要性的计划要点	项目名称、被审计单位、审计范围及主要内容
项目实施计划	划分项目及审计资源的初步配置	各分项目的具体内容、目的和审计资源的初步配置
项目作业计划	具体实施审计活动的指南(按分项目编制)	某分项目包含的审计要点、每一审计要点的具体要求和方法、审计资源的具体配置

下面本书以案例说明这三个层次的审计计划的编制：某集团内部审计部门对下属 A 公司开展经济效益审计，根据初步了解情况，A 公司从 2×24 年以来盈利逐渐下降，2×26 年实现利润 100 万元(其中上半年 50 万元)，2×27 年上半年已亏损 50 万元，预计全年至少亏损 100 万元。据反映，A 公司亏损的主要原因是市场疲软，尽管市场销售价格已由 2×26 年每台 500 元压低到 2×27 年的 474 元，销售量仍比 2×26 年减少 5%；另外，材料价格上涨使成本升高，这些外部因素使公司经济效益下降。

内部审计人员对此作了进一步的研究分析，认为该公司销售减少，销售价格下降，成本上升，均属实情，但公司会计报表及有关资料反映：产品成本构成中，材料占 70%，其价格平均上升 20%，导致成本上升约 14%，但 2×27 年上半年单位成本 526 元，比 2×26 年上升 17%；2×27 年上半年销售量为 9 500 台，比上年同期 10 000 台降低 5%，但根据市场资料该产品 2×27 年上半年销售总量为 5 万台，比 2×26 年同期 4 万台增加 25%。通过对 2 年的有关指标比较发现，废品损失大量增加，流动资金周转显著缓慢。可见，经济效益下降除了外部原因，还有内部经营的问题。审计组确定了产品成本、产品质量(废品损失)、产品销售和流动资金使用效果等四个方面为本项目审计的范围，编制审计计划如下。

1. 项目计划大纲

对于小型、内容简单的项目，具备项目计划大纲各项内容就可据以实施审计了，而对大型、复杂的项目，以上几项只是一个轮廓，并不能指导审计的实施，需要制定更具体的项目计划大纲，如表 2-3 所示。

表 2-3　　　　　　　　　　　项目计划大纲

项目名称	综合经济效益审计	审计部门负责人	同意(签字)
被审计单位	A 公司		
审计目标	评价经济效益，促进扭亏为盈		
审计范围	2×27 年上半年经营亏损		
审计主要内容	(1)产品成本效益；(2)产品质量效益(废品损失) (3)产品销售效益；(4)流动资金周转		
审计方式	就地审计		
审计组组成	主审：××(高级审计师)　组员：×××××××(共 10 人)		
审计时间	2×27 年 7 月 11 日至 25 日		

2. 项目实施计划

项目实施计划如表 2-4 所示。

表 2-4　　　　　　　　　　　项目实施计划

审计分项目	审计目的	审计内容	审计时间	审计人员
产品成本效益	分析影响成本效益的有关因素	费用分配 材料消耗 废品损失 资金利息	7 月 12 日至 21 日	4 人

(续表)

审计分项目	审计目的	审计内容	审计时间	审计人员
产品销售效益	评价公司产品的竞争能力	市场需求调查 市场占有率 价格与售后服务 质量与宣传	7月12日至21日	4人
产品质量效益	分析产品质量降低的影响因素	质量内部控制检查 因素分析法 质量成本分析	7月12日至17日	2人
流动资金效果	检查流动资金周转速度	流动资金占用 资金定额控制 销售额变化 流动资金结构	7月18日至21日	2人

3. 项目作业计划

项目作业计划是分层次审计计划的最低层次,如果审计内容简单,其审计计划只有一个层次,那么它的审计计划大纲也应包含作业计划的内容。

项目作业计划除了要安排具体的审计进度和人员分工,还要按每个分项目确定实施审计的要点,并按每个审计要点提出审计活动的要求、具体方法和范围。

从重要性和风险性角度确定必须检查的审计事项。例如,在成本真实性和差异分析方面,就会涉及不同的成本项目,需要对这些成本项目进行重要性判断和风险评估,将重要的和风险较高的成本项目确定为作业计划中的审计要点。项目作业计划如表 2-5 所示。

表 2-5　　　　　　　　项目作业计划

审计要点	审计要求	测试方法	测试范围	审计时间	人员分工
费用分配	核实产品成本的合理性	检查分配标准、分配方法、在产品完工程度	第一、第二季度末在产品与产成品的分配	7月12日至13日	2人
材料消耗	评价材料消耗的合理性	检查材料计价合规性、实际消耗量与定额比较	上半年钢材、电器耗用数及费用	7月14日至20日	2人
废品损失	检查废品损失上升的原因	因果分析法	第二季度废品量和损失额	7月12日至20日	1人
资金利息	检查财务费用增加的原因	分析贷款增加的用途、可行性研究、决策程序内部控制	第二季度流动资金占用及短期、长期借款	7月12日至20日	1人

2.4　后　续　审　计

后续审计是指审计人员确认被审计单位管理人员根据审计报告中的审计结果和审计建议所采取的措施是否合适、有效和及时的工作过程,同时是确认审计结果和审计建议本身是否正确的工作过程。

在经济效益审计中,审计人员提出的审计结果和建议是否正确、是否被单位采纳、取得了什么效果,在审计程序的终结阶段是无法加以验证的。只有在一段时间后(一般为3个月到半年的时间),才能实施一定的程序加以验证。后续审计在经济效益审计程序中具有比其他审计更为重要的意义。

2.4.1 后续审计的目的

1. 确认"已经采取的纠正行动和正在达到要求的结果"

(1) 确认被审计单位管理层针对审计报告所提出的问题和审计建议,是否采取了纠正行动和措施。

(2) 如果采纳了所提出的建议,其效果是否与预期相符合。

(3) 采纳审计建议而产生风险的责任归于审计主体。

2. 确认"高级管理层或董事会已经承担了对报告中的审计结果不采取纠正行动而产生的风险"

(1) 经济效益审计报告中的审计结果,包括审计结论和审计建议,并不强制被审计单位据此执行相关措施。

(2) 如果被审计单位(公司的高级管理层或董事会)决定对审计结果不采取纠正行动,由此产生风险的责任属于被审计单位,而不属于审计主体。

2.4.2 后续审计的基本步骤

1. 获取并审阅审计报告回复函

要求被审计单位对审计报告中的审计结果作出书面回复,并对书面回复进行审阅。审阅时应以审计报告为依据,通过审阅,审计人员将确定哪些事项值得与被审计单位探讨,哪些事项需要进行现场审查。审阅书面回复时应注意下列审计发现事项:

(1) 不予回复的事项。

(2) 回复不充分的事项。

(3) 被审计单位有异议或误解的事项。

(4) 回复中已说明将不采取任何纠正措施的事项。

2. 讨论审计报告回复函

与被审计单位管理层探讨回复中不清楚或未作回复的事项,同时澄清有异议或有误解的审计事项或建议,可以通过面谈或电话询问的方式来解决问题和误会,具体包括:

(1) 向负责采取纠正行动的适当层次管理人员解释审计报告中的问题和建议。

(2) 收集在审计报告发出后的适当时期内的最新资料和信息,对审计报告中的审计结果进行重新评价。

3. 对审计报告中的重大问题及其纠正建议的采纳情况进行现场审计

现场审计的方法包括现场访问、直接观察、测试和检查与纠正措施相关的文件等,像正常审计工作一样,审计人员应在审查工作过程形成工作底稿并归档。在决定现场审计程序时,应考虑以下因素:

(1) 该事项在审计报告中的重要性。

(2) 按照审计报告提出的要求,采取该项审计建议产生的影响程度和所需要的费用。

(3) 采取审计建议,实施失败可能产生的风险。

(4) 采取审计建议,实施的复杂程度。

(5) 所涉及的时间限制。

4. 评估采纳审计建议所达到的效果

这主要是根据改善后的情况或被审计单位管理层已经采取或将要采取的措施,对所涉及的业务活动的控制风险进行重新评估。

5. 报告后续审计的结果

报告的内容主要应包括以下方面:

(1) 就被审计单位是否采纳审计报告结果,采取纠正行动及其效果以及审计主体的风险责任进行确认。

(2) 就被审计单位管理层未采纳或决定不采纳审计报告结果,不采取纠正行动所承担的风险责任进行确认。

(3) 就审计报告结果的执行情况与回复中的说明是否一致进行确认。

重 要 概 念

经济效益审计方法　经济效益审计程序　审计立项　后续审计

思 考 题

(1) 什么是经济效益审计方法?经济效益审计的具体方法有哪些?

(2) 经济效益审计程序与财务审计程序有什么异同?

(3) 审计立项的种类有哪些?如何确定审计立项?

练 一 练

1. 经济效益审计的核心目的是( )。
　　A. 核实财务数据准确性　　　　　　B. 评估经济效益,提出改进建议
　　C. 检查内部控制的有效性　　　　　D. 发现财务舞弊行为

2. 在进行经济效益审计时,( )是审计团队首先会进行的工作。
　　A. 深入现场调查　　　　　　　　　B. 分析财务报表
　　C. 制订审计计划和方案　　　　　　D. 提出改进建议

3. 经济效益审计常用的数据分析方法不包括( )。
　　A. 比率分析　　　B. 趋势分析　　　C. 回归分析　　　D. 库存盘点

4. 下列各项中,属于经济效益审计中现场调查的主要目的是( )。
　　A. 核实财务数据　　　　　　　　　B. 了解经济活动实际情况
　　C. 评估内部控制　　　　　　　　　D. 发现潜在的投资机会

5. 在经济效益审计中,审计团队确保审计建议的可行性和有效性的方式是( )。
　　A. 依赖外部专家意见　　　　　　　B. 与被审计单位充分沟通,了解其实际情况
　　C. 仅根据数据分析结果提出　　　　D. 忽略被审计单位的反对意见

6. 下列各项中,不属于经济效益审计程序的是( )。

A. 审计准备 B. 审计实施 C. 审计报告编制 D. 财务报表审计

7. 在经济效益审计中,审计团队评估被审计单位的经济效益的方式是( )。

　　A. 仅通过财务数据比较 B. 综合分析财务数据、生产数据和市场数据

　　C. 仅依赖管理层陈述 D. 仅通过实物盘点

8. 经济效益审计报告应包含( )。

　　A. 审计目的和范围 B. 被审计单位的财务数据摘要

　　C. 审计发现的问题和改进建议 D. 以上都是

9. 下列各项中,属于经济效益审计中常用的审计技术的是( )。

　　A. 内部控制测试 B. 实质性测试

　　C. 效益评价模型 D. 财务报表审计技术

10. 经济效益审计完成后,审计团队确保审计建议得到实施的方式是( )。

　　A. 直接监督被审计单位的实施过程 B. 定期跟踪审计建议的实施情况

　　C. 仅通过书面报告进行监督 D. 无需后续跟踪

第3章 经济效益审计准则和评价标准

- ◇ 内容简介
- ◇ 重点难点
- ◇ 学习目标
- ◇ 知识框架
- ➤ 3.1 经济效益审计准则
- ➤ 3.2 经济效益审计评价标准
- ➤ 3.3 经济效益审计评价标准的发展
- ➤ 3.4 经济效益审计评价指标体系
- ◇ 重要概念
- ◇ 思考题

 内容简介

掌握被审计单位经济活动实际效益的衡量尺度,科学运用判别经济效益好坏的严密可行的准则和标准,是实施经济效益审计的前提条件,也是保证经济效益审计质量的重要环节。本章主要讲解了经济效益审计准则,具体阐述经济效益审计评价标准的内涵、发展阶段以及评价指标体系。

 重点难点

本章重点为经济效益审计评价标准,特别是评价标准的具体内容;难点为经济效益审计评价指标体系。

 学习目标

通过本章的学习,学生应了解和掌握经济效益审计准则和标准的内涵、特点及发展现状,特别是经济效益审计标准的基本内容和指标体系,为进一步学习经济效益审计实务奠定基础。为此,要求学生必须掌握经济效益审计评价标准的构成、内容及其各项指标体系,并能够熟练地加以运用。

 知识框架

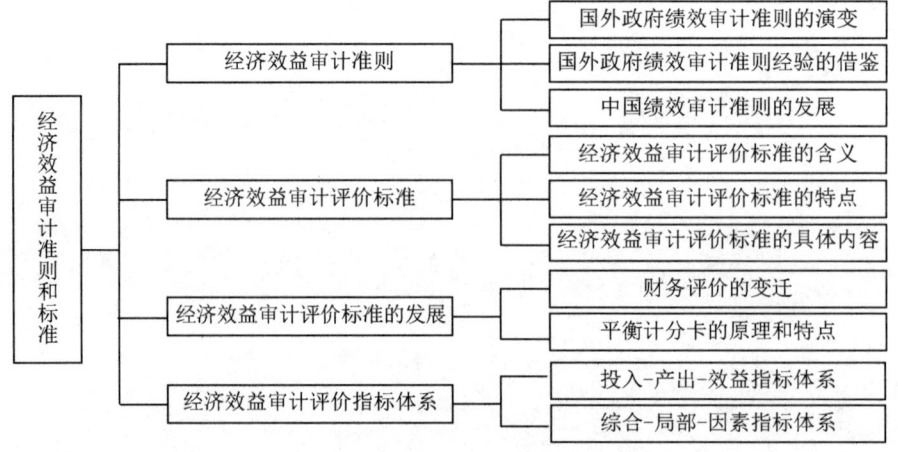

引入案例

选择审计标准，开展审计工作

某建筑周转材料租赁公司是国有控股公司的子公司，从事建筑周转材料采购、租赁和管理等业务。审计项目组主要审计其20×8年度经济效益。

在审计过程中，着重关注以下情况。

1. 资产运行情况

该公司财务状况中，20×8年年末资产总额为422万元，同比增长9%，其中：货币资金53万元，应收账款241万元，预付购置办公楼层15万元，周转材料净值86万元（原值307万元），固定资产净值23万元（原值53万元），临时设施净值4万元；当年度新购进周转材料18.3万元，丢失毁损减少周转材料18.8万元。资产质量方面，应收账款中账龄3年以上的达到132万元，占到55%，债权管理未得到重视；周转材料由于租赁的特定用途，丢失、毁损、修整是常见事项，租赁资产更新、合理合规摊销和收发存盘点更加重要，期末盘点均有相关人员签字确认，审计组结合收发情况进行了抽查监盘，同时对租赁资产实物外观和周转情况进行了观察记录。

该公司主要租赁周转材料更新幅度较小，丢失、毁损均以不低于市场购买价赔偿入账，近3年周转材料新购价值181万元，丢失、毁损、报废及维修费共167万元，表现为资产损失率过高，资产损失程度几乎接近资产更新速度。购置办公楼层手续已经办理，但未进行纳入资产的账务处理，未真实反映财务状况。

2. 效益管控情况

20×8年度完成产值136万元，同比增长了30%。发生成本费用101万元，其中，工资28万元、折旧和摊销29万元、业务招待费10万元、维修工料费15万元、物业费7万元、社保费5万元、办公差旅费4万元、车辆运行费3万元。当年实现经济效益35.5万元，按规定计提10%经营风险金后，可分配利润32.05万元，据此确定每股应分配利润。

该公司主要依托企业实物资产经营，业务费用明显存在超支问题；经营者年薪应随业绩相应调整，管理人员工资偏低，审计组对装卸维修劳务用工费用进行了核实，存在计件和计量工资结合方式，具有一定的合理性；会计核算中有关费用票据方面存在经办人确认手续不健全等问题，审计组已现场指导予以纠正，并对其他收支事项的真实准确性进行了核实；审计组对往年核销的债权状态进行调查了解，明确了对账销案存债权资产的管控要求和处理原则。

3. 经营管理情况

20×8年度实现产值利润率达到23.5%。投资回报率达到13.56%，累计投资回报率为140.97%。总资产回报率为7.58%，同比上年（5.77%）增长了1.58%。当年回收租赁业务资金117万元，资金回收率为85%，同比上年（82%）增长了3%。当年计提经营风险金3.55万元，20×6年已计提企业发展基金25.5万元，累计资本经营积累59万元，约占股本总额（236万元）的25%，按规定，资本经营积累超过50%不再计提。

该公司及时上交了国有股可分配利润。审计组查看发放职工股可分配利润情况，按照企业承包经营责任书，确认该公司完成了绩效考核指标。审计组对该公司有关财务比率和绩效指标情况进行了分析，结合当前建筑周转材料租赁市场价格和形势，认为经营管理工作仍有较大提升的空间，对该公司宣贯了加强经营管理的建议措施和要求。

4. 执行内部控制情况

审计组检查了该公司内部控制制度建立情况，发现只有各岗位职责，真正意义上的内部控制制度缺失，执行起来缺少"章法"，并且还存在公司治理结构不完善、不相容岗位未分离现象。随着人员的变动，董事会实为2人，管理层仅有1人为经理，租赁周转材料资产收发存库管和开票盘点均为同一人负责，表现为管理与决策控制失衡；在债权管理方面，经理全面管理和催收债权，库管与承租方的经办人办理手续，不熟悉债权人和债权状态。

该公司内部控制制度建设和执行情况较为滞后,公司治理结构亟待完善,经营力量薄弱,不相容岗位和职责未有效分离,潜在经营和管理风险较大,应立即着手建立健全和有效执行内部控制制度,确保企业持续、健康、高效地发展,维护股东利益。

如何评价该公司的经营效益?有何准则和标准可以应用?

资料来源:冯伟.建筑周转材料租赁公司经济效益审计案例[J].中国内部审计,2012(6).

课程思政

聚焦风险效益审计　助力国企稳发展

推动国有企业深化改革,防范化解国有企业经营风险是湖北省荆州市审计局国资审计的重点。今年以来,该局结合开展某集团资产负债与损益审计,围绕"摸家底、揭隐患、促发展"的总体思路,以"真实性、合法性、效益性"为原则,突出重点,全面覆盖,清查核实某集团资产、负债与权益等情况,促进国企加强和改善经营管理,助力国企稳步健康发展。

一是跟踪问效国有企业资金管理,防范企业资金风险。对企业开设的各类银行账户进行"全面体检",分析资金流向和用途,核查资金使用效益,梳理出企业在资金管理中存在的各种风险问题,及时提出规范资金用途、精简合并账户、完善资金出借手续等审计建议,助力企业加强资金监管,提高资金使用效率。

二是重点关注国有企业投资效益,促进国有资产保值增值。结合国企投资项目的行业特点和功能定位,深入分析比对项目实际运营状况与项目可行性研究报告的差异,将部分投资风险高、效益低下的企业投资项目纳入审计持续监督项目范围,督促企业、规范资本投资方向,提高风险防范意识,加强投资项目经营管理,保证国有企业资产稳健运营。

三是着力解决国有企业历史遗留问题,规范国有资产权属关系。针对某集团各母子公司历史沿革时间跨度长、财务关系复杂等状况,审计局成立"子公司外延专班",着力核查企业资产权益归属、子公司受托资产管理等问题。通过对问题追根溯源,找准问题症结,并向政府建言献策,推动企业逐步化解各种历史遗留问题。

来源:朱洪云,杨棚.聚焦风险效益审计助力国企稳发展[EB/OL].(2020-11-23)[2025-01-04].https://www.audit.gov.cn/n4/n20/n524/c142111/content.html.

3.1　经济效益审计准则

经济效益审计准则是用来规范和约束审计人员开展审计工作、形成审计意见、提出审计建议的最高行为标准。与财务审计相比较,经济效益审计准则尚不够成熟、完善。已有的经济效益审计准则主要表现为政府绩效审计准则,如《美国政府审计准则》《最高审计机关国际组织绩效审计实施准则》。我国也有一些内部效益审计准则,如内部审计协会2013年颁布的《第2202号内部审计具体准则——绩效审计》等。国外绩效审计指南发展的历程,基本遵循了"外部需求—探索实践—法律出台—准则出台—指南出台"这一发展规律。

3.1.1　国外政府绩效审计准则的演变

1929—1933年世界性的经济危机之后,美国公共开支日益增加,加重了纳税人的负担,引起社会公众对公共资源使用效益的关注,公众要求对公共支出进行绩效审计的呼声越来越高,美国审计总署开始探索绩效审计。在此基础上,1945年、1946年,美国国会相继通过了《联邦公司控制法案》《立法重组法》,赋予审计署对公营企业和公共资金进行绩效审计的权力。在法律确立了绩效审计的地位后,绩效审计不断深入开展,绩效审计目标也在不断调整,绩效审计准则或指南也在不断修改完善。英国早在2003年出台《绩效审计手册》前,于1983年通过了《英国国家审计法》,规定主审计长可以"对任何组织(政府部门或其他相关组织)为履行职能而使用所掌握资源的经济性、效益性和效果性进行检查",为制定绩效审计手册提供了法律依据。此外,1977年加拿大的《审计长法》和1979年澳大利亚的《审计法》都为绩效审计提供了法律依据,促进了绩效审计大范围开展,最终出台了绩效审计准则或指南。

美国是最早开展绩效审计的国家之一,早在1972年,美国审计总署就出台了《政府机构、计划项目、活动和职责的审计准则》(后称政府审计准则),这是世界范围内国家审计机关第一次提出政府绩效审计准则,实现了政府审计准则体系的重大突破。之后,美国分别于1981年、1988年、1994年、2003年、2007年五次修订政府审计准则,美国绩效审计准则修改完善先后历经了几十年,绩效审计的内涵在不断扩大。英国审计署在总结多年经验的基础上,1997年出版了指导绩效审计的《绩效审计概要》,2003年又颁布了《绩效审计手册》,手册指出,早在1983年《英国国家审计法》正式作出规定之时便开始探索绩效审计,目前所开展的绩效审计就是多年来不断改进、逐步完善的结果。从《绩效审计概要》到《绩效审计手册》就是一个不断修改完善的过程。加拿大审计署在《审计长法》颁布后不久制定了《综合审计手册》,并在2002年对其进行了重大修改。2004年,根据绩效审计的发展,加拿大审计署又将《衡工量值审计手册》更名为《绩效审计手册》,并再次进行了修改和完善。

3.1.2 国外政府绩效审计准则经验的借鉴

综观各国绩效审计指南,都有各自的特色,但基本上都围绕"三E"审计这条主线发展变化。分析美国政府审计准则的修订过程,自1972年版到2007年版基本上是围绕经济性、效率性、效果性这一主线在调整发展,只是不同时期的目标不一样。英国《绩效审计手册》对于什么是绩效审计,援引了《英国国家审计法》的解释,"是对任何组织(政府部门或者其他相关组织)为履行其职能而使用所掌握资源的经济性、效率性和效果性进行检查",并对经济性、效率性、效果性列举实例进行了说明。最高审计机关国际组织2004年7月公布的《绩效审计实施指南》认为,"绩效审计主要是对经济性、效率性和效果性的检查",其对经济性、效率性、效果性的内涵进行了详细阐述,并举例予以说明。总之,各国的绩效审计指南虽有差异,但对"三E"审计是认同的,基本是围绕这一主线发展完善绩效审计指南。

各国在制定绩效审计指南的过程中,逐步构建起一套成熟的框架体系。美国1998年版的政府审计准则,首次将绩效审计作为一个独立类型进行了规范,绩效审计准则分为现场工作准则和报告准则两个独立部分,之后的政府审计准则对具体内容又进行了规范。英国2003年的《绩效审计手册》主要包括三部分,第一部分:什么是绩效审计;第二部分:如何成功实施绩效审计;第三部分:如何进行绩效审计质量控制——"质量环节"。手册附录主要介绍了绩效审计原则、风险管理、审计技术和方法、审计报告草案的印制等内容。最高审计机关国际组织制定的《绩效审计实施指南》(以下简称指南)主要包括五部分,第一部分:什么是绩效审计;第二部分:运用于绩效审计的政府审计原则;第三部分:现场工作准则和指南:启动和计划绩效审计;第四部分:现场准则和指南:执行绩效审计;第五部分:报告准则和指南:提交审计结果。指南后附了绩效审计方法、标准、绩效审计和信息技术等七个附件。

3.1.3　中国绩效审计准则的发展

我国审计界对绩效审计先后有"经济效益审计""效益审计""绩效审计"三种称谓，按照目前国家法律、准则的用词，用"经济效益审计"一词更为妥帖一些。所以，我国的绩效审计尚处于"经济效益审计"阶段，即在真实合法审计基础上，着重评价财政收支、财务收支以及有关经济活动实现的经济效益、社会效益和环境效益。我国审计界应尊重绩效审计发展的客观规律，循序渐进地推进绩效审计工作，推动绩效审计的完全立法，确立绩效审计的法律地位，最终迈入绩效审计时代，即以"3E"为核心内容的绩效审计时代。

我国审计界在《中华人民共和国国家审计准则》提出的"经济效益、社会效益、环境效益"审计的基础上，充分吸收国际通用的"3E"内容，将经济性、效率性、效果性审计与经济效益、社会效益、环境效益审计结合起来。"3E"审计仍是绩效审计的主要目标，在评价财政收支、财务收支以及有关经济活动的经济效益、社会效益、环境效益时，也应将其是否达到"花得少""花得值""花得好"这一"3E"审计基本目标作为评价标准。

由于绩效审计与财务审计在审计目标、内容、方法等方面存在质的区别，应单独制定绩效审计准则或指南。在绩效审计指南中应明确什么是绩效审计、如何开展绩效审计、如何进行绩效审计质量控制等基本内容。结合我国国情和审计人员的特点，主管部门应在一个通用绩效审计指南的基础上，按审计对象或审计内容的不同，分别制定具体的绩效审计指南，并在指南中详细列示有关绩效审计评价指标、绩效审计方法、计算机技术在绩效审计中的应用、绩效审计参考文书等内容，增强绩效审计指南的操作性和实用性。

从改革开放至今我国经济发展取得了举世瞩目的成就，但随着我国经济的发展和综合国力的增强，我国的经济发展模式也从单纯追求速度向追求经济的高质量发展过渡，不但要求经济发展有速度还要求有质量，这种经济发展模式的转变在审计效益性评价中得到了充分的体现，说明审计准则能够为审计人员在实际工作中作出客观真实的审计评价提供强有力的制度保障。

3.2 经济效益审计评价标准

3.2.1　经济效益审计评价标准的含义

经济效益审计评价标准是对经济效益审计主体行为准则的要求，即对审计机构或职业审计人员业务行为的根本规范。审计评价标准虽然不具有法律的强制力，但审计机构或审计人员在实际工作中，必须经常予以遵守，以审计标准来衡量、检查审计机构或审计人员的工作质量，所以审计评价标准也是评价审计工作质量的标准。

掌握衡量被审计单位经济活动实际效益的尺度，科学运用判别经济效益好坏的严密可行的标准是实施经济效益审计的前提条件，也是保证经济效益审计质量的重要环节。

3.2.2　经济效益审计评价标准的特点

经济效益审计评价标准具有一般审计标准的特点，如层次性、地区性、时效性、相关性。除此之外，经济效益审计还具有以下显著的特点。

1. 动态性

经济效益审计标准的动态性是指经济效益审计评价标准的适用性、有效性随着时间、环境条件以及被审计单位经营管理水平的变化而变化。

财经法纪审计标准和财政财务审计标准是相对稳定的。法规、制度虽然也会随着经济的发展而变动,但通常是比较稳定的。经济效益审计评价标准则变动很快,一般每年都有变化,有时,在1年内,也会因技术进步、管理改善而变化。经济效益审计评价标准是技术性指标,具有自然属性,随着审计时间、环境、审计主体和客体等条件的变化,随生产技术和管理水平的提高,衡量和评价经济效益的标准的内容和形式,也必然不断充实、完善和提高。

2. 可控性

经济效益审计评价标准的可控性是指经济效益审计仅仅对被审计经济活动可以控制的因素和指标进行评价,对控制不了的因素是无法评价的。例如,利润分析,只评价收入、成本、利润,不评价投资收益率,因为影响投资收益率的各个因素是无法控制的。评价企业原材料利用效益时,应当以材料单耗、材料利用率等指标进行评价,而不能将单位产品的材料成本列为评价标准,因为材料成本的购入价格是被审计单位无法负责的不可控因素。因此,经济效益审计评价结果与被审计单位的努力程度密切相关,是被审计单位应当负责、可以控制的指标。

3. 多维性

经济效益审计标准的多维性又称作经济效益审计标准的全面性,是指经济效益审计通过建立起多层次、多角度、多方位的评价标准和指标体系进行审计工作。

审计评价标准具有多层次性,如有宏观、中观和微观标准,如微观标准中有公司、分公司、分厂、车间的标准;多角度性,如有财务指标(利润指标、资本保值、增值指标)、经营指标(产量指标、产值指标、成本指标、资金周转指标)和技术性指标等方面的标准;多方位性,如有采供、库存、生产、运输、销售等方面的标准。

4. 灵活性

经济效益审计评价标准的灵活性是指其对不同被审计单位经济效益实现程度和开发途径的定量分析与定性分析不是一成不变的,经济效益审计标准本身也应根据具体审计环境不断充实和完善。一般说来,经济效益审计评价标准不具有强制性,而具有一定弹性。财务审计以国家法令、财经制度和财经纪律作为评价标准,企事业单位在经济活动中必须严格遵守和执行法令、制度、纪律,不能违反,具有强制性。经济效益审计评价标准的特点是由经济效益审计本身的特点所决定的。经济效益审计结束后,审计人员一般都要向被审计单位提出进一步提高经济效益的建议。

3.2.3 经济效益审计评价标准的具体内容

1. 定性评价标准

(1) 有关法律法规、方针、政策、规章制度等的规定。国家的法规、方针、政策、规章制度是经济效益审计的首要标准。经济效益审计必须以国家的法规、方针、政策、规章制度作为标准,并以此来衡量被审计单位的经济效益是否符合国家宏观控制的要求,是否有利于国民经济的持续稳定发展,是否保证了企业的长远利益,是否有利于提高经济效益。只有遵循了国家的法规、方针、政策、规章制度而取得的效益,才是真正的效益。

(2) 地方或主管部门颁布的规章制度。地方各级立法机构和人民政府依照国家颁布的法律法规,可以结合本地区实际情况制定本地区的地方性法规。这些规章制度与国家制定的法律法规相比,更适应本地区的环境和实际情况,有利于更好地发挥经济效益审计作用。

2. 定量评价标准

(1) 组织制定的目标、计划、预算、定额等。审计人员将经济活动的相关指标实际发生数与目标、计划、预算、定额进行比较,可以确定当前的经济效益水平。目标、计划、预算、定额是效益审计中采用最多的一类审计标准,这类标准是针对被审计单位的实际情况制定的,能反映企业的真实水平,具有较强的可比性。但是,在使用部门或单位自行制定的目标、计划、预算、定额作为审计评价标准时,审计人员要先审核这些指标本身是否合理、有效,标准过高或过低都不足以评价经济效益情况。

(2) 同类指标的历史数据。历史数据是指被审计单位前一审计期间相关指标所达到的水平或历史上最高水平。使用历史数据可以评价经济效益的升降程度。

(3) 同行业的实践标准、经验和做法。行业水平可以是行业的平均水平或者同类先进企业已达到的水平。使用行业水平标准评价被审计单位的经济效益,可以评价经济效益的优劣程度。

(4) 前期的审计标准。前期的审计标准是指被审计单位以前开展经济效益审计时所制定和运用的标准,是审计人员本期效益审计的参考依据。前期的经济效益审计标准具有延续性,在此基础上制定本期标准可以节省人力、物力和财力。但是前期的标准对本期的适用性可能不大,需要审计人员进行辨别。

(5) 科学测定的经济技术数据。这类标准主要用于评价新产品及新工艺的经济效益。新产品、新工艺的经济效益没有相应的历史资料可以比较,同时期同行业又无同类的指标可以参考,因此要评价它们的经济效益,就得借助科学技术。

3.3 经济效益审计评价标准的发展

经济效益审计评价标准的发展演变始终与企业评价相关。对企业的评价最早始于美国杜邦财务体系,后来出现了贴现的现金流量指标和经济增加值指标。这些指标的共同之处在于都是财务指标,无法对企业经济效益作综合评价。直到20世纪90年代初期,一种具有综合性特征的企业绩效评价指标体系——平衡计分卡(Balance Scored Card)产生了。平衡计分卡是风靡世界的一种企业评价方法,它对传统的企业财务评价标准和改善的财务评价标准进行补充,克服了财务评价固有的缺陷,使评价结果更加能够满足内部或外部使用者的需要。

3.3.1 财务评价的变迁

1. 财务评价标准的确立

1903年,杜邦公司董事长Pierre Dupont和财务主管Donaldson Brown建立杜邦公式和杜邦财务系统图(图3-1),对公司或部门业绩进行评价。杜邦分析法(DuPont Analysis)利用几个主要的财务比率之间的关系来综合地分析企业的财务状况。它是一种从财务角度评价企业绩效,评价公司盈利能力和股东权益回报水平的一种经典方法。其基本思想是将企业净资产收益率逐级分解为多项财务比率的乘积,这样有助于深入分析比较企业经营业绩。

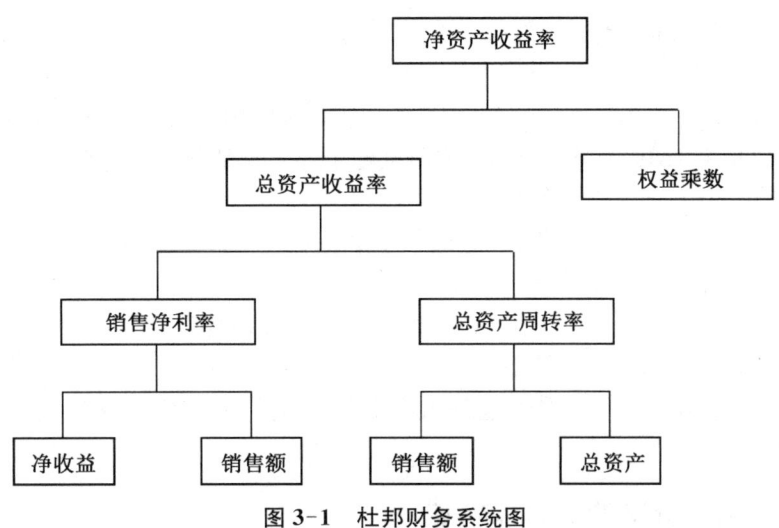

图 3-1 杜邦财务系统图

在我国,1999 年颁发的《企业国有资本金绩效评价规则》也属于典型的财务评价体系。由于财务指标具有统一公允性,这种评价体系有利于评价者向外部利益集团报告信息。但是,无论对外部还是内部使用者来说,其不足日益明显:

(1) 易受会计政策影响。
(2) 易被人为操纵。
(3) 只反映过去的业绩,不反映将来的业绩。
(4) 只反映结果,不反映过程和原因。

因此,需要对财务评价标准加以改进,对它的改进有两种:一是调整,二是补充。

2. 财务评价标准的调整

为了满足资本市场和股东的要求,20 世纪 50 年代,体现未来机会和风险的贴现现金流量指标开始被采用(包括 IRR、NPV 等)。1986 年,美国学者 Alfred Rappaport 在《创造股东价值》中提出衡量公司业绩的新方法:股东价值=公司价值-债务(Alfred Rappaport,1986),这一理论极大地促进了基于股东价值角度的企业价值评价研究的发展。1991 年,Stern Stewart 公司提出经济增加值(EVA)指标(扣除包括股权成本在内的全部资本成本后的利润)和市场价值增加值(扣除总资本后的市价)。1997 年,Jeffery 等人提出修正的经济增加值指标,进一步发展了经济增加值指标。

EVA 的基本理念如下:

(1) 企业经营状况好坏的关键在于收益是否超过资本成本,而不是投资收益率的高低。
(2) EVA 大于 0 说明公司价值创造能力强,EVA 小于 0 表明股东价值受损。
(3) 资本获得的收益至少要补偿投资者承担的风险。
(4) EVA 是体现了经营效率(税后营业利润)和资本使用效率(资本成本资本总额)的综合指数。

但是,调整后的财务评价标准也只能满足资本市场和股东的需要,而不能满足其他利益关系人和内部使用者的需要。

3. 财务评价标准的补充

第二次世界大战后,企业经营的内外部环境发生了重大变化:内部劳资矛盾的激化,促进了组织行为学的发展;外部市场形势的变化,促进了市场营销学的产生;企业管理由生产管理向经营管理转变。

1965年,Stanley E. Seashore在《组织效能评价标准》中将各种指标之间关系组成一个金字塔结构。1990年,Me Nair等人提出"业绩金字塔",从战略管理的角度描述了业绩评价体系,但缺乏操作性,并未被广泛使用。

战略管理产生于20世纪80年代,它的特征如下:
(1) 强调企业经营的竞争性。
(2) 以企业整体目标为导向,倡导整体最优而非局部最优。
(3) 注重各职能部门之间的协调统一。

作为战略管理实施的工具,同时也是对财务评价进行补充的成功典范,平衡计分卡于20世纪90年代应运而生。

3.3.2　平衡计分卡的原理和特点

1992年,Robert Kaplan(哈佛商学院教授)和David Norton(复兴方案公司总裁)在《哈佛商业评论》上发表了《平衡计分卡:良好业绩的评价体系》。1993年,两人又在同一刊物上发表了《平衡计分卡的实际应用》,解决了它的操作性问题。1996年,两人在同一刊物上又发表了《把平衡计分卡作为战略管理的基石》,引入了4个新的管理程序:说明愿景、沟通与联系、业务规划、反馈与学习。

1. 平衡计分卡的原理

平衡计分卡由财务、客户、内部流程、学习与成长四个层面组成。四个层面的关系是:财务(绩效)是最终目标,客户和内部流程是外部和内部的手段,学习与成长是支持的基础。它们的关系如图3-2所示。

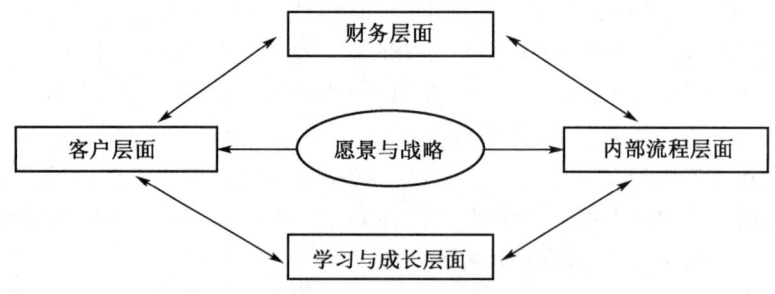

图3-2　平衡计分卡四个层面的关系

2. 平衡计分卡的特点

平衡计分卡方法因为突破了以财务指标作为唯一指标的衡量局限,做到了财务与非财务衡量方法之间的平衡、长期目标与短期目标之间的平衡、外部和内部的平衡、结果和过程的平衡、管理业绩和经营业绩的平衡等多个方面的平衡,因此其能反映组织综合经营状况,使业绩评价趋于平衡和完善,利于组织长期发展。

平衡计分卡与传统评价体系比较,具有如下特点:
(1) 平衡计分卡为企业战略管理提供强有力的支持。随着全球经济一体化进程的不断发展,市场竞争的不断加剧,战略管理对企业持续发展而言更为重要。平衡计分卡的评价内容与相关指标和企业战略目标紧密相连,企业战略的实施可以通过对平衡计分卡的全面管理来完成。

(2) 平衡计分卡可以提高企业整体管理效率。平衡计分卡所涉及的四项内容,都是企业未来发展成功的关键要素,平衡计分卡所提供的管理报告,将看似不相关的要素有机地结合在一起,可以大大节约企业管理者的时间,提高企业管理的整体效率,为企业未来成功发展奠定坚实的基础。

(3) 注重团队合作,防止企业管理机能失调。团队精神是一个企业文化的集中表现。平衡计分卡通过对企业各要素的组合让管理者能同时考虑企业各职能部门在企业整体中的不同作用与功能,使他们认识到某一领域的工作改进可能是以其他领域的退步为代价换来的,促使企业管理部门考虑决策时要从企业出发,慎重选择可行方案。

(4) 平衡计分卡可提高企业激励作用,提高员工的参与意识。传统的业绩评价体系强调管理者希望(或要求)下属采取什么行动,然后通过评价来证实下属是否采取了行动以及行动的结果如何,整个控制系统强调的是对行为结果的控制与考核。平衡计分卡则强调目标管理,鼓励下属创造性地(而非被动地)完成任务,这一管理系统强调的是激励动力。因为在具体管理问题上,企业高层管理者并不一定会比中下层管理人员更了解情况,所作出的决策也不一定比下属更明智,所以,由企业高层管理人员指挥下属的行为方式是不恰当的。此外,目前企业业绩评价体系大多是由财务专业人士设计并监督实施的,但是,由于专业领域的差别,财务专业人士并不清楚企业经营管理、技术创新等方面的关键性问题,因而无法对企业整体经营的业绩进行科学合理计量与评价。

(5) 平衡计分卡可以使企业信息负担成本降到最低。在当今信息时代,企业很少会因为信息过少而苦恼,随着全员管理的引进,当企业员工或顾问向企业提出建议时,新的信息指标总是在不断增加。这样会导致企业高层决策者处理信息的负担大大加重。平衡计分卡可以使企业管理者仅仅关注少数而又非常关键的相关指标,在保证满足企业管理需要的同时,尽量减少信息负担成本。

3. 将平衡计分卡作为企业经济效益审计的评价标准

审计人员根据平衡计分卡的四层面设计评价指标。

1) 财务层面

财务层面的绩效指标包括收入增长、降低成本和财务状况三大主题。在不同经营战略阶段,评价侧重有所不同。

(1) 成长阶段,侧重于收入的增长。

(2) 维持阶段,侧重于获利能力和成本。

(3) 收获阶段,侧重于现金流量和财务状况。

2) 客户层面

客户层面包括核心指标和属性指标两个层次,客户层面的指标具体如图3-3所示。

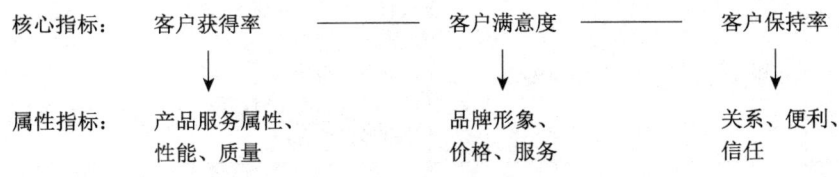

图3-3 客户层面的指标

3) 内部流程层面

内部流程层面表现为内部价值链（创新—经营—服务），具体如图3-4所示。

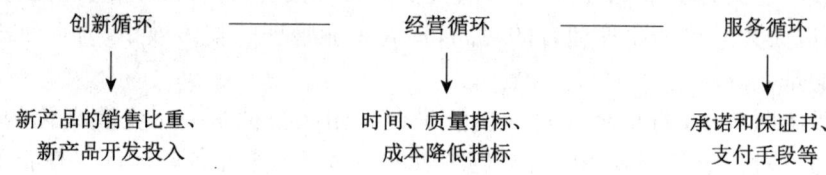

图 3-4　内部价值链

4) 学习与成长层面

学习与成长层面包括人员、信息和程序三种资源，其具体指标包括员工素质指标、满意度和留存率、内部信息沟通能力、管理程序化程度等。

3.4　经济效益审计评价指标体系

经济效益审计评价指标是经济效益审计评价标准的基本单位和具体形式。运用评价指标可以对被审计单位某一时期某一方面的效益水平进行分析评价，但是一个指标很难对被审计单位的经济效益作出全面评价，必须由若干个指标构成的经济效益审计评价指标体系对其进行全面评价。所谓经济效益审计评价指标体系是指由相互联系、相互制约的若干个衡量评价被审计单位经济效益的指标构成的有机整体。下面介绍两种通用的企业经济效益审计评价指标体系。

3.4.1　投入—产出—效益指标体系

投入—产出—效益指标体系是经济效益审计评价指标体系，适用于任何有投入、产出的经济活动，其构成如表3-1所示。

表 3-1　投入—产出—效益指标体系

一级指标	二级指标	三级指标
投入指标	消耗	固定资产折旧 工时消耗 原材料、燃料、辅助材料消耗 工资支出 各种费用支出 其他
	占用	全部职工和各类在册人数 固定资产占用额 流动资金占用额 日历工时或制度工时占用 其他自然资源占用
产出指标	总产值、商品产值、总产量、品种指标、销售收入、优质品率、合格品率、等级品率	

(续表)

一级指标	二级指标	三级指标
效益指标	反映人力资源投入的效益指标	全员劳动生产率、工人劳动生产率、定额工时完成率、工时利用率
	反映财力资源投入的效益指标	流动资金周转率、固定资金产值率、年销售资金率、成本降低额和降低率、成本利润率、产值流动资金率
	反映物力资源投入的效益指标	主要设备台时产量、标准产量折旧率、原材料利用率、万元产值能耗、企业综合能耗
	反映投资项目的效益指标	投资效果系数、内含报酬率、投资利润率、投资回收期
	反映技术进步、企业环境改善的效益指标	市场占有率、设备更新率、产品质量稳定提高率、新产品试制计划完成率

需要说明的是：

（1）上述经济效益审计评价指标体系按投入、产出和效益三大部分分类（也有分成核心指标、辅助指标和基层指标三类，或分成衡量指标、分析指标和目的指标三类以及其他分类），并列举出各类中的一部分指标，所列指标也不可能完全适用于被审计对象。审计人员必须依据被审计项目、被审计单位、被审计时期的具体情况进行修正、补充和完善，使之符合审计目的的基本要求。

（2）经济效益审计评价指标根据综合程度可分为不同层次，如综合指标、具体指标、里层指标、表层指标、通用指标、说明指标等，这些指标在审计过程中发挥不同的作用，与审计结论的紧密关系亦不相同，审计人员应予注意。审计人员既要选择能充分表示各种资源综合利用效益的、少量的、反映价值形态的高度综合的指标，也要选择基础的、大量使用的实物指标或者综合程度相对较低的价值指标，并使各指标相互衔接、相互呼应、相互补充，以便能适应经济效益不同方位和不同层次的比较、分析和评价的需要。

上述经济效益审计评价指标体系中常见指标计算公式如下：

人均创利税额＝某时期利税总额÷该时期职工平均人数

资金利税率＝某时期利税总额÷该时期全部资金平均余额×100％

全部资金利税额＝某时期利税总额÷该时期全部资金平均余额

全员劳动生产率＝某时期工业总产值÷该时期全部职工平均人数

成本利润率＝某时期产品销售利润÷该时期产品销售成本×100％

全部流动资金周转天数＝（定额流动资金平均余额＋非流动资金平均余额）×分析天数÷分析期的产品销售收入

材料单耗＝某时期材料消耗总量（实物量）÷该时期产品产量

材料利用率＝某时期产品中的材料总量÷该时期材料消耗总量×100％

工人劳动生产率＝某时期工业总产量（或实物量）÷该时期工人（包括学徒）的平均人数

设备台时利用率＝某时期设备实际使用台时数÷该时期设备制度台时数×100％

设备台时产量＝某时期产品产量÷该时期设备实际使用台时数

3.4.2 综合-局部-因素指标体系

综合-局部-因素指标体系由综合指标、局部指标和周转指标三部分构成,是表层-里层指标体系的延伸。

1. 综合指标

综合指标是指能反映经济效益主体(某企业、某单位或某项目)整体的投入、产出之比的指标,如资金利税率、人均创利税额、总资产报酬率、净现值等指标。

2. 局部指标

局部指标是指能反映某一方面(资源或因素活动等)局部投入、产出之比的指标,如全员劳动生产率、流动资金周转率、产品合格率、成本计划完成率(或降低率)等指标。审计人员一般可根据综合指标和局部指标作出审计结论,而综合指标和局部指标的变动又受自身一些因素的影响,这些因素相对于综合指标和局部指标来说,更直接、更细微,可进一步用周转指标来反映。

3. 周转指标

周转指标是指能反映综合和局部指标变动的影响因素的指标,其往往是提出审计建议的出发点,例如,综合指标总资产报酬率受以下三个周转指标的影响:利润报酬系数、销售利润率、资金周转总次数;局部指标流动资金周转率受以下三个周转指标的影响:销售收入、销售成本、流动资金占用额;局部指标全员劳动生产率受以下三个周转指标的影响:工人劳动生产率、制度工时利用率、工人占全员比重等。

重 要 概 念

经济效益审计准则　经济效益审计评价标准　经济效益审计评价指标体系

思 考 题

(1) 什么是经济效益审计评价标准?它与财务审计评价标准有何不同?
(2) 经济效益审计评价标准有哪些具体内容?
(3) 经济效益审计评价指标为什么采用定量与定性相结合的办法?
(4) 平衡计分卡有哪些平衡?其基本原理是什么?

练 一 练

1. 经济效益审计的主要依据是(　　)。
   A. 国家法律法规　　　　　　　　　　B. 企业内部规章制度
   C. 审计署发布的经济效益审计准则　　D. 以上都是
2. 经济效益审计准则中,强调审计团队应具备(　　)。
   A. 独立性、客观性和专业性　　　　　B. 丰富的财务管理知识
   C. 精通被审计单位的业务领域　　　　D. 以上都是
3. 下列各项中,不属于经济效益审计准则明确规定的审计程序的是(　　)。

A. 审计计划制订 B. 财务报表审查
C. 经济效益评估 D. 后续审计

4. 在经济效益审计中,评估经济效益时常用的标准不包括(　　)。
    A. 行业平均水平 B. 历史最佳水平
    C. 国际先进水平 D. 审计人员的主观判断

5. 经济效益审计报告应(　　)地表述审计发现的问题。
    A. 客观、准确、具体 B. 含糊其辞,避免冲突
    C. 仅根据审计人员的个人意见 D. 夸大其词,以引起关注

6. (　　)是经济效益审计中对被审计单位经济效益进行定量评估时常用的方法。
    A. 比率分析　　　B. 问卷调查　　　C. 专家打分　　　D. 案例分析

7. 经济效益审计准则对审计证据的收集和使用的要求是(　　)。
    A. 充分、适当、相关 B. 越多越好,以显示审计工作的全面性
    C. 仅限于书面证据 D. 可以随意取舍,根据审计人员的判断

8. 在经济效益审计中,(　　)可以确保审计建议的针对性和可行性。
    A. 深入了解被审计单位的实际情况 B. 依赖外部专家的意见
    C. 仅根据审计准则提出 D. 无需与被审计单位沟通

9. (　　)是经济效益审计对审计团队独立性要求的体现。
    A. 审计团队与被审计单位存在经济利益关系
    B. 审计团队成员在被审计单位兼职
    C. 审计团队在审计过程中保持客观公正的态度
    D. 审计团队在审计前与被审计单位充分沟通

10. 经济效益审计准则对审计报告的质量要求是(　　)。
    A. 准确、清晰、完整 B. 简短明了,避免冗长
    C. 仅包含审计发现的问题 D. 无需包含审计建议

第 4 章　经营活动审计

- ◇ 内容简介
- ◇ 重点难点
- ◇ 学习目标
- ◇ 知识框架
- ➢ 4.1　经营活动审计概述
- ➢ 4.2　供应业务经济效益审计
- ➢ 4.3　生产业务经济效益审计
- ➢ 4.4　成本经济效益审计
- ➢ 4.5　质量经济效益审计
- ➢ 4.6　销售业务经济效益审计
- ◇ 重要概念
- ◇ 思考题

内容简介

经营活动审计是关于经济性、效率性、建设性的审计，经营活动审计要对企业生产、经营、管理的全过程进行审计。其任务是揭露经营管理过程中存在的问题和薄弱环节，探求堵塞漏洞、解决问题的有效途径，提出改善经营管理、提高经济效益的措施。

重点难点

本章重点为经营活动审计的各个阶段的经济效益审计；本章难点为成本经济效益审计、质量经济效益审计。

学习目标

通过本章的学习，学生应掌握经营活动审计的目标；了解经营活动审计报告的使用者；明确经营活动审计的各个阶段的经济效益审计的重点。

知识框架

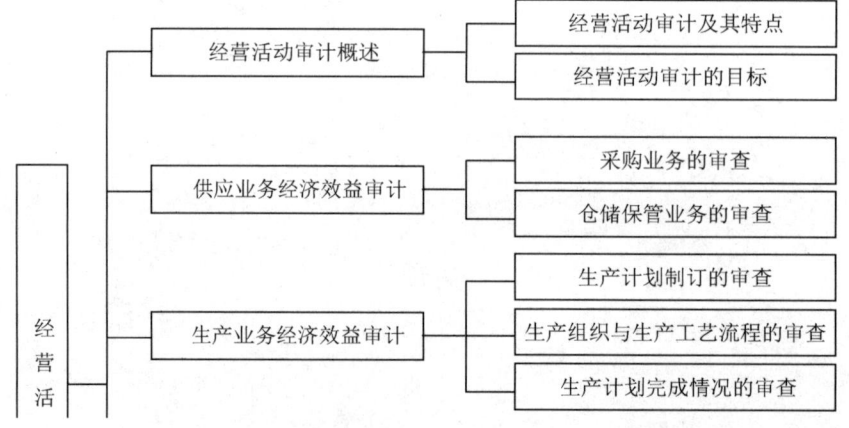

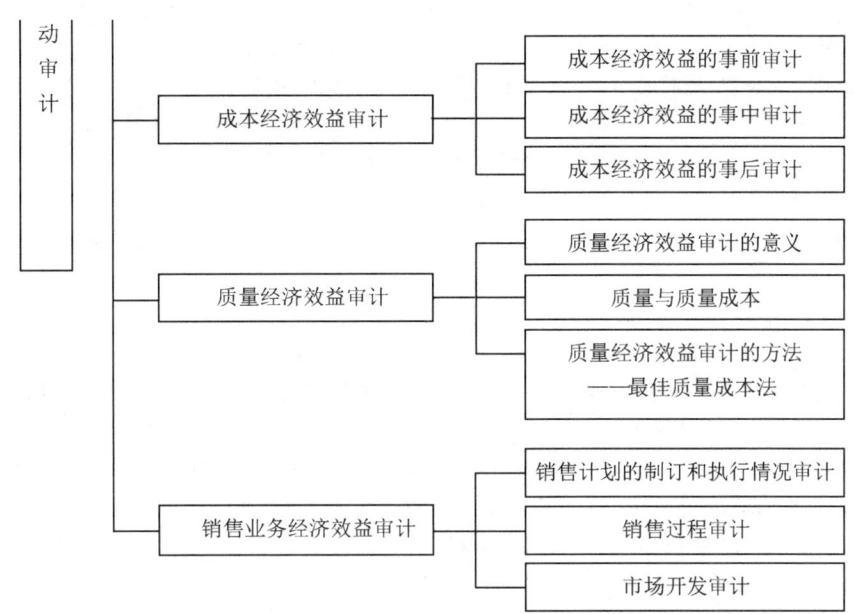

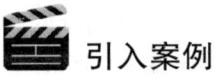 引入案例

内部审计对管理层的奖惩建议权

某公司的一家下属企业,自开业后多年来始终处于亏损状态。虽然该公司的设备一流,而且有跨国公司的大投入作后盾,产品的市场需求极大。但公司总经理盲目自信,随意滥用董事会赋予的投资权,超预算购买大批进口设备。另外,公司内部管理混乱,费用开支巨大,管理层之间信息沟通不畅。公司产品质量和数量长期不能满足客户需求,导致公司长期不能达到董事会确定的目标。公司内部不断有员工揭发总经理利用采购设备的机会接受外国供应商的好处、带领全家出国旅游等问题。最后,公司首席执行官指示内控部联合投资、财务等部门组成联合审计组对公司总经理进行特别审计。

经过一周的特别审计后,根据具体的审计证据和总经理目前的经营方针以及发展计划,联合审计组决定在审计报告中向董事会提出包括撤换总经理在内的一系列建议。过去外部审计师虽然也多次对该公司进行年度审计,也提出许多管理建议,但从没有涉及该公司总经理的去留问题。

此外,该公司的内部审计机构通常还派人参加企业的年度和季度的绩效考核工作。内部审计师在对下属企业管理层的绩效评价中有权提出奖惩建议。

资料来源:沈征.内部审计学[M].北京:电子工业出版社,2015.

 课程思政

黑龙江齐齐哈尔:加大效益审计力度 当好公共资金"守护者"

今年以来,黑龙江省齐齐哈尔市审计局不断加大效益审计力度,将节约财政资金、维护民生资金安全、提高资源利用效果等内容作为审计重点,并在审计结果运用上,突出宏观情况反映,为公共资金和资源的节约、合理、有效使用发挥了积极作用。

一是关注经济效益,坚决遏制损失浪费。按照"政府投资到哪里,审计就跟进到哪里"的工作原则,及时跟进市委、市政府提出的加快城乡基础建设步伐的重大决策安排,组织开展了几十个项目的投资评审工作。在工作中,审计人员对照图纸、核对项目、实地勘察测量,并利用自行设计的市政工程审核软件,提高了工作效率。上半年,通过评审,该局审减各项不合理支出,为政府节约资金近五千万元,有效控制了工程建设中的高估冒算、损失浪费等现象,降低了建设项目成本,确保了政府投资资金真正发挥效益。

二是关注社会效益,维护社会和谐公正。坚持把服务民生作为审计工作的重要职责。在审计中,坚持以民生资金运用是否合理、运转是否合规、运行是否有效为切入点,围绕再就业资金管理使用、政策制度建立和落实情况等专项内容,审计组延伸访调查了街道办事处、社区(居民)委员会、各级就业技能培训学校等再就业资金使用单位和个人,查处了再就业资金管理使用中存在的问题,促进了再就业资金规范管理和安全运作。医保资金审计在严肃查处违纪违规问题的同时,也关注基金的保值增值、资金流程监管是否有效等情况,及时揭示了医保基金增值方面存在的问题,提出了改进意见。被审计单位对此高度重视,现已制定措施进行整改。

三是关注资源效益,促进经济持续发展。为促进全市水资源的合理开发和高效利用,今年3月,该局采取问卷调查、实地走访和与财务、业务人员座谈等方式,对市本级水资源费征收管理和使用情况实施了专项审计调查。审计人员坚持从微观入手,宏观着眼,在摸清市本级水资源费征收管理和使用现状的基础上,分析了市本级水资源取用量与水资源费征收差异产生的原因,并注重在机制体制制度层面查找薄弱环节和存在的问题,向市政府提交了专题报告,从六个方面提出了解决问题的办法和建议,对促进建立科学的用水机制,确保水资源合理开发、科学配置、优化调度、高效利用等发挥了良好建设作用。

来源:李书艳.黑龙江齐齐哈尔:加大效益审计力度 当好公共资金"守护者"[EB/OL].(2013-07-18)[2025-01-04].https://www.audit.gov.cn/n4/n20/n524/c34828/content.html.

自20世纪50年代开始,伴随世界经济的迅猛发展和市场竞争的日益加剧,为抢占世界市场,大型跨国集团不断涌现。随着组织规模的不断扩大,组织内部的管理层级也随之增多。为了在激烈的市场竞争中保持有利的地位,组织管理者必然将战略眼光聚焦在组织能够实现的效益之上,这就迫切需要内部审计机构和人员对组织各项资源在使用上的经济性、效率性和效果性实施审计,以确保组织运营目标的实现。内部审计人员凭借自身对组织运营过程、所处环境和组织目标的深刻理解,可以将其审计范围从传统的真实性和合规性审计延伸到更加广泛的运营管理领域,对组织的各项运营活动、内部控制、风险管理提出全面的评价和建议。在此大背景下,绩效审计应运而生,并发展成为当前内部审计普遍开展的审计业务类型,成为组织治理和风险管理的重要手段,对于促进组织改善运营和管理,提高组织资源的利用效益发挥着至关重要的作用。

4.1 经营活动审计概述

4.1.1 经营活动审计及其特点

劳动力、原材料、生产设备和资金等各项生产要素在企业生产经营过程中并不能单独地发挥作用,而必须与业务经营活动结合起来才能成为现实的生产力,体现出一定的投入-产出关系。经营活动审计主要审查被审计单位是否改善和充分利用企业物质条件和技术条件,审查其利用各项生产要素的具体方式和手段的有效性。

一般认为,经济效益审计主要由经营活动审计、管理审计两部分构成。经营活动审计和管理审计在理论上是两个相互独立而又密切相关的概念,在实际中构成了企业经济活动两个并列的功能系统。

经营是以外部环境和内部条件为依据,以提高经济效益和促进企业发展为目的,从市场和用户需求出发,使企业外部环境、内部条件与目标间达到动态平衡,实现预定目标的过程;

管理则是人们共同劳动所引起的用来协调共同劳动指挥职能,是社会生产的一般条件,是有计划、有目的地组织劳动协作的过程。经营是商品经济的产物,是一个阶段性的概念,在有商品生产和商品交换、有市场、有通过等价交换获得企业产品的用户、有竞争对手时才会有企业经营,才会产生经营活动;而管理是一个永恒的概念,只要有人类,就需要生产,哪里有生产哪里就有管理。经营的职能是适应、生存(平衡)、应变、竞争、控制发展;管理的职能则是计划、组织、指挥、控制、协调。如果把企业全部经济活动进行大体划分,供产销是经营,对其进行组织则是管理。企业涉足市场,与用户和竞争对手发生关系,这时企业作为一个整体系统与外部环境联系,企业这种对外的功能以及由此产生的经济活动称为经营活动;企业以经营为先导,对企业内部人财物等生产要素进行利用开发,以最小投入争取最大产出,以期达到企业预定目标,企业这种对内功能以及由此产生的经济活动称为管理活动。

根据以上经营和管理的内涵和外延可以提出经营活动审计、管理审计的概念。经营活动审计是指对被审计单位经营活动的合理性、经济性和有效性的审查,借以检查和证明被审计单位经营责任的履行情况,以促进其改善经营,提高经济效益。经营活动审计主要包括经营思想、经营目标、经营策略的审计,经营环境的审计,经营能力审计,经营预测决策审计,经营计划审计,采购与销售业务审计,经营控制审计,经营成果审计等。管理审计是指对被审计单位的管理活动的效率性、效果性和经济性的审查,以评价其管理工作的水平以及管理机构、人员的素质和能力,以促进被审计单位加强管理,提高经济效益。管理审计主要包括计划管理审计、生产管理审计、物资管理审计、劳动人事管理审计、技术管理审计、质量管理审计、设备管理审计、财务管理审计等。

经营活动审计与管理审计相比,主要有以下特点:

(1)经营活动审计是更直接的经济效益审计。经营活动审计的对象是供产销活动过程及诸生产要素的运动,是企业的劳动(包括活劳动和物化劳动)消耗过程、资源的占用情况和产品的产出过程,也就是直接审查投入、产出情况。它是比管理审计更为直接的一种经济效益审计。

(2)经营活动审计的范围是企业的基本经济活动及其他业务经营活动。对工业企业来说,供产销活动是基本经济活动,是审查的重点。附属商业、运输服务和生活福利服务等经营活动是工业企业的附属,辅助、服务生产的经济活动,必要时也应进行审查。

(3)经营活动审计的重点是构成企业生产力的各要素的开发利用程度。这种利用程度的确定可以通过经济效益指标加以数量化。

知识拓展 4-1

管理审计的特点

(1)管理审计是经济效益审计中的高层次审计。企业的生产经营活动都是在一定的管理体系的作用下进行的。如果说业务经营活动是企业经济活动中的"经济基础",则管理活动就是经济活动的"上层建筑"。只有抓好管理工作,才能保证企业各项业务经营活动正常、高效地进行,保证提高经济效益的各种措施和方案得以实施。通过管理审计促进被审计单位提高管理素质、管理水平和管理效率,从而保证企业在现有技术水平和技术装备不变的条件下,通过改进计划、组织、指挥、协调、控制、激励和决策的方式、方法来提高经济效益。

(2)管理审计的审查重点是管理素质。管理审计着眼于增强企业整体功能,从根本上改进组织管理,提高管理效率。管理审计从系统整体的高度优化整体结构,首先要提高管理组织、管理人员的素质,从而为实施挖掘潜力、提高经济效益的各种改进方案创造条件,铺平道路。

(3) 管理审计是审查、评价管理活动的审计。前已述及,管理审计本身不具有管理职能,它不是直接的管理活动,而是一种评价监督活动,它是审查评价管理活动的活动,而不是代替或重复企业管理部门的工作。

资料来源:高岩芳.企业经济效益审计[M].北京:人民邮电出版社,2006.

4.1.2 经营活动审计的目标

经营活动审计是通过对企业在生产经营活动过程中,反映人力、财力和物资使用情况所进行的审核,是对企业内部控制系统、企业组织及其职能、生产程序等经营和系统所进行的测试,以及对企业生产经营活动体现经济效益优劣所作的评价。

经营活动审计的内容如下:

(1) 对企业外部政策、内部规章制度的遵循情况进行检查。

(2) 对企业资源使用效益进行检查。

(3) 对企业经营目标完成情况进行检查。

除进行生产经营活动的事后检查,企业还要注意对现在的和未来的生产经营活动的检查;重点在于对企业在生产经营中的人力、财力以及物资使用情况作出评价。经营活动审计的主要内容包括材料、设备采购的效益审计;存货的效益审计;人力资源的效益审计;经济合同的效益审计;组织结构和管理的绩效评价、设备使用的效益审计;生产操作过程的效益审计;销售效益审计;企业效益的系统评价;基建项目的检查和评估、分析等。

经营活动审计是经济效益审计的重要内容之一,提高企业的经济效益,无疑就是经营活动审计的根本目标。就经营活动审计本身来说,它的目标主要表现在两个方面:一是审查业务经营过程,看其是否合理,存在哪些影响经营效益的因素;二是审查生产力诸要素的开发利用情况,挖掘利用的潜力。它的具体目标包括如下几个方面:

(1) 对企业的经营水平进行综合评价,分析其经营能力。

(2) 审查业务经营计划的完成情况及其影响因素,找出关键问题,制订相应措施。

(3) 审查业务经营各个环节的状况,找出其薄弱环节和不适应的地方,找出影响经营效益的因素。

(4) 审查各生产要素对经营的保证程度,提出合理调配生产力各要素,保证业务经营能顺利进行,经营目标能按期实现的建议。

(5) 审查各生产要素的利用情况,对生产要素的利用程度进行评价。

(6) 研究改善经营活动,弥补经营缺陷,开发利用生产要素,挖掘利用潜力的途径。

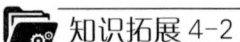
知识拓展4-2

管理审计的目标

1. 计划机能的审计目标

审查计划机能,主要回答被审计单位有无适当的经营目标,有无保证目标实现的各种计划,以及有无正确的决策程序等;同时还要明确指出目标、计划、决策中存在的缺点及其改进的措施。

2. 组织机能的审计目标

审查组织机能,主要回答被审计单位有无利于经营目标实现的组织结构,有无个人与群体工作,以及人员配备、选拔、使用、考核、开发的制度。

3. 领导机能的审计目标

审查领导机能,主要回答被审计单位是否有素质高、方法得当、善于发挥人们能力的领导群体;该群体是否能有效地把个人目标和单位目标协调起来,具有说服与指导他人的才能;领导者所采用的授权方法、激励机制和沟通机制,是否能有效地调动广大职工的积极性,是否有利于协调干群之间的关系。

4. 控制机能的审计目标

控制机能审查,应回答被审计单位有无健全有效的内部控制制度,内部控制制度是否能够执行,内部控制工作是否能保证单位管理目标的实现、各项任务的完成和各种偏差的纠正等。

资料来源:陈思维,王会金,王晓霞.经济效益审计[M].北京:中国时代经济出版社,2003.

4.2 供应业务经济效益审计

物资供应是实现企业再生产的基本条件和前提。企业要保证生产活动的持续进行,必须要有良好的供应计划、供应组织、仓储保管等一系列物资供应管理活动。它对于保证企业生产正常进行,提高物资利用的经济效益起着十分重要的作用。供应业务的审查包括采购业务和仓储保管业务的审查。

4.2.1 采购业务的审查

采购业务审查主要包括物资供应计划及其完成情况的审查,采购批量和采购成本效益的审查等内容。

1. 物资供应计划及其完成情况的审查

首先,审查其计划的制订是否按照生产计划、产品质量及工艺技术所规定的品种和质量的要求来编制,其品种、质量和数量是否与需要相一致,计划采购量是否合理。审查时可用以下公式验证:

$$某种物资计划采购量 = 该物资计划需要量 + 期末库存量 - 期初库存量$$

其次,审查其计划完成情况,应分别从其数量和质量上考核计划完成程度。考核时应注意,计划完成数量并非越多越好,因为这可能会导致采购的不经济,以及大量资金的占用,从而降低企业经济效益。

2. 采购批量的审查

采购批量是否符合物资供应管理的需要,是否经济合理,应从两个角度进行审查:一是采购方式及费用审查;二是采购批量的经常性、合理性审查。

(1) 采购方式及费用的审查。不同的采购方式,如合同订购、市场购买、函电邮购等,适用于不同数量和要求的物资供应,其采购费用不一样。审查时,审计人员应将各种可能的采购方式进行比较,分析其成本效益及可行性,确定最佳的采购方式,并以此作为标准来衡量企业所选择的采购方式是否合适,费用是否最低,在时间上是否能保证供应,质量上是否符合要求。

(2) 采购批量的经常性、合理性审查。采购批量的合理与否,直接影响供应业务的经济效益。一般情况下,采购次数越多,全年的采购费用也就越高;而减少采购次数,则仓储量便会上升,库存物资的周转就慢、保管费用就增加。所以,应按全年最低采购费用和仓储保管费用来设计采购批量。经济批量的计算公式为：

$$Q = \sqrt{\frac{2Na}{Pb}}$$

式中：Q 为最佳经济批量；N 为物资年需要量；a 为每次采购费用率；b 为保管费用率；P 为单价。

审计人员应运用上式来验证企业物资采购的批量经济性和合理性，并以此作为审计评价标准来衡量企业物资采购工作。

（3）采购成本效益的审查。采购成本效益的审查包括采购成本完成情况和采购费用率审查两方面的内容。

采购成本完成情况审查，可以将实际采购成本与计划成本进行比较，以确定其材料成本差异数额及方向，然后作出评价结论。采购费用率的计算公式为：

$$采购费用率 = \frac{本期采购费用总额}{本期物资采购总量} \times 100\%$$

采购费用率指标因采购不同物资而异。审计人员应将实际指标与计划指标、行业平均水平进行比较，以便作出正确评价。

> **相关思考 4-1**
>
> 全年需要采购甲材料 5 000 吨，每吨 2 元，每次采购费 25 元，保管费按照平均存货价值的 12.5% 计算。采购费用率是多少？

4.2.2 仓储保管业务的审查

仓储保管业务审查主要包括储备定额的制订、储备计划完成情况，以及仓库保管的设置和管理制度的执行等内容。

1. 储备定额合理性的审查

物资储备定额是指在一定的管理条件下，为保证生产顺利进行所必需的、经济合理的物资储备数量的标准。审计人员通过审查，评价仓储保管的数量是否合理，制定的最高储备、经常储备、保险储备和季节储备定额是否合理、是否经济，能否既保证生产的需要，又能压缩储备量，节约成本支出。

（1）最高储备定额的审查。制定最高储备定额的方法主要有两种：供应期法和经济批量法。

供应期法是指根据供应间隔的长短和每日平均耗用量，并考虑物资使用前的准备日数和保险日数来制定储备定额的方法。其计算公式为：

$$某种材料最高储备定额 = 材料每天平均耗用量 \times (供应间隔天数 + 使用前准备天数 + 保险天数)$$

式中："材料每天平均耗用量 × 保险天数"为保险储备定额；"材料每天平均耗用量 ×（供应间隔天数 + 使用前准备天数）"为经常储备定额。它们之间的关系为：

$$最高储备定额 = 保险储备定额 + 经常储备定额$$

审计人员通过审查各项定额制定的是否合理来评价企业材料储备的合理性与效益性。

经济批量法是指以经济批量作为企业的经常储备的方法。它充分考虑了储备的经济性，是一种比较理想的方法。其计算公式为：

$$最高储备定额 = 保险储备定额 + 经济批量$$

（2）季节性储备定额的审查。季节性储备是在季节性生产原材料不能全年正常供应的情况下，为保证生产正常进行必须建立的物资储备量。其计算公式为：

$$季节性储备定额 = 季节性储备天数 \times 日均耗用量$$

审查时，审计人员应注意其季节性储备天数计算依据是否充分，查明季节性储备定额与企业仓库场地和设施的保管是否吻合。

2. 物资储备计划完成情况的审查

合理有效的储备定额能为控制仓储量提供可靠的依据。一般情况下，仓储量应控制在最高储备与最低储备之间。超过了上限，即造成物资积压；低于下限，则不能保证供应。审计人员应分析影响储备变动的各个因素，如领料或订购的数量、时间等，并根据具体需要，及时修订定额或采取相应措施、控制定额仓储量。

3. 仓储保管的设置与管理审查

（1）审查仓库位置与内部空间的布置。一般来说，企业应根据仓储的性质，以及安全和管理的要求来设置。仓库内部的空间布置是否合理，直接影响到仓库有效面积的利用程度和仓库作业效率。审计人员应审查仓库位置的设置是否有利于厂内物资流动的经济性、合理性。通过审查，审计人员促使企业根据仓库的具体情况进行科学的空间布置，提高仓库利用率。

（2）物资管理的审查。

首先，审查仓库面积利用率，视其是否保持了合理的比率，是否有利用的潜力。仓库面积利用率的计算公式为：

$$仓库面积利用率 = \frac{已利用面积}{仓库总面积} \times 100\%$$

其次，审查仓库存放保管工作，做好"十防"工作，减少不合理库存。

最后，审查物资保管过程中账卡档案是否建立健全，是否及时掌握、了解库存情况。仓库与财会部门、供应部门是否定期进行对账，账卡是否相符。

（3）物资分类保管的审查。对于库存物资的保管，应根据其重要程度、消耗数量、价值大小等区别对待，采用不同的管理方法。在实际工作中通常采用 ABC 分析方法，把库存物资分为 ABC 三类，并配以相应控制措施。审计人员通过审查，确定其物资分类是否适当、相应的物资管理方法是否正确、所实施的管理措施效果是否良好，并根据评价结果，提出改进措施。

> **相关思考 4-2**
>
> 某物资订购间隔为 30 天，订购时间（从订货到入库所需要时间）10 天，每日耗用量 20 吨，保险定额 200 吨，订货时实际库存量 450 吨。试比较定期控制与定量控制。

4.3 生产业务经济效益审计

生产业务经济效益审计，主要包括对生产计划制订、生产组织和生产工艺流程，以及生产计划完成情况的审查。

4.3.1 生产计划制订的审查

审计人员首先应审查企业制订计划的依据是否合规、合法;其次应审查企业生产计划是否综合平衡。生产计划的综合平衡主要包括生产能力与生产任务的平衡、劳动力与生产任务的平衡、物资供应与生产任务的平衡。

1. 生产能力与计划生产量平衡的审查

$$生产能力 = 每台机器生产能力 \times 制度工作日数$$
$$计划生产量 = 计划需要量 + 计划期末预计存量 - 计划期初预计存量$$

审查时,审计人员应将上述两式进行比较,视其是否平衡。如果计划生产量大于生产能力,说明生产能力不足;反之,则说明生产任务不足。审计人员应根据具体情况,建议被审计单位修改生产计划。

2. 任务工时数与有效生产工时平衡的审查

$$任务工时数 = 计划产量 \times 单位产品工时定额$$
$$有效生产工时 = 生产工人人数 \times 计划期工作天数 \times 出勤率 \times 每天工作小时数 \times 工时利用率$$

审查时,审计人员应注意两式的计算依据是否可靠,并将两式进行比较,视其是否平衡,能否既保证完成生产任务,又不浪费劳动力。如出现不平衡的情况,应建议被审计单位修改计划。此外,审计人员还应审查计划的衔接情况,主要是月度计划和年度计划、年度计划和长远计划的衔接,以及各部门之间计划的衔接。若发现计划不衔接,审计人员应当及时提出,并提出修改意见。

3. 物资供应与生产任务平衡的审查

(略)

4.3.2 生产组织与生产工艺流程的审查

生产组织是将各种生产资料和劳动力在时间和空间上合理安排的过程。审计人员应注意审查企业生产过程是否连续、是否平衡,能否适应市场条件的变化,及时组织生产等。

生产工艺流程的审查,主要是分析企业所选择的工艺流程是否适用、合理和可靠,即选择的工艺方案能否适应客观条件要求,所选择的工艺流程是否最经济,同时又能满足生产要求,采用的生产工艺流程是否既安全,又符合质量及维修服务的要求。

4.3.3 生产计划完成情况的审查

审查企业生产计划完成情况,主要从产品产量、品种、质量等方面来进行审查。

(1) 衡量企业产品产量可用三种不同的尺度来表示:实物量、劳动量和价值量。审查时,审计人员要注意反映各个指标的完成情况,不能片面地反映个别指标。

(2) 衡量产品品种计划完成程度,可用以下公式:

$$品种计划完成程度 = \frac{各品种完成计划产量百分比之和(超额部分不计)}{百分比之和(超额部分不计)}$$

用上式可以防止企业出现利大多生产、利小不生产等片面追求利润的现象,有利于企业全面完成产品生产任务。

(3) 产品质量审查,主要是对产品质量的计划完成情况、产品质量效益和产品质量管理工作进行审查。

① 反映产品质量计划完成情况的指标有产品合格率、废品率、返修率、产品等级率、平均等级以及等级系数等。其中,最主要的是产品合格率,其计算公式为:

$$产品合格率 = \frac{合格产品产量}{全部产品产量} \times 100\%$$

② 产品质量效益审计是对改善产品质量而发生的费用与由此而产生的经济效益的比值进行评价。该比值大于1,说明有效益;若比值小于1,说明无效益。

③ 质量管理工作审查。产品质量管理工作的审查,包括产品质量检验和质量保证系统的审查。产品质量检验主要是针对企业日常质量控制而进行的,如是否订立产品质量标准、质量检验部门的职权是否有效发挥作用等。产品质量保证系统主要从产品的设计、生产、技术服务等过程来审查其质量保证程度。

(4) 生产均衡性的审查。企业要保证市场的供应,应均衡地安排生产。审计人员应审查其均衡性并发现影响均衡生产的各种原因,及时寻求对策,解决问题,以保证满足市场的需求。

相关思考4-3

某企业本年度甲产品的计划产量为900千件,实际产量为850千件。乙产品的计划产量为1 000千件,实际产量为1 200千件。丙产品的计划产量为800千件,实际产量为880千件。试分析该企业产品品种计划完成情况。

4.4 成本经济效益审计

成本是商品生产中所耗费的活劳动和物化劳动的货币表现。生产成本就是企业生产的产品中耗费的原材料、燃料、动力、折旧费等生产资料的价值和支付给劳动者的劳动报酬的价值,以及管理费用的货币表现。

成本经济效益审计是以提高经济效益为目的,对成本预测的可靠性、成本决策和成本计划的先进性和可行性、成本计算的正确性和成本控制的有效性所进行的审计评价活动。其任务是根据成本核算资料和报表资料,运用适当的审计方法,对下列的成本管理活动及其效果加以审查和评价:

(1) 成本预测和成本决策的可靠性、科学性、可行性。

(2) 为实现成本决策和成本计划所实施的成本控制是否有效。

(3) 成本计划的完成执行情况和成本效益的实现情况,包括实际成本水平的衡量和实际成本效益指标的测算,以及成本变动差异的分析。

(4) 降低产品成本,提高成本效益的途径。

4.4.1 成本经济效益的事前审计

成本经济效益的事前审计的重点是对成本决策效益进行审查评价。

成本决策包括确立目标成本和规定成本的构成。目标成本是指一定时期内产品成本应达到的水平,它是根据企业的生产技术经济条件和可能采取的各种措施、方案对未来成本水平及其变动趋势的科学估算。成本决策是成本管理活动的重要环节,对成本效益起至关重要的作用。

1. 目标成本的审查

制定目标成本的基础是调查和预测。目标成本的审查,一方面,审查是否进行了认真的内外调查,包括向社会、市场和同行企业调查了解用户购买力、产品价格,产品及主要零部件的成本,以及原材料、元器件、外协件的价格变动等情况;另一方面,审查是否进行了科学的成本预测,即根据企业一定时期内产品品种、产量和利润等方面的目标和生产技术、经营管理状况,分析过去和当前与成本有关因素的状况,预测成本在一定时期内的发展趋势。

目前我国企业制定目标成本的方法:一是根据目标利润和目标产销量的计算;二是根据上年实际成本水平和本年成本降低因素加以调整确定,或根据同行业实际平均成本和本企业条件调整确定。审计时应根据上述不同情况采用不同标准和方法加以评审。

2. 成本构成的审查

成本构成是成本中的各项目或各费用要素在成本中所占的比重,审计时,审计人员一是要注意不同行业产品成本的构成是不同的,同一行业的不同企业,由于生产技术和组织管理等方面存在的差异,成本构成也不尽相同;二是注意对上期的实际成本构成进行深入的分析,掌握本企业成本形成的特点,计划期的成本构成要明确降低成本的重点,抓住降低成本的关键。

4.4.2 成本经济效益的事中审计

成本经济效益的事中审计主要是对成本形成过程的控制工作的审计评价。

对成本控制工作的审查,主要是对控制方法、控制手段、控制工作的有效性进行分析、评价和提出改善意见。

1. 费用成本内部控制制度的评审

提高成本经济效益的有效途径之一是成本控制。因此,成本效益审计的重要步骤是对被审计单位的成本内部控制制度加以评审,从制度上、程序上了解成本效益高低的根本原因。对于成本效益来说,内部控制制度的作用主要是抑制不利于经济效益提高的因素,如损失、浪费、高消耗和低产出等,通过制度、计划、定额、预算等措施、方法和程序对成本效益进行内部控制。审计人员在开展成本效益审计前,就应了解、调查有关内控制度的建立情况,到车间、仓库、设计、计划部门等现场进行观察和测试。费用成本内部控制制度中与成本效益有关的有:生产计划、料工费消耗定额、生产费用预算、产品生产计划、计划成本指标向各生产部门进行分配实施并定期检查的制度,限额领料制度,剩余材料和边角料的退库制度,费用开支的审批报销制度等。对上述的制度内容应拟订调查表(提纲)进行查询和符合性测试,评价其健全程度和可信程度。对于成本控制制度上的薄弱环节,应提出审计建议,促使制度的健全和有效。

2. 成本计划编制情况审计

成本计划编制情况审计应着重审查其是否与生产、技术、财务等计划进行了综合平衡;主要技术经济指标是否达到历史先进水平;主要产品单位计划措施是否按责任归口进行了层层落实;主要产品的变动成本是否经过价值分析;可比产品降低任务是否达到下达的指标;管理费用是否实行了预算控制;其他产品与新产品是否均有成本计划。

3. 成本日常控制审查评价

目标成本和成本计划编制审定以后,能否如期完成,必须进行日常的成本控制,许多企业的做法是划小核算单位、成本、费用归口分级管理、核算责任成本。针对这些做法,必须进行成本控制的审查评价。

(1) 成本费用归口分级管理的审查。成本费用的归口分级管理是在企业一把手的领导下,以财务部门为主,明确各职能部门和车间等方面的费用、成本管理(控制)中的责任、把企业、车间、班组和个人岗位的费用与成本管理(控制)结合起来。归口分级管理是动员全员的力量和智慧,进行成本管理和控制的有效方法。

审计人员在对成本控制进行审计时,应调查了解财务部门是否建立科学、合理的成本、费用归口分级管理系统。所谓科学和合理,一是指该系统能全面覆盖企业成本费用的发生范围;二是指该系统是否与被审计企业的生产经营特点、费用成本的形成过程以及成本管理上的具体要求相适应;三是指财务部门按各口各级分解费用成本指标是否合理,能否调动全体人员提高成本效益的积极性。

(2) 责任成本核算的审查。责任成本核算是以生产费用发生的责任(责任中心)作为成本计算对象。对责任成本核算的审查应注意以下几个方面:①核算哪一级的责任成本,由于责任成本的核算要求与传统的(现行的)生产费用归集方法并不一致,因此会耗费一定的核算工作量,一般来说,责任成本核算主要应抓车间和班组这二级;②责任成本的核算是否贯彻可控的原则,即每一成本中心的责任成本只能由该成本中心所能控制的成本、费用构成,否则起不到成本控制的积极作用;③各责任中心之间的内部转移价格制定是否科学合理,一般应以计划成本作为半成品、各种劳务的内部转移价格;④各责任中心业绩评价,是否与效益的分配挂钩,提高节约成本费用开支的积极性。

4.4.3 成本经济效益的事后审计

成本经济效益的事后审计,主要是对成本效益的实现情况进行审查评价。对成本经济效益的实现情况的审计,主要是对产品成本升降原因的分析和对成本降低计划指标的完成情况进行分析和评价,并提出改进意见。

1. 成本计划完成情况的审计

企业的成本计划完成情况主要通过两个指标反映,即全部商品产品成本计划完成率和可比产品成本降低计划完成率。这两个指标是成本计划完成情况审计的重点。

(1) 全部商品产品成本计划完成率。审计时根据"商品产品成本表"所列资料计算。

$$全部商品产品成本完成率 = \frac{\sum(计划期实际产量 \times 实际单位成本)}{\sum(计划期实际产量 \times 计划单位成本)} \times 100\%$$

(2) 可比产品成本降低完成情况。审计时可先根据"商品产品成本表"计算可比产品成本实际降低率,然后对比计划规定的降低率评价其完成情况。

$$可比产品成本降低额 = 计划期实际产量 \times (上期实际单位成本 - 计划实际单位成本)$$

$$可比产品成本实际降低率 = \frac{可比产品成本降低额}{实际产量 \times 上期实际单位成本} \times 100\%$$

$$可比产品成本降低计划完成率 = \frac{1 - 可比产品成本实际降低率}{1 - 可比产品成本计划降低率} \times 100\%$$

审计时应注意,这两类指标数值如大于100%,说明成本降低任务没有完成,小于100%,说明成本降低任务完成得较好。

2. 成本经济效益实现程度的审计

成本经济效益的实现程度主要通过两方面来反映:一方面是费用效益,也就是各项活动和物化劳动的消耗与相应产出之比;另一方面是总成本效益,也就是总成本与相应的总收入、商品产值、销售利润之比。审计时,审计人员可通过下列指标的计算来评价。

1) 费用效益指标

$$单位产品材料费用 = \frac{某产品应分配的材料费用}{某产品合格数量}$$

$$单位产品工资费用 = \frac{某产品定额工时(或实际工时) \times 工资分配率}{某产品合格产品数量}$$

$$工资分配率 = \frac{生产工人工资总额}{\sum 各种定额工时(或实际工时)}$$

2) 总成本效益指标

总成本效益指标主要用于综合衡量生产过程中全部生产耗费的经济效果。

(1) 产值成本率。它是指一定时期内商品产成品总成本和商品产值(按不变价格计算)之间的比率,一般用"百元商品产值成本"来表示。

$$百元商品产值成本 = \frac{商品产品总成本}{商品产值} \times 100$$

(2) 销售收入成本率。一般用"百元收入销售成本"来表示。

$$百元收入销售成本 = \frac{销售总成本}{销售总收入} \times 100$$

(3) 成本利润率。

$$成本利润率 = \frac{产品销售利润}{产品销售成本} \times 100\%$$

该指标可按不同产品品种分别计算,作为改善和优化产品品种结构的依据。审计时还应对主要产品的成本利润率进行深入细致的敏感性分析,分析时可根据下列关系式:

$$成本利润率 = \frac{销售量 \times [价格 \times (1 - 税率) - 单位成本]}{销售量 \times 单位成本}$$

可见,成本利润率的影响因素主要有销售量、销售单位成本、价格销售税率。如果是多种产品的综合成本利润率,还要受销售结构的影响。一般来说,单位产品销售成本是敏感程度较高的因素,降低成本是提高成本利润的主要途径。

3. 重点产品单位成本审计

产品单位成本审计是成本效益审计的重点内容。

重点产品是指成本比重大,在成本计划完成中起关键性作用的产品。

重点产品单位成本审计的目的在于按成本项目计算成本差异,确定差异异常的成本项目,分析生产差异的原因以及部门、个人的工作责任,控制不正当的费用支出,促进成本效益的提高。

1) 原材料成本差异的分析

材料用量差异一般属于生产部门的工作业绩或责任，它又可进一步划分为材料出库差异、利用率差异和废损差异等。

$$材料用量差异 = 材料计划单位成本 \times (实际单耗 - 单耗定额)$$

材料价格差异一般属于供应部门的工作业绩或责任，它又可进一步分为材料价格差异、材料附加费用差异和材料入库差异。

$$材料价格差异 = 材料实际单耗 \times (实际单位价格 - 计划单位价格)$$

2) 工资成本差异的分析

(1) 计件工资下工资成本项目的审查。

计件工资属于变动成本，其成本差异也可分析为用量差异和价格差异两部分。

$$计件工资 = 合格产品数量 \times 计价单价$$

在多种产品生产的条件下，产量可用所完成的工时定额综合计算：

$$计件工资 = \sum(各产品产量 \times 工时定额) \times 工时单价$$

$$单价产品工资成本 = 单位产品耗用工时 \times 工时单价$$

工时单价也就是小时工资率。

由于实际工时耗用量脱离计划（定额）工时耗用量而引起的工资成本差异，称为工时耗用率差异，或者称为人工效率差异。它一般反映劳动力的合理利用，以及劳动者的操作熟练程度，工作创造性和积极性的发挥等。

$$工时耗用量差异 = (单位产品实耗工时 - 单位产品工时定额) \times 工时计划单价$$

由于实际工时单价脱离计划工作单价而引起的工资成本差异，称为工时单价差异，或称工资率差异。

$$工资率差异 = (实际工时单价 - 计划工时单价) \times 单位产品实耗工时$$

工资率差异一般反映工资总额水平的变动情况，受到工资增长因素的影响，主要属于劳动工资部门和财会部门的责任范围。

(2) 实行固定计时工资制下的工资成本审查。

在计时工资制度下，假如工资总额不变，那么单位产品的工资成本会受产量的变动影响，当产量增长，则单位产品工资成本下降；反之，则单位产品工资成本上升。这种随产量变动的差异，称为工资的相对变动。

$$工资相对变动额 = 基期固定工资总额 \times 报告期产量增长率$$

由于职工人数增加，结构变化或工资水平的上升，引起工资总额支出数也相应增长，也会造成单位产品工资成本的变动。这种由于固定工资支出数变动而引起的工资单位成本的变动，称为工资的绝对变动。

$$工资的绝对变动额 = 固定工资报告期支出额 - 固定工资基期支出数$$

$$工资成本实际变动 = 工资相对变动 + 工资绝对变动$$

以上对固定计时工资分析为相对变动和绝对变动两部分，其意义在于明确两种变动引起的原因和责任(业绩)的不同。

(3) 管理费用成本差异的分析。

管理费用中一部分(明确项目)属于固定费用,可按前述固定计时工资分析方法作为绝对变动额加以审查。另一部分则属于半变动费用或变动费用,可按前述计件工资的分析方法加以审查。因此,对这两部分费用进行审查时,审计人员可先按管理费用账户的各明细科目将其划分为固定费用和变动费用两部分,然后按各自的方法进行分析审查。但实际工作中,某产品应负担的管理费用一般用下列方法来分摊计算:

管理费用总额 = 实耗工时数 × 费用分配率

某产品单位费用成本 = 该产品实际工时单耗 × 费用计划分配量

这样,管理费用差异可分为工时消耗量差异和费用分配率差异:

工时消耗量差异 = (该产品实际工时单耗 − 该产品工时定额) × 费用计划分配率

费用分配率差异 = 该产品实际工时消耗 × 费用实际分配率 − 费用计划分配率

如前所述,工时消耗量差异反映劳动生产率水平,它受到劳动力的开发利用程度、劳动者的操作熟练程度以及积极性、创造性的发挥等因素的影响,而费用分配率差异反映车间经费和企业管理费的总支出水平的变动,涉及费用预算的执行情况。

> **相关思考 4-4**

甲企业本月生产 A 产品 400 件,使用材料 2 500 千克,材料单价为 0.45 元,原材料的单位产品标准成本为 3 元,即每件产品耗用 6 千克原材料,每千克原材料的标准价格为 0.5 元。计算材料成本差异并分析原因。

4.5 质量经济效益审计

4.5.1 质量经济效益审计的意义

质量经济效益是指企业因提高产品质量后获得的超额收益。它是改善产品质量而发生的费用与由此而产生的经济效果的比值。但有时候,这些效益是不能或难以用货币来表现的,它不仅关系到企业本身的产品质量、产品数量及产品质量成本的高低,而且还影响到使用单位乃至整个国民经济的增产节约和经济发展。因此,在审计一个企业质量经济效益时,审计人员还应从用户和社会的角度来评价。可见,质量经济效益是指质量社会效益与质量企业效益之和。

质量经济效益审计是经济效益审计的重要环节,它是指对质量实现程度及提高产品质量途径的审查监督。质量效益审计的意义表现在:①促使企业实行全面质量管理;②完善企业的质量管理体系和质量保证体系,使企业质量管理工作制度化、经常化;③有利于企业健全质量管理的基础工作,如标准化工作、计量工作、情报工作、质量教育宣传工作、质量责任制度等;④有利于提高社会和企业的经济效益。

4.5.2 质量与质量成本

1. 质量

质量是指产品(或劳务)的优劣程度或等级。质量的衡量是相对的,质量好的产品是指符合顾客期望的产品。一般而言,质量有两种类型:设计质量及合格质量。

(1) 设计质量是指产品的功能,如手表的功能是显示时间,汽车的功能是为运输提供服务。所以,劳力士与卡西欧手表的设计质量不同,凯迪拉克汽车与雪佛兰汽车的设计质量也不同。一般人均同意劳力士手表的质量较高,凯迪拉克汽车的质量较优。较高的设计质量,通常会产生较高的成本,售价较高。

(2) 合格质量是指产品适合其要求或规格的程度,换言之,合格质量是指产品的适用性。产品出售后,未能满足顾客预期。例如,手表每天快了五分钟,或戴上一周后,即断了发条,顾客显然会对产品不满意。

2. 质量成本

质量成本是指质量不佳所产生的成本(如瑕疵品的预防、辨认、修理等有关成本)。依照美国管理会计人员协会(IMA)研究报告《衡量、规划及控制质量成本》所述,这些成本可分为四类:预防成本、鉴定成本、内部失败成本和外部失败成本。公司在生产产品之前为防止出现瑕疵品,要有所投资,于是产生预防成本及鉴定成本;当瑕疵品发生时,公司将承担部分失败成本。

预防成本是指为阻止或杜绝产品(或劳务)发生瑕疵所投入的成本。当预防成本增加时,失败成本将减少,因此预防成本可降低不合格产品的数量。预防成本包括质量工程、质量训练、质量规划、质量报告、供应商评估、质量稽核、质量圈活动及设计复核等所发生的成本。

鉴定成本是指为确定产品或劳务是否符合其要求所发生的成本。例如,原料检验与测试、包装检验、鉴定监督、产品检验与测试、仪器校正与维护、实地测试、质量专家诊断等所发生的成本。鉴定工作的主要目的是防止将不合格的产品运交给顾客。

内部失败成本是指产品(或劳务)于运交给顾客之前,即被查出未达质量要求的成本。如未发现产品有瑕疵或不合格时,则此种成本不发生。内部失败成本包括废料(俗称下脚料)、整修、当机时间、再测试、再检验及设计改变等成本。

外部失败成本是指产品或劳务不符合要求,在交给顾客之后才发生的成本。此种成本包括产品滞销、因质量不良发生退货及折让、售后保证、修理、赔偿及抱怨的处理等所发生的成本。这些成本与内部失败成本一样,在不发生瑕疵品时不发生。

4.5.3 质量经济效益审计的方法——最佳质量成本法

质量成本法着重质量成本的收集、核算与分析,以此来评价质量体系的经济效果。如前所述,质量成本是指为了确保满意的质量而发生的费用以及没有达到满意的质量所造成的损失。质量成本若按内部运行可分为预防成本、鉴定成本、内部失败成本和外部失败成本。质量成本法按PAF(预防、鉴定、失败)成本模型来分析内部运行成本要素,寻求最佳质量成本,如图4-1所示。其中:C为质量成本线;C_1为预防成本和鉴定成本线;C_2为内外部失败成本线;Q_m为应控制的合格率水平;C_m为适宜的质量成本水平。

根据以上关系,可列出质量成本数学模型:

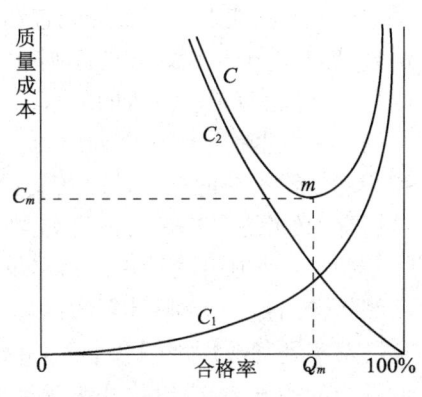

图4-1 质量成本特性曲线

$$C_m = C_1 + C_2 = R\frac{Q_m}{1-Q_m} + F\frac{1-Q_m}{Q_m}$$

式中：F 为每件不合格产品造成的全部损失费用；R 为随 F 变化需要追加的预防成本。

当质量成本 C_m 达到最小时，有 $C_1 = C_2$，即：

$$R\frac{Q_m}{1-Q_m} = F\frac{1-Q_m}{Q_m}$$

由此可解得：

$$Q_m = \frac{1}{1+\sqrt{\dfrac{R}{F}}}$$

4.6 销售业务经济效益审计

销售环节是产品价值和使用价值的实现阶段，也是企业经济效益和社会效益的实现环节。企业生产经营的目的，就在于既要满足社会的需求，又要实现资产的增值，以维持企业的生存和发展。销售业务的经济效益审计具有重要的意义。

销售业务经济效益审计主要包括销售计划的制订及其执行情况审计、销售业务审计，以及市场开发审计。

4.6.1 销售计划的制订和执行情况审计

销售计划是企业在市场调查和销售预测的基础上，预先拟定的一定时期内应销售产品品种、规格、数量、质量、收入、成本及税利等一系列销售指标，是企业用来指导、组织和协调销售活动的行动纲领或方案，是销售目标的具体化。

制订销售计划的基本要求是科学合理、准确完整、切实可行。因此，审计人员从销售计划制订和执行方面审查其经济效益时应注意以下几个问题：

(1) 企业能否根据国家有关方针、政策和宏观计划的变动，以及市场供需变化情况，认真制订销售计划，以保证其合规、合法、科学、可行和有效。

(2) 企业能否根据市场调查和销售预测所获得的产品供求信息，及时修订、补充和完善销售计划，贯彻以销定产的原则，以便使企业努力增加产品销售数量，不断提高产品的竞争能力，尽可能满足消费者的需求。

(3) 企业制订销售计划前，是否既考虑本身生产能力的大小，又考虑原材料、机器设备和劳动力等资源的拥有情况及发展变化趋势；既考虑目前与用户各种销售协议和合同的签订情况，又考虑上期销售协议和合同的执行情况，以保证销售计划的贯彻落实。

(4) 企业制订的销售计划与供应计划、生产计划是否平衡，中长期销售计划与年度、月度销售计划是否衔接；计划的内容是否既全面完整，又先进合理并留有充分的余地；是否已分解落实到各分厂部门和个人，并建立了计划目标责任制；是否有严格的考核奖惩制度和健全得力的各种措施，以保证销售计划的完成。

(5) 企业是否建立了对销售计划执行情况进行检查、比较和分析的控制系统；该系统对销售信息的收集是否及时、准确、全面和实用,销售反馈的信息是否符合多快好省的要求;决策部门能否根据反馈的信息及时、正确地作出消除偏差的决策;执行人员能否认真执行纠偏措施。

(6) 企业销售计划执行的结果是否真实,能否对这一结果进行全面科学的分析和客观公正的评价,并提出改进销售工作的措施和建议。

4.6.2 销售过程审计

销售过程审计主要是审查企业销售业务过程中各个环节工作的合理性、健全性和有效性。该过程的审查内容主要包括销售方式审查、销售定价审查和促销活动的审查。

1. 销售方式的审查

企业的销售方式涉及产品售出和价款收回,包括两方面的工作:一是要组织产成品的发运,支付产品的包装、运输、展销等销售费用;二是要与购买单位(消费者)进行已销产品的货款结算,及时足额收回销售货款。因此,审计人员从产品售出和价款收回方面审查其经济效益时,应注意以下几个问题:

(1) 企业能否采用多种渠道、多种方式推销产品,努力增加产品的销售量。除组织批发销售外,还可采取零售、寄销、联销、委托代销、送货上门、会议展销等方式,扩大产品的销售范围和数量。

(2) 企业能否采取多种措施,节省销售费用,包括调整推销人员,避免人浮于事;提高工作效率,减少流通环节;精心组织产品运输,节省运输费用;加强产品养护保管,减少保管过程中的损失等。

(3) 企业能否根据供求规律、价格弹性和人们的消费心理,采取让利销售、有奖销售、分期付款销售等手段增加销售量,不断提高经济效益。

(4) 企业在发运商品前是否签订购销合同,合同中有关销售商品的品种、规格、数量、质量、发货时间、货款结算方式、方法和期限以及违约后的处罚等内容是否完整,数字是否准确,手续是否齐备,签章是否有效,能否保证货款的及时收回。

(5) 企业的商品发运是否按计划进行,运输路线是否合理,运输工具是否适当,销售货款的结算是否及时,商业汇票票款到期能否及时收回,有无长期拖欠的货款需要及时清理。

2. 销售定价的审查

企业产品销售价格制定得是否科学合理,关键在于能否发挥价格在经济活动中对各方利益的调节职能和对生产经营者成本——利润的核算职能。只有合理的定价,才能对整个社会的生产、流通、分配和消费起到积极的作用,促进生产高速发展和国民收入再分配,保证商品流通顺利进行和人民生活不断改善。因此,审计人员从产品销售价格的制定方面审查其经济效益时,应注意以下几个问题:

(1) 企业能否根据价格变化的规律,对构成与影响价格变化的各种因素、价格的未来动向和趋势作出正确的预测和判断,为企业价格决策提供科学的依据。

(2) 企业能否根据市场的供求变化、商品的产销情况以及消费者的需求,科学合理地制定销售价格,能否正确运用价格杠杆,调节供求,开展竞争,扩大销售。

(3) 企业能否适时、适地、适量地采用批量定价、阶段定价、心理定价、名牌保护价、薄利多销价以及低价倾销等策略,吸引消费者,刺激购买欲,增强竞争力,最大限度地占有市场。

(4) 企业能否坚持按质论价、优质优价、劣质劣价、同质同价的基本原则,合理制定品质差价、地区差价、城乡差价、季节差价和价格补贴等政策,兼顾生产者、商品经营者和消费者各方面的利益。

(5) 企业在制订、调整和执行销售价格时,能否正确处理企业与国家、局部与整体、短期与长期、经济效益与社会效益之间的关系,有无盲目追求局部和短期利益,而损害整体和长期利益,片面追求经济效益,而危害社会效益的不良现象。

3. 促销措施的审查

企业的促销方式多种多样,如广告推销、宣传推销、人员推销、参加展销会、订货会等。审计人员应注意评价各种不同促销措施的优劣,及其促销效果,企业应选择最为有利的促销方式。对企业所采用的不合理促销措施,审计人员应及时提出改进建议,以提高促销活动的效率。

4.6.3 市场开发审计

市场开发审计主要是对被审计单位市场研究分析的全面性、准确性,市场目标确定的科学性、可行性,市场开发策略的有效性、经济性进行的审查。

1. 市场研究的审计

市场研究就是对市场环境及潜力的分析,是市场开发的基础和前提。只有充分地进行市场研究,了解市场需求,掌握竞争对手的实力,才能知己知彼,制订出切实可行的市场开发计划,发挥产品优势,占领市场。

审计人员主要了解被审计单位的市场研究是否建立在科学的基础上,是否进行充分的市场调查,掌握市场,并准确地预测市场。审查内容主要包括以下几个方面:

(1) 企业对市场是否了解。企业要了解所有影响市场的因素,如政策因素、经济因素、文化因素、道德因素、心理因素等。

(2) 企业是否及时地研究市场开发对策,寻找适合市场开发的有利环境,包括产品适合消费地的习惯、符合当地政策的要求(如符合环保要求)等。

(3) 企业是否根据市场要求改进产品的功能、价格、外形和售后服务等,以适应需求。

(4) 企业是否制定了市场开发策略,伺机进入市场,在市场中站稳脚跟。

2. 目标市场选择的审计

目标市场选择的科学性、可行性审计,主要应审查企业确立目标市场是否有充分的依据;目标市场的确立是否与企业年度销售计划相衔接,是否正确地处理现有市场和目标市场的关系。审查内容主要包括以下几个方面:

(1) 应查证确立目标市场的依据,包括对市场潜在需求的预测、市场容量、竞争对手的实力及其可能采用的对策等。通过对大量数据的调查和分析,确定其可靠性。

(2) 审查目标市场开发的后果,市场供应是否与企业销售计划、生产计划吻合,包括产品数量、产品功能、产品质量,以及特殊性能的要求等,只有全面吻合,才能实现市场需求,满足消费。

(3) 要审查目标市场的开发与现有市场的关系,研究其对现有市场的影响作用及其可能产生的各种后果,并分析其利弊,保证企业总体效益目标的实现。

3. 目标市场开发审计。

目标市场开发审计主要是审查其开发策略及执行情况。

（1）审查目标市场开发策略的制定是否适应企业外部环境、企业经营目标及企业内部条件之间的动态平衡，是否适合现阶段市场的特点，具有科学性和可行性。

（2）审查目标市场开发策略的执行情况，如执行进度、执行效果等。如有偏差，则应进一步分析原因，并及时调整市场开发计划或寻找更有效执行市场开发策略的措施和方法。

重 要 概 念

经营活动审计　管理审计　质量效益审计　质量成本法　成本效益审计

思 考 题

（1）什么是经营活动审计、管理审计？区分经营审计与管理审计具有什么意义？
（2）经营活动审计与管理审计相比具有什么特点？
（3）经营活动审计的目标是什么？
（4）如何进行供应业务的经济效益审计？其审查的主要内容有哪些？
（5）如何进行生产业务的经济效益审计？其审查的主要内容有哪些？
（6）如何进行销售业务的经济效益审计？其审查的主要内容有哪些？
（7）如何进行成本效益审计？其审查的主要内容有哪些？
（8）如何进行质量效益审计？其审查的主要内容有哪些？
（9）什么是质量成本法？其在审计工作中如何运用？

练 一 练

1. 经营活动审计的主要目的是(　　)。
   A. 评估企业的财务健康状况　　　　B. 检查企业经营活动的合规性和效率
   C. 发现企业的潜在投资机会　　　　D. 预测企业的未来发展趋势
2. 在经营活动审计中，审计人员通常会关注(　　)。
   A. 财务报表的准确性和完整性　　　B. 企业内部控制系统的有效性
   C. 企业经营活动的合规性和风险　　D. 以上都是
3. 下列各项中，不属于经营活动审计的内容的是(　　)。
   A. 销售收入确认的审计　　　　　　B. 存货管理的审计
   C. 财务报表的审计　　　　　　　　D. 市场营销活动的审计
4. 在经营活动审计中，对内部控制系统的审计通常包括(　　)。
   A. 控制环境的评估　　　　　　　　B. 风险评估程序的检查
   C. 控制活动的执行效果　　　　　　D. 以上都是
5. 下列各项中，属于经营活动审计中常用的审计方法的是(　　)。
   A. 询问和观察　　　　　　　　　　B. 审阅和分析文件
   C. 实地盘点和函证　　　　　　　　D. 以上都是
6. 在经营活动审计中，对销售收入确认的审计重点是(　　)。

A. 销售合同的合规性 B. 销售收入的真实性和完整性
C. 销售退回和折扣的处理 D. 以上都是

7. 下列各项中,不属于经营活动审计报告中应包含的内容的是( )。
A. 审计目的和范围 B. 审计发现的问题和建议
C. 被审计单位的财务报表 D. 审计结论和意见

8. 在经营活动审计中,对存货管理的审计通常关注( )。
A. 存货的计价和分类 B. 存货的采购和验收
C. 存货的储存和保管 D. 以上都是

9. 在经营活动审计中,确保审计证据的充分性和适当性的方法是( )。
A. 收集足够的审计证据以支持审计结论 B. 确保审计证据与审计目标相关
C. 评估审计证据的可靠性和客观性 D. 以上都是

10. 在经营活动审计中,审计人员与被审计单位之间的沟通通常包括( )。
A. 审计计划的制订和确认 B. 审计过程中发现的问题和疑虑
C. 审计报告的初步结论和建议 D. 以上都是

第 5 章　管 理 审 计

◇ 内容简介
◇ 重点难点
◇ 学习目标
◇ 知识框架
➢ 5.1　管理审计概述
➢ 5.2　管理机能审计
➢ 5.3　管理部门审计
➢ 5.4　公司战略审计
◇ 重要概念
◇ 思考题

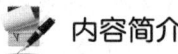 内容简介

　　管理审计是现代审计一种新的审计类别,它是经济发展的必然结果,也是审计发展的必然结果。对企业而言,经营讲的是市场,管理讲的是效率。本章主要讲解管理机能审计、管理部门审计与公司战略审计。

 重点难点

　　本章重点为管理机能审计与管理部门审计;难点是管理部门审计。

 学习目标

　　通过本章的学习,学生应掌握对企业经营目标、计划、管理秩序以及长期规划进行审查;对包括企业高层领导部门在内的整个管理部门进行评价。

知识框架

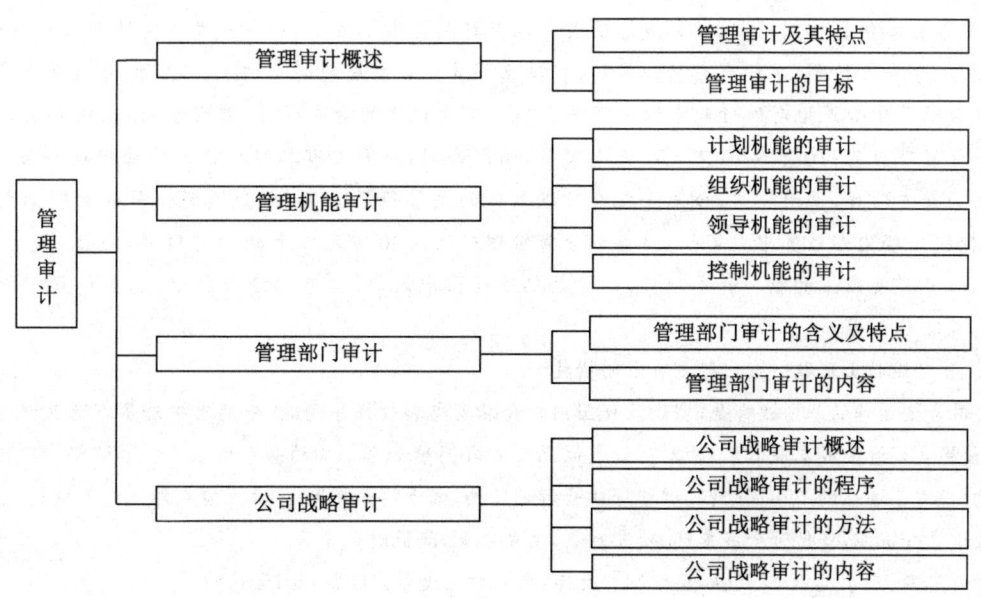

 **引入案例**

仪征化纤的管理审计

仪征化纤股份有限公司(以下简称仪征化纤)是我国最大的现代化化纤和化纤原料生产基地,主要从事生产及销售聚酯切片和涤纶纤维等业务。为了提高财务管理水平,根据公司的财务管理基础与实际情况,仪征化纤提出了"企业管理以财务管理为中心、财务管理以资金管理为中心,牢牢牵住成本这个牛鼻子,开源节流,生财聚财"的理财观念。坚持以资金集中为前提,以现金流量为中心,对资金流入流出实行全过程的监控,收到了较好效果。

1. 成立内部结算中心,对资金实行全过程的监控

公司于1987年起建立内部银行,在此基础上演变成内部结算中心,负责内部转账和资金收付等业务。内部结算中心的主要职能是统一对口专业银行,办理对外所有本外币结算业务。内部结算中心对公司的资金实行集中归口管理,统借统还,统一平衡调度,实行结算监督。如今内部结算中心已经形成一套完整的收支监控体制。公司的产品销售收入、劳务销售收入等一切收入项,直接回笼到内部结算中心在银行统一开立的结算账户,各二级单位作缴款处理。公司的原材料、工资奖金发放、对外支付的劳务和费用,在各二级单位审核确认的基础上,统一由内部结算中心审核支付。

2. 财务人员集中管理对资金集中和全面监控起保证作用

1997年7月,公司实行二级单位财务委派制,从公司财务人员中选聘166名财务人员,派驻到18个二级单位,实现了财务人员的集中管理,在构筑新的理财机制方面迈出了一步。仪征化纤理财机制的核心就是财权上收,财务高度集中。财务人员的委派制,从体制上对资金集中和全面监控起保证作用。

3. 推行全面预算制度,完善公司授权制度

首先,加强资金的收支预算管理。财务部要求各二级单位在年度生产计划和成本费用预算的基础上,编制年度资金收支预算;在年度资金预算计划确定的基础上,编制季度、月度的资金使用计划,做到年计划、月平衡、周安排。其次,实行现金流量周报制度,及时反映企业的营运、投资和融资状况。再次,完善成本核算体制,强化目标成本管理。以目标利润倒推成本,对成本发生要做到心中有数,事前有预算、事中有控制、事后有考核。最后,在建立预算管理制度的同时,建立各项费用的授权管理制度。内部结算中心严把对外付款审批权限关,即10万元以上的开支项目,需附合同,合同要有二级单位的分管经理会签;10万~50万元的开支项目,需附合同,合同要有二级单位的主管经理会签;50万元以上的开支项目,需附合同,合同除要有二级单位的主管经理会签外,必须有公司分管副总经理会签(或授权),经内部结算中心审核,财务部分管经理确认;100万元以上的开支项目,由公司总会计师确认;1 000万元以上的重大开支项目,由付款单位提出申请,经财务部经理初审,总会计师审核后报公司总经理确认等。

4. 资金运作上采取一系列行之有效的措施

公司资金运作的基本战略是,密切注视国内外金融动态和政策导向,充分调动中外多家商业银行的积极性,最终实现资金成本最低化、资本质量最优化。公司调整资金结构的基本做法有:①调整贷款的本外币结构,规避了潜在的汇率风险;②调整贷款长短期结构,减少财务费用;③建立贷款能上能下机制,最大限度地减少资金沉淀,降低资金成本;④研究政策,用足政策,降低财务费用。

资料来源:王学龙.经济效益审计[M].大连:东北财经大学出版社,2015.

课程思政

加大效益审计力度为转变经济发展方式服务

近年来,吉林省吉林市审计局着眼转变经济发展方式这一当前社会经济发展的主基调,不断加大效益审计力度,为该市经济实现重点跨越、快速发展,提供监督服务。

一、把服务转变经济发展方式作为审计工作重要内容

改革开放以后,各地经济迅猛发展,从经济发展指标的数量上看,已初步实现预定目标,但在经济发展的同时也付出了沉重的代价,"高投入、高消耗、高排放、低效益"的"三高一低"粗放式发展方式在传统的发展模式中占有较大比重,以致造成环境污染严重、资源损失浪费、生态遭到破坏……作为老工作业基地转型代表城市的吉林市也面临同样问题,为此,吉林市审计局在审计工作过程中,适时调整审计思路,将改善生态环境和民生条件等方面作为审计重点内容,并在审计结果运用上,突出宏观情况反映,突出调整优化产业结构,在促进转变经济发展方式上提出审计建议。为吉林市提高经济发展的质量,优化产业结构、提高经济效益、降低能源消耗、保护生态环境服务。以在保证经济平稳较快增长的同时,全面贯彻"以人为本,全面可协调持续发展"的科学发展观,努力创建资源节约型、环境友好型城市,吉林市也被福布斯评为世界上最适合开办工厂的城市。

二、把加强效益审计作为促进加快转变经济发展方式重要审计手段

该局充分发挥审计机关"免疫系统"功能和自身职能优势,作为社会经济监督体系的主导力量,围绕促进产业结构调整这一转变经济发展方式的主线,紧盯农业、能源、水利、交通等基础设施建设,促进发展第三产业,大力推进节能减排,优化调整投资结构,提高投资质量与效益。

(一)提高经济效益,保障财政资金安全

该局以科学、发展的审计理念为指导,审查财政资金运用的经济效益,充分把握财政资金的支出导向,以公共财政资金的真实性、合法性、效益性为基础,审查财政资金运用的经济性、效益率和效果性以及财政支出结构、方向、方式是否合理,是否能以较低的财政投入收到较高的经济效益,财政资金和国有资产是否能有效地保值增值。结合经济发展方式转变的主要内容,重点关注农业、工业发展资金是否用于产业化建设、技术创新、产业结构调整优化项目,政府投资是否用于大力发展第三产业和科技产业及改善民生、加强基础设施建设,是否用于高污染、高耗能、高排放、低效益的项目,特别是财政资金流向非公领域所产生的经济效益。促进财政支出向有利于转变经济发展方式、调整优化产业结构、提高改善民生的重点领域和行业的投入,充分发挥财政资金的使用效益和经济效益。

(二)关注社会效益,为宏观决策服务

该局着重加强对宏观政策落实的审计监督,通过充分的审计调查,用科学、发展的眼光评价、论证项目的决策与实施所带来的社会效益和民生效益。重点关注当地政府投资项目计划的安排是否突出了"执政为民"的理念,项目的社会效益是否与经济效益并重,对基础设施、教育医疗、惠农补贴、养老保险等关系经济社会发展、涉及群众切身利益专项资金的投入是否满足需要,财政支出和政府投资项目是否向转变经济发展方式倾斜,是否向资源节约型、可持续发展型经济发展,民生资金是否运用合理、运转合规、运行有效,是否维护了广大人民群众的根本利益,政府决策的项目是否存在严重损失浪费、投入大收益小等问题,并及时向政府和有关部门提出合理化建议和意见,为政府决策提供科学化依据。

(三)重视环境效益,保护生态环境

该局为促进吉林市经济向资源节约型、环境友好型方向发展,不断加强环境资源审计监督力度,大力促进生态文明建设。在节能减排和污染防治以及大力发展绿色产业等方面,以环境治理和保护为重点,充分利用计算机审计手段,对比分析经济指标与环境质量指标,并审查相关环境政策法规的贯彻落实情况、环境治理与保护的资金保障和投入情况以及环保资金的管理和使用情况。同时,对生态保护工程、环境污染治理项目及环保建设项目,如污水处理、垃圾处理、空气净化、林木资源保护等,不仅要对财政资金投入情况、项目运营情况、项目效益情况、环保处理效果情况等方面进行审计监督,更是积极地做好服务工作,对其生

产运营和财务管理中出现的问题及时予以纠正并帮助整改,促进环保项目最大程度地发挥环保效益。

通过不断加大效益审计力度,吉林市审计局在促进该市经济效益、社会效益与环境效益的有机统一上,充分发挥了审计机关的监督服务作用,积极促进经济发展方式的转变,保障吉林市社会经济的顺利转型。

来源:闫志国.吉林省吉林市:加大效益审计力度为转变经济发展方式服务[EB/OL].(2011-08-24)[2025-01-04]. https://www.audit.gov.cn/n4/n20/n524/c31353/content.html.

5.1 管理审计概述

5.1.1 管理审计及其特点

提高经济效益的方法和手段,大体可分为两个层次:一是谋求最大限度地利用现有资源,充分挖掘人、财、物的潜力;二是企业谋求优化管理素质,提高管理水平和经济效益。与此相适应,经济效益审计划分为经营活动审计和管理审计,其中管理审计主要是审查管理组织的合理性,管理机构是否健全,各项管理机能如决策、计划、组织、控制是否有效等。

管理审计是由独立的审计人员根据既定的标准,对组织的目标、计划、程序和策略等进行的综合性的检查、分析和评价,并对组织的效率和效益提出建设性意见。因此,管理审计虽然可以说是经营活动审计的自然发展,但它还是具备某些从根本上就区别于经营活动审计的特征。

首先,管理审计的效益标准主要来源于组织外部的期望,而不是组织管理部门的愿望。因此,评价组织行为的标准应该是参与者要求组织达到的目标。

其次,为了应用外部的评价标准,管理审计人员不仅应保持其内在独立性,这是任何一个审计人员必须具备的素质,同时,还必须保持外在的独立性。因此,管理审计人员必须对外部参与者负有直接的责任,而不对管理部门负责。在这种情况下,管理审计师的独立性更相似于注册会计师,而不同于内部审计师。这种授权关系将促使管理审计人员站在战略的高度上,利用自己的经验,评价管理部门的工作成果。例如,管理审计人员能够对不同的组织进行比较鉴别,这不仅有助于划分主要问题的界限,而且也使人们更加相信他所提出的结论。

最后,管理审计关心组织效率与效果的综合评价。尽管管理审计人员最终总是集中分析某些主要问题,但这也是在评价组织综合经营过程之后才如此。这与内部审计师实施经营审计存在明显的不同,尽管内部审计师也关心效率,但只是评价组织的个别部分,绝不进行全面的评价或审计。这是管理审计最基本的性质,它使管理审计成为财务责任程序中最有效的控制机制,与年度财务、法定性审计向外部参与者提供组织财务评价一样,管理审计人员也能够控制企业组织的总绩效,并对此作出综合性的评价。

在我国,管理审计与经营活动审计相比主要有以下特点:

(1) 管理审计是经济效益审计中的高层次审计。企业的生产经营活动都是在一定的管理体系的作用下进行的。如果说业务经营活动是企业经济活动中的"经济基础",则管理活动就是经济活动的"上层建筑"。抓好管理工作,才能保证企业各项业务经营活动正常、高效地进行,保证提高经济效益的各种措施和方案得以实施。通过管理审计促进被审计单位优化管理素质、提高管理水平和管理效率,从而保证企业在现有技术水平和技术装备不变的条件下,改进计划、组织、指挥、协调、控制、激励和决策的方式、方法,提高经济效益。

(2) 管理审计的审查重点是管理素质。管理审计着眼于增强企业整体功能,从根本上改进组织管理,提高管理效率。管理审计是从系统整体的高度优化整体结构,首先要提高管理组织、管理人员的素质,从而为实施挖掘潜力、提高经济效益的各种改进方案创造条件,铺平道路。

(3) 管理审计是审查、评价管理活动的审计。前已述及,管理审计本身不具有管理职能,它不是直接的管理活动,而是一种评价监督活动,它是审查评价管理活动的活动,而不是代替重复企业管理部门的工作。

5.1.2 管理审计的目标

管理审计是通过对企业管理状况的系统检查,评价管理绩效,提高管理效益。

1. 计划机能的审计目标

计划机能的审计目标如下:
(1) 被审计单位有无明确、科学、合理的经营目标。
(2) 被审计单位的经营目标是否配套、完整。
(3) 被审计单位是否制订了与经营目标相适应的经营规划。
(4) 被审计单位的计划体系是否科学和完整。
(5) 被审计单位是否遵守正确的决策原则,有无科学的决策程序和方法。

2. 组织机能的审计目标

组织机能的审计目标如下:
(1) 被审计单位内部机构的设置是否合理。
(2) 被审计单位机构间的职责划分是否明确。
(3) 被审计单位是否有上下左右的协调措施。
(4) 被审计单位部门及群体、个人的工作是否明确。
(5) 被审计单位有无有利于实现经营目标的人事制度。

3. 领导机能的审计目标

领导机能的审计目标如下:
(1) 被审计单位最高领导层和各级管理人员有无领导才能和责任感。
(2) 被审计单位是否存在有效的领导。
(3) 被审计单位是否采用了适当的授权管理方式。
(4) 被审计单位是否采用了有效的激励机制。
(5) 被审计单位信息沟通机制是否有利于使命的传达和任务的完成。
(6) 被审计单位领导和职工的关系是否融洽、团结。

4. 控制机能的审计目标

控制机能的审计目标如下:
(1) 被审计单位内部控制制度是否健全。
(2) 被审计单位内部控制制度是否有效。
(3) 被审计单位对内部控制制度是否进行经常性的检查和评价。

5.2 管理机能审计

5.2.1 计划机能的审计

广义的计划是指从各个抉择方案中选取未来最适宜的行动方针。计划不仅是最基本的一项管理职能,而且是实施其他管理职能的基础。

　　一个单位要取得良好的工作成效,首先要明确单位的总体目标和一定时期的具体目标,使每个人都明白组织上期望他们所要达到的目标,以及如何达到目标的方法。这就是人们常说的计划职能。无论是单位整体,还是单位所属的各个部门,都有其未来行动的许多可供抉择的方案,计划工作就是从中选取最适宜的方案,为单位和部门选定目标,以及达到目标的方法。计划和其他管理职能一样,已成为生产经营单位生存发展的必要条件;其任务也就是在充分发挥生产经营潜力,提高经济效益的同时,使风险降低到最低限度。计划机能的审查主要从以下几方面进行。

1. 计划制订的审查

1) 对计划制订原则的审查

要想使计划工作充分发挥其功能,就必须选择适当的设计原则。审查时,应注意以下几个方面的问题:

(1) 是否选择了正确的计划设计程序。计划设计程序由两种不同的经营思想决定:一是保守的生产导向;二是前进的行销导向。审查时,审计人员应注意被审计单位在选择设计程序时,究竟受哪种思想支配。

(2) 是否重视中、长期计划编制。审查时,审计人员应注意被审计单位有无制订目标计划、中期计划、短期计划;还应注意各层次的计划是否能形成一套上下、远近相互关系的目标体系,是否形成了完整的层层相连的目标手段链,以利于进行目标控制。

(3) 是否建立了整体的计划预算制度。审计人员只有充分认识到计划的多样性,才能编制出有效的计划,才能建立"策划、规划、预算"制度,以贯彻整体性、系统性和目标管理精神。审查时,既要查明整体计划预算过程,又要查明整体计划预算特征。

(4) 是否注重授权管理的加强。

(5) 是否注重信息系统的建立。

2) 对计划制订步骤的审查

(1) 估量机会的审查。估量机会是计划工作开始之前的准备工作。一是要查明对未来和自身适应能力的估计是否正确;二是要查明生产经营单位是否真正判明了自身所处的地位及所期望的方向。

(2) 确定目标的审查。审计人员应查明为生产经营单位及其所属单位确定的预期成果目标、要做的工作以及工作重点是否正确,单位目标是否能为单位主要计划的制订指明方向。

(3) 环境预测的审查。审计人员应查明为计划实施所预测的政治、经济、社会等环境条件是否有根据,其可靠程度如何;应查明预测是否能为应变计划提供可抉择的前提条件。

(4) 明确抉择方案的审查。审计人员应查明对那些可供抉择的方案是否进行了认真的探索与考察;是否通过考察而选取最有希望成功的方案,以备进一步分析、选用。

(5) 评价抉择方案审查。审计人员应查明是否根据目标需要和假设条件来权衡各种有利或不利的因素,并以此对各种方案进行客观的评价。

(6) 方案选定的审查。审计人员应查明是否根据评价结果,择取一个或几个方案。

(7) 拟订经营计划的审查。审计人员应查明是否根据所择取的方案制订了有利于其贯彻执行的辅助计划或派生计划,如人力、设备、资金等方面的具体计划。

(8) 编制预算的审查。审计人员应查明是否根据决策和具体计划编制了综合预算和具体的费用预算,以利于各类计划的汇总和作为衡量计划工作进度的重要标准。

2. 目标的审查

目标是计划的重要内容之一。目标产生于严密而具体的思维,并使组织和人员为其实现而不断努力。目标能起到激励作用,可以激发个人的工作积极性,改善单位经营管理,提高经济效益和社会效益。目标的实现程度应当是可以验证的。

任何管理者最基本的责任应该是把个人、单位和部门的目标结合在一起,把总目标和具体目标结合在一起。对计划内容之一的目标进行审计,首先应查明单位计划工作中所规定的目标,是否包括了总目标和具体目标;总目标是否能反映被审计单位的基本职能和任务,是否能反映它的期望和要求等;具体目标是否根据单位的总目标、经营状况和经营环境制定,是否反映了单位经营活动要实现的结果,是否为单位各项组织工作、人员配备、领导工作和控制活动提供了明确的依据。

3. 策略、政策和经营计划的审查

1) 策略的审查

策略属于计划内容之一。对策略审查时应注意以下问题:

(1) 策略是否反映单位的经营思想和行动方向,是否对制订经营计划具有指导作用,能否体现为一种控制方法。

(2) 策略是否有助于根据单位的弱点与力量制定出解除外部威胁与抓住机会的对策。

(3) 制定策略是否已成为最高管理部门的职责,策略是否对各级管理部门具有制约作用,策略是否具有长期观念。

2) 政策的审查

政策也属于计划的内容之一,政策可以指导决策工作中的思想和行动。对政策审查时应注意以下问题:

(1) 政策范围是否包括制定政策,保证政策和目标的一致性,以及促成目标的实现。

(2) 政策是否有利于进行全局控制,是否能使不同的人对同样的问题选择相同的处理方法,是否能缩小决策范围,限定决策幅度。

(3) 有无明确的政策,政策层次与机构设置层次是否相适应,如有无单位政策、部门政策和基层政策;政策是否与机构职能相关,如财务政策,营销政策等。

(4) 政策能否鼓励进取精神,政策是否具有一定的弹性、一贯性和完整性。

3) 经营计划的审查

经营计划是一种近期的、具体的工作安排,以完成由计划确定的目标和政策。审查时应注意以下问题:

(1) 经营计划反映的内容是否完整、全面、得当。

(2) 作为行动指导的经营计划的程序是否科学、规范。

(3) 规划在计划中是否起指导作用。

(4) 作为确定某一预定期内收入和支出的计划是否科学合理。

4. 决策的审查

决策渗入全部管理机能和过程,从各个可选方案中进行选择,是计划工作的核心部分。对决策审查,主要是查明决策过程是否理智化。

(1) 诊断问题时,审计人员是否首先提出问题,并进行系统思维来确定问题;在假设条件与获得事实阶段,审计人员是否获得了全部事实,是否掌握了关键事实。

(2) 在掌握事实的过程中,审计人员是否思考了几种解决问题的方案,是否考虑到各方案中的限定因素或战略因素。

(3) 评价对策时,审计人员是否既考虑到定量因素,又考虑到定性因素,是否进行了边际分析、费用效果分析,是否反复权衡了每一种方案实现目标的贡献等。

(4) 确定解决问题的真正目的时,审计人员是否明确要解决什么样的问题,要达到什么样的目标,对所需要的方案有什么样的要求等。

(5) 抉择时,首先应考虑所选的方案与解决问题的目的是否相符;是否仅凭经验进行决策,而不是把经验当作分析问题的基础;是否进行了必要的实验,在观察它所发生的结果以后,再进行最后确定;是否进行了认真研究分析,即对影响方案实施的关键变量、限定因素、前提条件等是否了解清楚,是否把方案分解成有待研究的组成部分和各种可定量与不可定量的影响因素,认真加以推敲。

5.2.2 组织机能的审计

组织是指有意识地形成职能结构或岗位结构的过程,主要是指进行组织设计,即对各个部门之间的工作进行协调与统一的设计。一个单位不只是由若干个有各自目标的、独立的部门组成,而且是为了整体目标的实现,任何单位都要将各个部门的努力结合成一个整体。因此,任何组织都要完成划分和协调两种相矛盾的工作,即将实现目标所必须进行的业务活动加以分类,把单位中的全部活动划分为各种基本作业,分配给其中的各个成员,将监督每类活动所必需的职权授予各部门的主管人员,并规定组织机构内部上下左右的相互配合关系。组织机能的审查主要应从以下几方面进行。

1. 组织机构的审查

对单位组织机构进行审查:一是要查明单位组织机构属于何种类型的组织;二是要查明该机构是否有利于组织功能的发挥。

1) 组织机构类型的审查

设置组织机构的核心问题是划分部门问题,无论划分部门有多少种方法,其关键要使部门划分后所构成的结构体系应适应战略、战术和环境方面的特定条件。

无论被审计单位采用哪一种组织形式,主要应查明该单位的组织机构是否符合以下要求:

(1) 组织结构是否能反映单位的目标和战略。

(2) 组织机构是否适应于单位的任务与技术的需要。

(3) 组织机构是否能反映周围环境的需要。

(4) 组织机构是否适宜于主管人员的职权范围及人员调配等。

2) 组织机构有效性审查

任何组织机构要想有效地履行管理功能,必须做到目标明确而又固定,各级管理部门指挥灵活,信息畅通,联络方便,工作分配条理清晰,便于发现和纠正偏差。审查时,应注意以下几个问题:

(1) 各部门职能是否独立。

(2) 业务经营职责是否分离。

(3) 是否形成灵活的指挥体系。
(4) 部门和个人职责范围是否明确。
(5) 是否按等级层次进行授权管理。
(6) 是否有利于信息传递。

此外,还应注意组织机构是否具有弹性,是否能适应经营目标和经营环境的变化;职能、责任和权利的分配有无重叠、冲突;职权分配是否过细,而导致行动迟缓;职务虚设,机构重叠,导致开支加大、效率低下等。

2. 协调关系的审查

分工和协调是组织的两大职能,分工可以使组织内部活动专业化,而协调有利于部门上下左右密切配合。一个组织为了取得工作成功,必须将各部门的努力结合成一个整体。如果一个单位协调不好,就会控制失灵,职权和工作能力分离,经营秩序混乱,管理效率、经济效益低下。审查协调关系主要是审查纵向协调、横向协调、参谋协调、职权协调的有效性。

3. 职掌规定的审查

各部门的职掌是一个为达到共同目标分工办事的环节,若干环节形成的工作链是大家共同维持其密切配合的工具。审查时应注意以下两个问题:

(1) 职掌规定是否符合要求。
(2) 职掌规定是否符合一般程序。

4. 人事管理的审查

人事管理是组织工作的核心内容。人事管理的目的,就是要采取某种确保单位目前和未来都能正常经营的办法,为组织结构中各个职位配备合适的人员。人事管理不仅仅是人事部门的职责,主要还是单位主管人员的职责,主管人员所从事的计划、组织、领导和控制等项工作的职能,事事都与人员相关。对人事管理的审查主要有以下三个方面。

1) 人员配备与选择审查

(1) 人员配备审查。人员配备工作应该与单位组织结构及计划目标工作相协调一致。对人员配备的审查,应注意人员配备是否以计划为基础,组织计划是确定人员数量的关键;配备人员是否考虑了任命率、年龄、健康状况等因素;是否根据用人单位内部和外部人才资源状况,对主管人员需要量进行分析;是否根据外部环境和内部环境的影响因素进行招聘、选拔、安置和考核;单位最高管理阶层的领导是否关心人员配备工作,有无过分干预的情况。

(2) 人员选择审查。选择人员,特别是对主管人员的选择,是管理过程中最关键的工作之一,因为它关系人员的素质问题。审查时:一是要注意是否客观地分析了各职位的要求;二是要注意是否评价了各个职位的重要程度;三是要注意对各个职位所需人员应具备的素质是否明确;四是要注意是否采取了正确的选择方法;五是要注意是否对各种不同类型的应聘者进行区别判断,是否选择了具有灵敏性和自我驱策力的人。

2) 用人审查

管理之道,在于"借力",即任何主管人员的基本使命,应借助于部属的力量完成单位的整体目标。对用人进行审查,主要应注意各级领导者是否既会做事,又会管人,能掌握各种人事处理工作;是否因材施用,使每个人适得其所;是否培养人才,使其才干不断增进。

3) 培训与开发审查

对培训工作的审查,应注意最高领导人是否积极支持培训工作;培训工作是否有明确的要求，是否对培训对象加以选择，是否采取了适当的培训方法；是否把目标管理、工作充实化和敏感性训练当作经常性的培训内容。

对开发工作的审查，应注意组织开发工作是否以解决部门或单位所面临的具体管理问题为重点，如协调、沟通等；是否采用了有效的实验训练、主管工作方法训练及调查反馈方法等；是否营造了良好的安心敬业的组织气氛等。在组织开发工作方面，是否重视人事教育工作和充分发挥人事管理职能，如健全人事组织，制定科学人事制度，加强教育培训工作和人事任用工作，加强医疗保健、职工福利及协调服务工作等。

5.2.3 领导机能的审计

领导既指个人领导，又指群体领导。领导功能的发挥，既与领导个人的品质、风格、才能相关，又与领导体制、分工、协调相关。领导指一种影响别人的力量，即影响别人，使人心甘情愿地为实现单位目标而努力的艺术或过程。领导人个性产生的一种行动感染力比无个性特征的管理系统的作用要大得多。领导机能的审查主要应从以下几方面进行。

1. 领导素质与方法审查

1) 对领导素质与修养的审查

(1) 审查有效领导的认识和行为。

(2) 审查领导者的个人品质。

(3) 审查领导者修养。

(4) 领导群体审查。

2) 对领导方式的审查

对领导方式进行审查：一是从运用职权方面来查明领导方式；二是从风格上来查明领导方式。主要应查明被审计单位的领导者所采用的领导方式是否有利于调动下属的主动精神，是否有利于企业管理目标的实现。

3) 对领导方法的审查

领导者的管理方法一般有压榨和权威式方法、开明和权威式方法、协商式方法、集体性参与方法等四种。现代管理一般采取后一种方法，主管人员对下属有充分信赖和信心，经常征求和采纳下属的意见。审查时，审计人员应注意领导能否帮助下属消除工作中的障碍，领导能否创造能激励群体成员潜在的或明显能力的一种环境；领导能否帮助下属在实现企业目标的同时也能实现自己的目标，如是否明确规定个人的职位和工作职责；能否帮助消除取得成就的障碍，谋求群体的协助，加强群体的团结协作精神；能否增加个人在工作中得到满足的机会，减少不必要的心理压力和外部控制；是否明确奖励标准，以及做一些符合人们期望的事情等。

2. 授权管理审查

授权是指由上级主管授予下属以一定的责任与事权，使之在其监督下能自主地处理与行动。这种管理方法，授权者对被授权者仍保持有指挥与监督之权；被授权者对授权者负有报告与完成之责。

1) 授权方式审查

授权方式审查主要是对利润中心授权方式、成本中心授权方式和责任中心授权方式进行审查。

2) 授权方法审查

(1) 一般授权方法审查,即查明在正常业务范围内的授权,是否在制度、职权分配中规定了处理正常性业务的标准;该种授权方法是否具有经常性和连续性。

(2) 特定授权方法审查,即应查明对非正常业务之内的授权,是否只对特殊的个人进行授权,并给予严格的条件;该种授权方法是否只属于一次性授权。

3) 授权条件因素审查

审计人员应查明在正常范围之外是否存在以下授权条件因素、是不是高级人员空缺,在职人员力不从心,有人兼职过多,决策权限于极少数人手中,工作人员缺乏主动精神,计划及研究时间紧迫,办公时间经常处理例外事项,属员动辄要请示批准,有关工作诀窍均要对属员保密等。

4) 授权其他问题审查

(1) 是否根据明确的隶属关系进行授权,是否明确授权环节与授权者有无越权授权。

(2) 是否以被授权者的能力强弱及知识高低为依据,因事选人,视能授权。

(3) 授权前是否作充分研究和准备,力求将责任与事权授予最合适的人。

(4) 所授权责是否明确,是否具体规定其目标和范围。

(5) 授权是否适当,是否有适当控制,以免造成授权过度或不足,或放任自流。

(6) 主管是否保留有适当权责,授权者和被授权者是否相互信赖,上级是否事事干预,下属是否事事请示。

(7) 是否注意适时授权和授权技巧等。

3. 激励机制审查

人的一切行为,其基本要素是体力和智力的活动,而这些活动都是有目的和动机的。动机又是一种能够提供精神力、活力或动力,并能够指导或引导为达到目的而积极奋进的内心状态。激励正是诱发动机与愿望的因素。任何激励因素都是能影响个人行为的某种东西,它对一个人愿意做什么的取舍有重大影响。激励因素主要包括物质和精神两个方面的因素,如高薪、头衔等。对激励的审查,主要是对激励方法和其他问题进行审查。

1) 激励方法的审查

根据现代奖惩理论、期望理论、激励理论所建立的现代激励方法,有合理报酬方法,正强化方法、参与管理方法与工作兴趣丰富化方法。对被审计单位所使用的激励方法进行审查,主要是查明是否符合现代激励理论要求和现代激励方法原则。

2) 其他问题的审查

被审计单位要想有效地实施激励机制,不仅要注意满足职工的报酬需要,还应该使职工获得成就感和安全感。审查时,审计人员应注意被审计单位是否以劝说、奖励为主;是否授权适当,为部属设立明确目标;是否信守诺言,布置工作有连贯性,不中途变卦;是否注意事前检视,防患于未然;是否有信任感,适当奖励部属,让部属和睦相处等。

4. 信息沟通机制审查

信息沟通是单位中构成人员之间的观念和消息的传达与了解的过程,它是为完成组织使命及任务的一种必要手段。因为它可以促进共同了解,增强集体力量。对信息沟通机制的审查,主要是对信息沟通种类、信息沟通要素和信息沟通措施进行审查。

1) 信息沟通种类审查

信息沟通主要有正式沟通和非正式沟通两大类,审查时,也应分为正式沟通审查和非正式沟通审查。

（1）正式沟通审查。正式沟通是配合正式组织而产生的，依据信息流通的方向可分为上行沟通审查、下行沟通审查和平行沟通审查。

（2）非正式沟通审查。非正式信息沟通是指非组织的沟通，它一方面满足了员工的需要；另一方面也补充了正式沟通系统的不足。审查时，审计人员应注意非正式沟通是否产生于人员之间的社会交往行为，一般无规则可循；是否产生于无意之间，没有时间、地点、内容的限定，是否具有选择性、针对性、传递快、反馈迅速、评价及时等特点，是否能起到正式沟通所起不到的作用；是否具有单线式、流言式、偶然式、集束式等传递方式，是否具有书面式、口头式、非语言式等沟通方式；是否以组织机构作为信息沟通的手段，社会系统作为信息沟通的网络等。

2）信息沟通要素审查

主要审查信息沟通工作是否符合基本要素的规定：信息发送者是否属于有意志、有目的的发言人、建议及命令人等；信息沟通程序是否有一定的媒介和线路；信息沟通程式是否采取命令、规则、通知、报告、公函、手册、备忘录等形式；信息接受者是否属于接受消息、命令、报告及任何沟通程式的人；信息接受者是否有所预期的反应与结果。

3）有效沟通措施审查

沟通是协调的一种方法与手段，其目的是使单位各部门和全体职员能以分工合作、协同一致的步伐达成共同使命。沟通在于谋求思想认识上的一致，而协调在于谋求行动上的一致。要搞好信息沟通和协调工作，各单位必须采取有效的措施。审查时，应注意被审计单位有无建立必要的协商、会签制度；是否制定有工作流程图网，促进自动联系；有无专设协调机制，专负协调之责；是否运用会议方式，促进意见交流；是否利用简化的公文报表，促进信息交往；有无利用报刊通信，促进与外界交流；有无利用计算机技术，及时获取与处理信息；有无通过设置意见箱、个别访问谈话等形式，了解员工的需求和心态；有无组织专门培训，提高沟通技巧和水平等。

5.2.4 控制机能的审计

无论管理包括多少职能，控制始终被认为是其基本职能之一。控制处于管理的中心地位，更接近管理的本质；它对整个管理系统的活动具有约束和指导作用，具有计划、管制和报告功能；它不仅能有效地预防或发现错误与弊端，而且还有利于单位有秩序、高效率地经营。因此，控制状况的好坏，对一个组织目标的实现和经济效益的提高有着重大的影响。进行经济效益审计或者进行管理审计，无不把对单位控制功能审计当作重要的审计内容之一。控制机能的审查主要应从以下几方面进行：

（1）控制设计的审查：主要审查是否根据组织规模经营特征来设计控制方式；是否根据组织机构设置和人员素质数量情况来确定对业务采取控制；是否根据业务性质及涉及面、复杂程序和危险程度来确定对业务采取控制；是否注意控制过程设计的适当性、可操作性、经济性与有效性，并注意过程的衔接与配合。

（2）控制目标的审查：应审查是否选择关键的业务活动作为控制目标；是否选择关键的资源作为控制目标；是否选择关键的费用或成本项目作为控制目标。

（3）控制组织的审查：一是要审查是否根据管理目标和计划目标，建立了相应的控制组织机构;二是要审查控制组织机构是否在其所辖范围内建立和保持适当的控制措施;三是要审查控制组织的层次划分是否合理,组织方式和组织类型是否恰当;四是要审查各个控制部门与一般业务部门之间的关系是否融洽;五是要审查控制组织的职权分配是否合理。此外,还要注意审查控制组织所使用的人是否合格。

(4) 控制标准的审查:一是要审查所应用的评价标准是否适合组织的特点和管理的需要,是否有利于建立和健全保证管理目标和经济效益实现的控制过程;二是要审查所应用标准是否有利于提高控制水平,完善现有的控制过程,更好地发挥控制过程对提高经济效益的作用,减少控制风险的发生;三是要审查评价标准是否严密完善,标准本身是否科学合理,是否便于衡量。

(5) 控制方法的审查:应审查是否根据控制目标采取科学合理的控制方法;对于特定的控制目标,是否采用特殊的控制方法;对于控制过程贯彻、执行情况是否进行监督检查。

(6) 控制执行状况的审查:审查时,审计人员要注意每个岗位的工作人员是否了解自己所应遵循的制度和规定;各阶层管理人员是否自觉遵守与自己有关的控制制度,并自觉接受违反制度后的应有惩罚;在控制制度执行中是否进行了必要的检查和调节工作;控制过程执行的结果是否符合设计要求,达到了提高经济效益的目的;对于控制结果不理想的,是否进行了适当的修正以至于重新设计整个控制过程。

(7) 控制效率的审查:审查时,审计人员要注意控制过程各环节之间的衔接是否紧密,有无脱节或重复;各环节工作效率是否良好,有无拖拉现象。还要注意建立控制过程的所失与执行控制过程的所得之间的比例关系是否合理。

(8) 控制检查职能的审查:一是查明被审计单位有无专职的检查组织和兼职的检查组织,审查这些组织所处的地位;二是审查内部审计及管理检查职责情况;三是审查内部审计和管理检查人员的配备情况;四是审查内部审计和管理检查工作计划的编制及执行情况;五是审查内部审计和管理检查的工作执行情况。

5.3 管理部门审计

5.3.1 管理部门审计的含义及特点

1. 管理部门审计的含义

管理部门审计直接以被审计单位的管理活动为其审核评价对象,通过审查评价各个管理职能的发挥程度,管理部门的工作状况,以及管理人员素质的高低,发现企业管理中存在的问题和薄弱环节,发现影响经济效益的因素,提出加强管理和提高经济效益的建议。作为经济效益审计构成内容之一的管理部门审计,应以被审计单位的管理部门为其基本对象。管理部门审计是通过对被审计管理部门应承担的任务、当前存在的问题、自身职能的履行状况以及管理人员素质的审查,促进企业提高经济效益的一种审计活动。就管理部门的管理而言,涉及企业的计划管理,包括采购、生产、销售、储存在内的业务管理、质量管理、劳动管理、设备物资管理、后勤保障管理和财务管理等各个方面,它们的工作状况如何,对企业的经济效益必然会产生各种各样的影响,因此,对管理部门进行审计十分必要。

2. 管理部门审计的任务

管理部门审计的任务可以分为基本任务和具体任务两个层次。管理部门审计的基本任务是通过审计，改进管理部门工作中不利于提高经济效益的问题，提高管理部门的工作水平，促进和保证企业经营或目标的实现。管理部门审计的具体任务主要有以下几个方面：

（1）审查管理部门的职责范围。通过对其职责范围的划分，明确各自应承担的职责，避免和减少扯皮、推诿现象的发生。

（2）审查管理部门的职责履行状况。通过职责履行状况的审查，促进管理部门和管理人员认真履行自己的职责，为保证企业效益目标的实现提供条件。

（3）审查管理部门的内部结构和人员分工。通过审查，使管理部门内部结构符合组织机构设计的要求；使部门内部工作人员人尽其才，才尽其用，提高工作效率。

（4）分析管理部门存在的缺陷和薄弱环节。通过审查，提出改进和制定管理工作的建议和措施，减少和消除对企业经济效益的不利因素。

（5）评估管理人员的素质。通过审查，了解管理人员的素质状况，以便有针对性地对各类人员进行教育、培训，不断提高管理人员的素质。

（三）管理部门审计的特点

管理部门审计作为一种专门的审计工作，有其自身的特点：

第一，它主要是针对有关管理部门进行的。管理部门审计的对象是不同部门的管理工作，不像经营审计那样针对不同的业务环节，也不像管理机能审计那样针对某种机能，它涉及多个部门。

第二，它要审查部门内部管理工作的各个方面，包括机构建制、任务划分、人员分工、职能履行等，具有内容的多向性和广泛性。

第三，它主要是针对影响企业经济效益的问题进行的，对于与企业经济效益关系不密切的问题或没有关系的问题，则较少涉及，或不涉及；对于一般财务审计中的问题，除与企业效益有关外，也不涉及。

第四，它对影响企业经济效益问题的审查，侧重于从管理角度来分析问题，评价管理活动对经济效益的影响，以及从管理角度提出改进意见。

5.3.2 管理部门审计的内容

对管理机能的审查应侧重于对管理活动及其最高管理部门的审计，从全局出发，主要应审查管理制度、程序建设方面的状况；而对管理部门的审查，则应侧重于审查其管理组织及中下层管理部门，要从局部着眼，主要审查具体管理工作及制度程序的执行情况。

对管理部门的审计主要包括两个方面：一是对管理部门组织机构的审计，即审查其组织机构是否健全，管理机能和职责分工是否明确；二是对管理部门工作的审计，即审查其对生产经营部门、综合管理部门和生产经营保障部门所进行的审计是否正常有序。

1. 管理部门机构审计的主要内容

对管理部门机构的审计，一般包括以下两个方面的内容：

（1）对组织机构的审查。主要是审查原有组织机构的结构形式是否合理，是否适应企业生产经营的需要;管理幅度和管理层次的确定是否合理;专业职能管理体系是否合理;综合管理部门的建立和作用是否适应提高经济效益的需要;智囊参谋部门的建立对提高经济效益所起的作用如何;企业是否建立了负责开拓开发的管理部门等。在审查分析的基础上,应找出组织机构形式和部门设置存在的问题,选择并设计改善机构的方案,以保证经济效益的实现。

（2）对管理机能和职责分工的审查。主要是评估组织机构中管理人员的素质与其职务、职责、职权是否相称。审查内容一般包括：管理岗位和管理岗位体系的设立是否合理；职务、职责、职权的确立是否具有一致性；管理岗位的任务量与所配备的人员数量、素质是否适应；管理部门的纵向、横向分工是否合理；管理工作程序、制度是否合理有效；各层次管理人员的知识、能力、专业素质能否适应提高管理效率,保证经济效益的需要,即能否胜任本职工作；管理效率是否良好；信息采集、传递、使用是否及时、准确、有效。

2. 管理部门工作的审计

在建立了科学合理的管理组织机构,进行了合理的职务、职责、职权划分,配备了具有相应素质的管理人员之后,各个管理部门工作状况如何,就成为影响企业经济效益的重要因素。通常所说的向管理要效益,在很大程度上取决于此。由于各个管理部门的工作性质不同,管理内容不同,影响经济效益的问题不同,因而对其审查的内容也不相同。主要包括三个方面：一是被审计单位各个管理部门所确立的工作任务是否明确合理,是否符合该单位经营目标的需要；二是被审计单位各个管理部门在工作中是否履行其职责,工作状况是否良好；三是被审计单位各个管理部门的工作存在影响该单位经济效益的因素,是否采取相应的有效措施予以制约或改进；四是有关管理部门的工作相互协调、相互补充的状况是否良好,有无因"内耗"而影响整个经济效益的提高。其具体审查内容如下：

（1）对计划部门的审查,审计人员应查明计划部门是否履行了计划制订、管理与修改、考察等职责。

（2）对生产部门的审查,审计人员应查明生产部门对生产过程的组织、指挥、高度是否适当与灵活,各项生产任务的安排是否科学、合理,能否做到经常的催查与报告。

（3）对销售部门的审查,审计人员应查明销售部门履行市场预测、市场调查、营销政策和定价政策制定、销售方法选择、销售过程控制及销售人员培训等职责的状况。

（4）对设备、物资管理部门的审查,审计人员应查明设备物资管理部门对履行消耗、存储定额制定、采购、保管、收发、维护等职责的状况。

（5）对劳动管理部门的审查,审计人员应查明劳动定额的先进性,组织的合理性,培训的经常性与有效性,奖励机制的健全性和劳动保护措施的充分性。

（6）对技术管理部门的审查,审计人员主要应查明新产品研制的有效性,新技术应用与开发的有效性,产品设计与工艺管理的先进性、合理性,产品质量管理的有效性等。

（7）对财务部门的审查,审计人员应查明有无制定科学适用的财务会计政策,会计工作是否遵循了会计法规的要求,是否进行了正确的反映与监督,有无严格的成本控制制度,是否采取了有效措施进行资金筹措及减少资金占用,以提高资金使用效率。

（8）对信息系统的审查,审计人员应查明信息管理部门能否保证信息畅通,信息的传输与反馈是否及时,信息存储及信息部门本身的安全是否有保障等。

5.4 公司战略审计

5.4.1 公司战略审计概述

1. 战略的定义与要素

"战略"一词具有悠久的历史,它来源于希腊的军事用语,是指对战争全局的筹划和指导原则。它后来用于其他领域,泛指重大的、全局性的或决定全局的谋划。

企业战略既包括竞争战略,也包括营销战略、发展战略、品牌战略、融资战略、技术开发战略、人才开发战略、资源开发战略等。企业战略虽然有多种,但基本属性是相同的,都是对企业整体性、长期性、基本性问题的规划。

关于公司战略的定义,美国哈佛大学教授波特(M. Porter)的定义堪称传统定义的典型代表。他认为:"战略是公司为之奋斗的一些终点与公司为达到它们而寻求的途径的结合物。"加拿大管理学大师亨利·明茨伯格教授以其独特的认识归纳总结了"战略"的五个定义:计划(plan)、计谋(ploy)、模式(pattern)、定位(position)和观念(perspective)。战略的关键要素有以下几项:

(1) 有愿景。愿景是一个组织各相关利益人共同向往的长远目标,从而推动企业有效利用各种资源,超越目前环境。

(2) 具有可持续性。要保证企业具有旺盛的生命力,关键是要有一个长期且可持续的战略,而可持续的战略的实施无不与"人"关系密切,不断扩展"契约联结"的共赢局面,不断持续的科技创新,不断学习成长的组织成员等。

(3) 有效传递战略的流程。战略目标设定后,不仅要传递到企业的各个方面,以求得到落实执行,更重要的是必须传递到各个方面的相关利益人,以得到最有效的支持,如政府机构、顾客、债权人、现实以及潜在的投资者等。

(4) 与获取竞争优势有关。企业必须在具备超越竞争对手的可持续竞争优势时,才能够生存发展,而差异化是企业竞争优势的最基本条件,因此任何成功的战略都是为了凸显企业的竞争优势。

(5) 能利用企业与环境之间的联系。企业作为法人组织,是各种关系的集合。关系的良性发展就是企业的良性发展。因此,战略必须能进一步发展企业与相关各方之间的联系。

2. 公司战略审计

一般来说,战略管理包含三个关键要素:战略分析——了解组织所处的环境和相对竞争地位;战略选择——战略制定、评价和选择;战略实施——采取措施使战略发挥作用。而对公司战略分析、战略选择和战略实施的有效性进行的审计,即为公司战略审计。战略审计应能覆盖战略管理的各个层次和全过程,因此战略审计的内容应包括所有与战略管理相关的有关资料,既包括财务会计资料,也包括其他非财务资料,且非财务资料与财务资料相比重要性可能更高。审计的范围则应包括公司的所有管理层次,主要是公司战略的执行部门以及所有重要经营事项,重点是评价战略制定所依据资料的可靠性和相关性以及评价既定战略执行的有效性。公司战略审计的主要内容是公司战略规划。通过公司战略审计,既可使公司的资源得到合理配置,在实现目标的同时,不断获得更多的资源;又可以使公司不断适应外部环境的变化,抓住发展机遇,避免或减少威胁。

5.4.2 公司战略审计的程序

公司战略审计既不同于传统的审计,也不同于一般的分析评价,战略审计是在分析公司外部环境和内部条件的基础上,合理评价公司的经营思想和经营方针,就公司的目标、计划、程序和战略提出建议,帮助公司从长远出发,注重改善和充分利用公司现有的各种资源和技术要素,提高公司经营效益。战略审计的程序主要分为以下几个阶段。

1. 战略审计的准备阶段

准备阶段的主要工作如下。

1) 确定审计目的和范围

通过初步了解被审计单位主管部门的战略活动和其对企业的影响,以及有关战略管理活动,特别是管理部门的现存系统及程序的用途和实际作用,以此初步评价被审计单位内部控制制度的完善程度和审计风险,从而确定战略审计的重点和审计的范围。

2) 编制审计方案和预算

根据初步认定的审计风险、审计重点和范围,可以确定本次审计所需要收集证据的大致数量,从而可以预算所需要的人力和大致的费用。

3) 配备审计人员

根据审计所需的人力,为审计小组配备审计人员,包括确定项目经理、关键成员和助理人员。审计小组成员的组成,要注意搭配合理,财务审计人员及战略管理和分析专家要保持一定的比例。

2. 战略审计的实施阶段

实施阶段的主要工作如下。

1) 战略内部控制系统的测试和评价

战略审计人员对战略内部控制系统的测试和评价可分为三个步骤:

(1) 进一步了解企业的战略内部控制系统。审计人员可以通过询问被审计单位有关人员,查阅相关内部控制文件,查阅内部控制生成的战略会计报告,观察被审计单位的业务活动和内部控制的运行情况,执行穿行测试等程序来进一步了解被审计单位的战略内部控制运行情况。

(2) 实施控制测试,检查战略内部控制系统运行的效果。通过上一步骤对战略内部控制制度的了解,我们可以确定控制测试的具体实施办法。如果被审计单位的战略内部控制系统根本不存在或不值得依赖,则战略审计人员应直接执行实质性测试或者是执行小范围的控制测试和更大范围的实质性测试。但是,如果被审计单位战略内部控制系统的可依赖程度很高,则战略审计人员可以执行更大范围的控制测试和只执行小范围的实质性测试。

(3) 评价战略审计控制风险。评价战略审计控制风险是评价战略内部控制系统能够保证企业全面履行战略保护和管理责任的有效程度。通过上一步骤控制测试的实施,战略审计人员能够实现对被审计单位战略内部控制程度有效性的评价。因而,可以评价控制风险。控制风险确定之后,就可以确定检查风险了。

2) 实施实质性测试程序

根据确定的控制风险和检查风险,可以确定实质性测试需要实施的程度。如果检查风险低,则需要实施更多的实质性测试;反之,则需要实施少量的实质性测试。

3) 理解最后战略报告内容

召开审计简况介绍会,或与被审计单位管理部门进行简短的会晤,帮助他们理解最后战略审计报告的格调和内容。

3. 战略审计的报告阶段

1) 形成审计结论和建议的草稿

这项工作的关键是对所收集的审计资料及证据进行审查、整理。在提出审计建议时,审计人员应该考虑所提建议能否实施,以及实施成本是否过高等。审计人员还应与被审计单位管理人员共同讨论结论和建议的草稿,使审计最终阶段的争议降到最低。

2) 提交审计报告以供评价、补充

审计报告在提交以前,应先发给被审计单位各级管理部门,并留出足够的时间征求意见。对所收到的意见有两种处理方式:一是在报告中加以变化;二是作为报告附录或脚注。

3) 发表审计报告

根据审计工作的目的不同,战略审计报告可以采用传统审计报告和审计建议书两种形式。

5.4.3 公司战略审计的方法

战略审计作为一门新兴的交叉边缘学科,借鉴其他学科的已有成果,既有一定的必要性,又有一定的可行性。通常的审计方法同样适用于战略审计,但考虑到企业战略审计对象的特殊性,我们还应该引进体现企业战略审计特点的审计方法。

1. 对比分析法

对比分析法的基本思路是:当两个或两个以上的企业在生产性质、经营方式、规模,社会影响及实施的战略管理等方面相似时,它们具有可比性。

运用对比分析法审查企业制定的竞争战略时主要考虑一个重要的问题——是否对竞争对手进行了了解和分析。企业能否成功,很大程度上取决于如何面对其主要竞争对手。如果对主要竞争对手的优势、劣势和战略缺少必要的了解,企业就可能过于重视短期决策,忽视长期战略问题,很难取得最佳业绩,并可能遭受不必要的攻击,遇到意料之外的竞争压力。通过对比分析法可以判断企业战略是否准确地击中竞争对手的要害,是否有效地防御竞争对手的进攻。

对比分析法并不是一个简单的收集信息的过程,而是一个理解竞争对手的过程。对比分析法有助于预测竞争对手的行动,既可以提醒企业管理当局早做准备,防御竞争对手的进攻,又可以抓住竞争对手的错误和劣势所提供的机遇。

2. 成本-效益分析法

成本-效益分析法是对社会经济活动的投入(成本)与产出(收益)之间的关系进行分析评价的一种基本方法。使用这种方法对经济活动进行评价,可以更直观和科学地反映某种经济行为可能产生的结果,从而为决策者提供是否实施其经济活动的依据。因此,成本-效益分析法是战略审计中最为适用的一种基本方法。成本-效益分析的目的是以最小的投资成本取得最大的效益,即达到经济上最佳状态的收益水平。

由于成本-效益分析法在处理大多数战略问题时很难用货币表示其全部影响,因此,实际分析中常采用另一种替代方法,即费用-效果分析法。

3. 费用-效果分析法

该方法是将企业实施战略管理达到的效果进行多方案比较的一种经济评价方法,包括最佳效果法和最少费用法。该方法不需给每一效应赋予货币计量,可以以非货币计量单位计算,在战略审计中具有很大的实用性和灵活性。

4. 系统分析法

由于企业战略活动具有层次性和系统性的特点,因此,企业战略审计是一种内容多、范围广、系统性强的综合性审计。这就要求审计人员在分析问题时必须坚持系统论的观点,运用各种系统分析的方法,综合、全面地分析、评价企业的各种战略管理活动,以保证审计结论的正确性。

5.4.4 公司战略审计的内容

从内容上看,战略审计是对企业的战略管理体系、战略行为、战略条件和战略态势等进行的审计。

1. 战略管理体系审计

战略管理体系审计是对企业在战略管理方面的制度体系的建设情况进行的审计,包括:①战略管理制度的存在性审计,即战略管理体系在企业中是否正式存在;②战略管理程序的正确性审计,即比照案例,根据实效,分析战略管理体系是否正确;③战略管理组织的一致性审计,即与企业境况是否一致,体系内部是否一致。

2. 战略行为审计

战略行为审计是战略审计的重点,分战略内容审计和战略实施审计。战略内容审计具体包括:①存在性审计,即企业总体发展战略、业务运营战略和职能保障战略三个层次的战略,在企业中是否存在明确的官方表述;②正确性审计,审查企业三个层次的战略在一定战略条件下的重大对策措施是否正确;③一致性审计,即主要评价战略作为一个整体,三个层次战略之间是否相互支持。战略实施审计可分为实施问题和实施效果的有效性审计,即审查在三个层次战略实施过程中障碍的多少、能否克服以及比照健康的"战略态势"指标和过程战略目标,审查战略实施的实际效果。

3. 战略条件审计

战略条件审计是战略审计的基础,是跟踪型审计的主要监控内容,以监控变化为目标。战略条件包括外部战略条件和内部战略条件。外部战略条件包括:宏观环境(政治、经济、社会、技术、自然环境),微观环境(供应商、客户、现有竞争者、潜在进入者、替代品),中观环境(需求状况、供给状况、行业表现、行业趋势);内部战略条件包括:资源要素(人力、财力、物力、市场、技术),管理要素(企业文化、计划、组织、领导、控制),能力要素(供应能力、生产能力、营销能力、研发能力、公共关系)。对企业的战略条件审计,主要审查企业战略分析、战略选择和战略实施过程中所需要的内、外部条件是否具备,是否有利于企业战略管理目标的实现,条件变化对企业战略产生的影响,以及企业为之而采取的应对措施是否得当等。

4. 战略态势审计

保持良好健康的战略态势是战略审计的目的,是战略管理工作和战略审计工作的出发点。因此,战略态势审计主要从企业业务布局的兼顾性、经营能力的长短性、资源配置的贯彻性等三方面现状审查其"健康"状况,并针对不良的战略态势提出建设性意见和建议。

重 要 概 念

管理审计　管理机能审计　管理部门审计　公司战略审计

思 考 题

（1）什么是管理审计？与经营活动审计相比具有什么特点？
（2）什么是管理部门审计？与管理机能审计具有什么不同？
（3）什么是公司战略审计？它包括哪些内容与目标？
（4）管理部门审计的目标和内容各是什么？

练 一 练

1. 管理审计的核心目标是（　　）。
   A. 确保财务报表的准确性　　　　　　B. 评估和改进企业的管理过程
   C. 核实企业资产的完整性　　　　　　D. 监督企业遵守法律法规
2. 在管理审计中,审计人员通常最关注（　　）。
   A. 财务报表的编制方法　　　　　　　B. 内部控制系统的有效性
   C. 管理决策的制定和执行　　　　　　D. 企业员工的个人绩效
3. （　　）不属于管理审计的范围。
   A. 企业战略目标的实施情况　　　　　B. 企业资源的分配和利用效率
   C. 企业财务报表的审计　　　　　　　D. 企业内部沟通机制的效果
4. 管理审计报告通常包含（　　）。
   A. 企业财务报表的详细分析　　　　　B. 管理过程中存在的问题和改进建议
   C. 企业员工薪酬制度的合理性　　　　D. 企业市场占有率的变化趋势
5. 在进行管理审计时,审计人员最可能采用的方法是（　　）。
   A. 实地盘点存货　　　　　　　　　　B. 审阅和分析财务报表
   C. 询问和观察管理过程　　　　　　　D. 核实应收账款的真实性
6. 管理审计对管理层决策的评价主要基于（　　）。
   A. 决策是否遵循了相关法律法规　　　B. 决策是否有利于企业的长期发展
   C. 决策是否得到了所有员工的支持　　D. 决策是否由高层管理人员独立做出
7. 下列各项中,属于管理审计与财务审计的主要区别的是（　　）。
   A. 审计目标不同　　　　　　　　　　B. 审计方法不同
   C. 审计时间不同　　　　　　　　　　D. 审计报告的使用者不同
8. 管理审计对内部控制系统的评估主要关注（　　）。
   A. 内部控制是否能防止所有错误和舞弊　B. 内部控制是否得到有效执行
   C. 内部控制是否由专业人员设计　　　　D. 内部控制是否遵循了最佳实践
9. （　　）不是管理审计中常见的审计程序。

A. 了解被审计单位的管理结构和职责分工　　B. 分析被审计单位的历史财务数据
C. 评估被审计单位的风险管理和应对措施　　D. 实地观察被审计单位的生产或运营过程

10. 管理审计的结果通常用于(　　)。
   A. 向外部投资者报告企业的财务状况　　B. 评估企业遵守法律法规的情况
   C. 为企业管理层提供改进建议　　D. 核实企业资产的物理存在

第 6 章　内部控制审计

◇ 内容简介
◇ 重点难点
◇ 学习目标
◇ 知识框架
➢ 6.1　内部控制概述
➢ 6.2　内部控制审计概述
➢ 6.3　内部控制审计的内容
➢ 6.4　内部控制审计的组织方式和程序
➢ 6.5　内部控制审计的方法
◇ 重要概念
◇ 思考题

内容简介

本章主要讲解了内部控制的概念、目标、基本要素及局限性,内部控制审计的概念、内部控制审计与内部控制评价、内部控制评审的联系和区别,内部控制审计的内容,内部控制审计的组织方式和程序,内部控制审计的方法。

重点难点

本章重点为内部控制的概念,内部控制的基本要素,内部控制审计的概念,内部控制审计的内容,组织层面内部控制审计的内容,内部控制审计的程序;本章难点为内部控制审计与内部控制评价的联系和区别,组织层面内部控制审计,审查与评价内部环境,审查与评价控制活动,编制项目审计方案,认定控制缺陷。

学习目标

通过本章的学习,学生应掌握内部控制审计的概念,组织层面内部控制审计,内部控制审计的程序中对控制缺陷的认定;理解内部控制的概念、目标和基本要素,内部控制的局限性,内部控制审计与内部控制评价、内部控制评审的联系和区别,内部控制审计的程序;了解内部控制审计的责任划分,业务层面内部控制审计,内部控制审计的组织方式,内部控制审计的方法。

知识框架

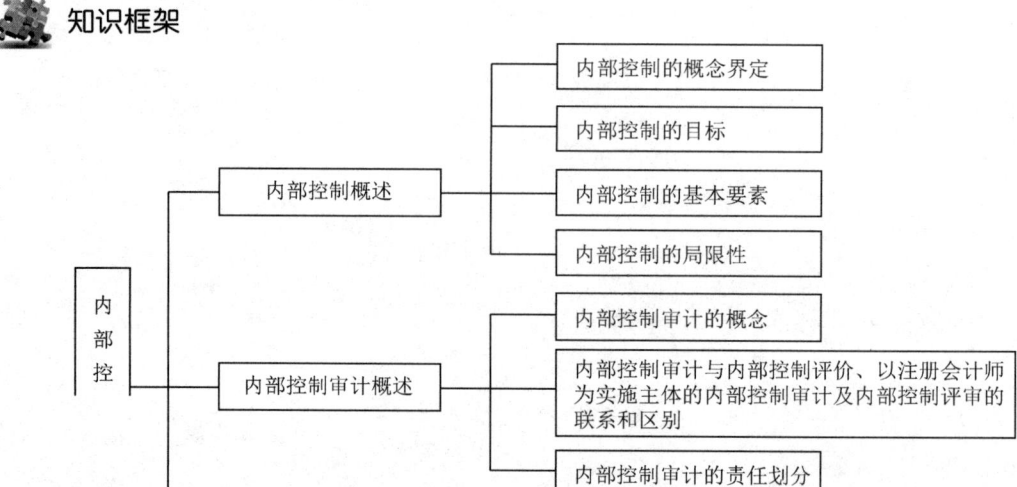

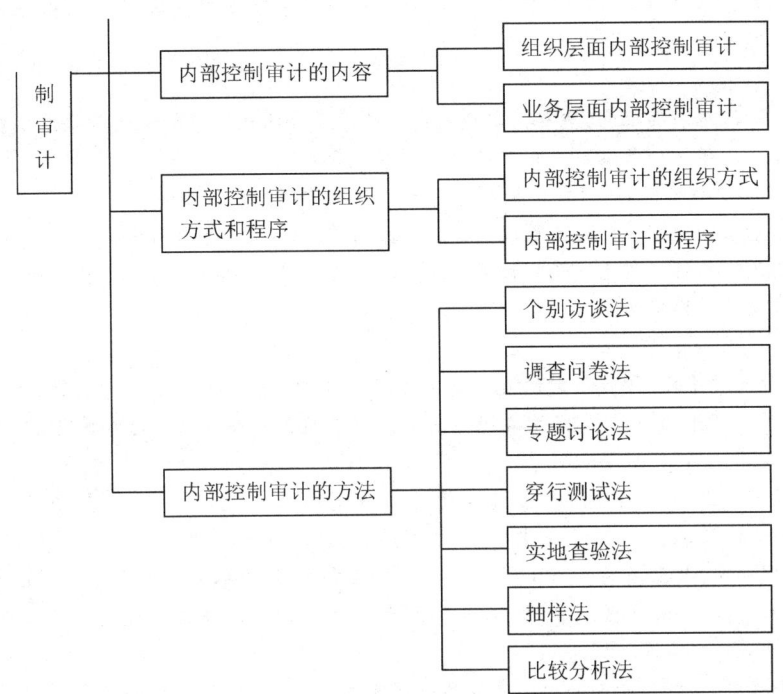

 引入案例

新华制药内部控制审计案例

山东新华制药股份有限公司(以下简称新华制药)始创于1943年,公司股票于1996年上市,是H股和A股上市公司,集团公司持有并行使国有股权。新华制药是亚洲最大的解热镇痛类药物生产与出口基地,也是国内重要的咖啡因产品生产商。新华制药于1998年11月经中国对外贸易经济合作部批准后,转为外商投资股份有限公司。新华制药生产的咖啡因通过了美国FDA的检查和复查,出口美国,属免检产品,产品的高质量在国内外市场享有较高的声誉。作为我国重点骨干大型制药企业、亚洲最大的解热镇痛类药物生产与出口基地,以及国内重要的心脑血管类、抗感染类及中枢神经类等药物生产企业,新华制药经过67年的发展,为全国乃至全球医药发展作出了巨大的贡献,解决了国内外诸多医药产品线的普及需求和特殊需求,在我国化工及医药行业具有较高的企业地位和影响力。新华制药年产化学原料药总量2.5万吨以上,是全球最大的安乃近、布洛芬、阿司匹林、咖啡因、左旋多巴等药物生产企业,拥有乙氧苯柳胺等10个原料药独家品种,8个原料药主导品种市场占有率居国内第一位。同时"新华牌"产品在国际上还拥有极高的荣誉,是许多国际知名500强企业的合作伙伴。

以美国反虚假财务报告委员会下属的发起人委员会(COSO)《内部控制——整合框架》为依据,对新华制药内部控制体系从内部控制环境、风险评估、控制活动、信息与沟通以及内部监督五个方面进行分析如下。

1. 控制环境

控制环境既是内部控制体系的基础,又是企业内部控制理念的核心,对内部控制体系的运行效果有着直接并且重大的影响。组织结构是企业内部环境的有机组成部分,根据新华制药2011年度的内部控制自我评价报告,新华制药的组织结构设计较合理,符合企业内部控制的基本要求,但各部门在实际履行过程中并没有有效地发挥其职能。新华制药下属子公司医贸公司内部控制制度规定,对客户授信额度不大于该客户的注册资本。但在实际执行中,对部分客户超出客户的注册资本授信,使授信额度过大,同时医贸公司也存在未授信的发货情况。由此我们可以看出,新华制药的内部审计的结果和质量不高,企业内部审计工作的广度和深度还有待加强。

2. 风险评估

风险影响企业实现其目标、危害其经营,所以我们要对企业进行风险评估。新华制药与欣康祺医药存在着长久的合作关系,但是欣康祺医药长期以来一直把医药业做成金融业,其主要盈利模式是从上游赊购拿货,再以低3%~5%的价格现销给下游,同时将赚取的现金投入期货市场以获取收益,这种获利方式具有很大的风险性,也是其最后资金链断裂的根本原因。欣康祺医药作为新华制药的大客户,而新华制药高管们的风险管理意识薄弱,没有在销售前充分了解欣康祺医药的情况,对欣康祺医药进行资信评估,同时实时关注其动向,从而造成此次损失的发生。

3. 控制活动

控制活动是内部控制的重要手段,控制活动的发生贯穿于整个组织,遍及各个层级和各个职能部门。从新华制药内部控制重大缺陷产生的原因来看,主要问题集中暴露在销售业务流程设计和执行,以及母公司对子公司的监管控制出现了问题。

(1) 对销售活动的控制。2011年中期,欣康祺医药为新华制药第五大客户,共向新华制药采购1 999.1万元,占其营收总额的1.31%。2011年中期,新华制药应收账款前五名客户中没有欣康祺医药,第五名为新华制药寿光有限公司,欠款金额为898.8万元。但2011年年报显示,欣康祺医药及其关联方欠新华制药货款总计6 073.17万元。由此可知,新华制药2011年下半年向欣康祺医药销售商品不会少于5 174.37万元。

新华制药2010年中期报告显示,新华制药对欣康祺医药的销售额为4 314.5万元,在2011年上半年仅向欣康祺医药销售了1 999.1万元,销售商品已经大幅减少,但是在2011年下半年对其销售商品的金额却又大幅增加,主要是因为销售部门为了追求较高的销售额,达到企业的销售目标,忽略了风险。由此说明企业对于销售活动的内部控制做得很不到位,导致企业年末计提了大量的坏账,致使新华制药2011年度增收不增利。

(2) 对子公司管理的控制。新华制药全资子公司医贸公司内部控制制度缺少多头授信的明确规定。在实际执行中,医贸公司的鲁中分公司、工业销售部门、商业销售部门分别向同一客户授信,造成授信额度过大,进而承担了较大的风险。由此可见,该公司内部控制流程存在设计上的重大缺陷。子公司医贸公司内部控制制度规定对客户授信额度不大于客户注册资本,但实际业务中对部分客户授信却超出其注册资本,表明该公司内部控制执行也存在重大缺陷。而这些问题集中出现在子公司医贸公司,也就是说,新华制药对子公司的管理控制存在问题。

(3) 对应收账款的控制。新华制药应收账款内部控制联动体系缺失。财务部门、信用部门与销售部门的协调永远是应收账款内部控制中的重要问题。销售部门往往片面追求高销售额,忽视与财务部门之间的信息沟通,导致应收账款大幅上升,增加了收款风险。

4. 信息与沟通

信息与沟通是及时、准确、完整地收集与企业经营管理相关的各种信息,并使这些信息以适当的方式在企业有关层级之间进行及时传递、有效沟通和正确应用的过程,是实施内部控制的重要条件。新华制药销售部门和财务部门之间信息沟通较少最终导致企业大额应收账款无法收回。其下属全资子公司医贸公司的鲁中分公司、工业销售部门、商业销售部门分别向同一客户授信,造成授信额度过大,超过其注册资本的赊销以及发生未授信发货的情况。

5. 监控

企业内部监控是一个过程,这个过程是通过管理过程中的大量制度及活动实现的。有效的监督可以及时纠错查弊,从而起到良好的控制作用。然而,在我国,许多企业缺乏对会计监督的应有重视,监督体系成了一纸空文,没有起到应有的作用。新华制药被出具否定意见报告案的根本原因是其应收账款内部控制系统存在着缺陷。内部控制问题不是一个短期的问题,而是长期形成的。可是,在信永中和出具否定意见报告之前,新华制药内部并没有发现其在应收账款制度设计以及执行方面的缺陷,暴露出其应收账款监控薄弱,还有待加强和完善。

资料来源:李双.新华制药内部控制研究——基于COSO五要素[J].财务审计,2014(2):201-202.

课程思政

风险导向下企业内部控制审计:创新引领,责任担当(节选)

在当下风云变幻、充满不确定性的市场浪潮中,企业宛如一艘航行的巨轮,内部控制的有效性就是其稳固的压舱石,对防范风险、保障稳健运营起着关键作用。而风险导向下的企业内部控制审计作为前沿的审计模式,正熠熠生辉,备受瞩目与推崇。它聚焦风险识别、评估与应对,全力托举企业内部控制体系迈向健全、高效。

在风险导向语境下,企业内部控制审计的首要革新路径,聚焦于审计理念的华丽转身。这一蜕变,推动审计人员从往昔刻板的"规则检查者",向专业的"风险顾问"大步跨越,助力企业精准洞察、科学评估、高效管理风险。回首传统合规性审计,它锚定的是企业活动对法规、政策及内部规章的严格遵循。但置身当今复杂多变的商业天地,仅着眼合规已难填企业需求的沟壑。全球化、数字化汹涌来袭,企业规模膨胀、业务多元拓展,风险变得错综复杂、花样百出。于是,风险导向审计理念应运而生,恰似一场及时雨滋养企业助其构建更为坚韧、灵动的内部控制体系。它不止步于合规审视,更着重挖掘、研判企业遭遇的各类风险,考量内部控制体系抵御风险的成效与速率。

在此进程中,审计人员专业进阶之路,恰是课程思政的生动映照。他们提升专业素养与综合能力的每一步,都饱含对职业责任的坚守、对企业发展的担当。学会巧用风险评估工具与技术,全面、系统地"排雷",凭借丰富实践经验与敏锐市场嗅觉,为企业风险管理出谋划策,这是专业精进,更是社会责任的扛鼎。于审计一线践行"工匠精神",严谨细致、追求卓越,为企业行稳致远保驾护航,以专业力量赋能经济发展大局。

资料来源:王雅宁.风险导向下企业内部控制审计的创新与实践[J].财会学习,2024(26):119-121.

6.1 内部控制概述

现代组织的规模日益扩大,组织的管理层级日趋复杂,良好的内部控制对于保障组织高效运行的作用越来越变得不可替代。但是,从表面上看,内部控制毕竟只是一些具体的政策和程序,是由人制定并由人去执行的,要想让这些具体的政策和程序能够真正发挥应有的作用,对其从设计到运行的整个过程实施持续的监控就是至关重要的。在组织的众多职能中,内部审计依靠其固有的独立性和客观性的本质属性,必然成为对内部控制进行监控的最适当职能。

内部控制是组织管理现代化的产物,是伴随着加强组织经济管理的需要而产生的,也必然伴随着组织经济管理的发展而发展。随着社会经济的发展和组织经营管理的日益完善,人们对内部控制的认识也在不断地丰富和发展。

6.1.1 内部控制的概念界定

内部控制最早出现的标志可以追溯到苏美尔文化早期的内部牵制制度,实际上只要有人类群体的活动就会有控制系统的存在,只是形态的繁简和运用的策略或技术水平各不相同而已。"control"一词直至17世纪才正式被提出。1600年左右,一本英文词典第一次收录了"control"一词,并将其定义为"一本账的副本,具有与原本相同的品质和内容。"该词是从拉丁语"contrarorulus"派生而来的,其中"contra"意为"对比","rotula"意为"宗卷"。著名学者塞缪尔·约翰逊将这一最初的意思定义为由另一个职员保管的登记簿或账册,可由他人逐项检查。这是因为从15世纪开始,资本主义得到了初步发展,复式簿记方式的出现推动了企业管理的发展,以账目间的相互核对为主要内容、实施职能分离的内部牵制制度开始得到广泛的应用。对"control"一词的最初解释就是对内部牵制制度雏形的最好描述。继内部牵制制度之后,内部控制又经历了内部控制制度和内部控制结构的发展阶段。

随着社会经济环境的发展和企业经营管理的变化,人们对内部控制的认知也在逐步深化,对内部控制的定位必然是一个不断完善和不断发展的过程。1992年,美国反虚假财务报告委员会下属的发起人委员会发布了名为《内部控制——整合框架》的报告,通称COSO报告。该报告提出了"内部控制——整合框架"的概念,不仅进一步延续和完善了内部控制的结构化和体系化,力图整合人们对内部控制的不同理解,构造一个具有共识性的内部控制概念平台和框架。COSO的内部控制整合框架对内部控制的定位是,内部控制是一个过程,是企业经营管理活动的一部分,与经营过程结合在一起,使经营达到预期的效果,并监督企业经营活动的持续进行。

在此基础上,COSO又于2004年发布了新的COSO报告,进一步扩展了内部控制的范围,寻求一个更广阔的视角,提出了一个内容更加宽泛、层次更高的、建立在风险管理层面上的内部控制框架,这也标志着内部控制的发展已经进入风险管理整合框架阶段。COSO委员会的风险管理整合框架对内部控制的定位是,内部控制是企业风险管理的一个组成部分,企业风险管理是企业管理过程的一个组成部分,整个企业风险管理框架更像是一个把控制中心放在风险上的、扩大化的内部控制过程。由此可见,COSO将内部控制定位为一种管理工具,是不能取代管理本身的。

2013年5月,COSO发布了再次修订的COSO报告,保留了内部控制和内部控制五要素的核心概念界定,以及原来报告中已经被证明非常实用的内容。新的COSO报告继续强调了在评价内部控制系统有效性时考虑五项内部控制要素的要求,继续强调了在设计、运行和实施内部控制及评价内部控制系统有效性中管理层判断的重要性。与此同时,新的COSO报告还包括了一些有助于其应用的改进和说明。最重要的改进之一是将原框架中引进的一些与内部控制五要素相关的关键性概念正式列为基本原则,为使用者在设计和运行内部控制系统和理解有效内部控制要求方面提供便利。新的内部控制框架还通过将目标中的财务报告类型扩展至如非财务和内部报告等其他的重要报告形式。同时,新的框架还反映了对组织及所面临的经营环境的众多变化的考虑,包括对政府监管的期望、市场和经营的全球化、经营的变化和更明显的复杂性、对法律法规及标准准则的要求和复杂化、对胜任能力和受托责任的期望、对飞速发展的技术的运用和依赖,以及与防范和发现舞弊相关的期望等。

COSO报告和2002年美国颁布的《萨班斯-奥克斯利法案》对世界范围内许多国家的企业内部控制都产生了巨大的影响,我国内部控制的发展也以此为契机进入了创新发展的崭新阶段。2006年6月,国资委发布了《中央企业全面风险管理指引》,2006年7月15日,财政部成立了企业内部控制标准委员会。上海证券交易所和深圳证券交易所分别在同年7月和9月发布了证券交易所上市公司内部控制指引。2007年3月,财政部内部控制标准委员会发布了《企业内部控制基本规范》和17项具体规范的征求意见稿。2008年6月,财政部、证监会、审计署、银监会、保监会五部委在北京联合召开企业内部控制基本规范发布会暨首届企业内部控制高层论坛,发布了《企业内部控制基本规范》。2010年4月,五部委又发布了《企业内部控制应用指引第1号——组织架构》等18项应用指引、《企业内部控制评价指引》和《企业内部控制审计指引》。《企业内部控制基本规范》和配套指引文件共同构成了我国的内部控制规范体系,这是全面提升上市公司和非上市大中型企业经营管理水平的重要举措,也是我国应对国际金融危机的重要制度安排。

企业内部控制标准委员会成立的目标是建立一套以防范风险和控制舞弊为中心、以控制标准和评价标准为主体,结构合理、内容完整、方法科学的内部控制标准体系,推动企业完善治理结构和内部约束机制。委员会制定的企业内部控制规范在总体结构上选择了"1+X"模式,即在内部控制基本规范的基础上按照主要经济业务类型分别制定内部控制应用指引。《企业内部控制基本规范》将内部控制界定为:"由企业董事会、监事会、经理层和全体员工实施的、旨在实现控制目标的过程。"内部控制这一内涵的界定基本上是以COSO的内部控制整合框架为主体的,也借鉴和吸收了COSO企业风险管理整合框架对内部控制内涵的界定。

6.1.2 内部控制的目标

COSO在其对内部控制的定义中,将内部控制的目标界定为合理保证经营活动的有效性、财务报告的可靠性、经营的效率和效果及对法律法规的遵守。中国注册会计师协会在《中国注册会计师审计准则第1211号——了解被审计单位及其环境并评估重大错报风险》中,将内部控制的目标界定为合理保证财务报告的可靠性、经营的效率和效果及对法律法规的遵守。财政部在其颁布的《企业内部控制基本规范》中,将内部控制的目标界定为合理保证企业经营管理合法合规,资产安全,财务报告及相关信息真实完整,提高经营效率和效果,促进企业实现发展战略。基本规范确定的这五个层层递进的内部控制目标是对COSO内部控制框架和企业风险管理框架目标体系进行整合的结果,提出了一个较为全面的内部控制目标体系。

1. 合理保证企业经营管理合法合规

大多数企业都以追求利润最大化为首要目标,但是这一目标的实现必须建立在遵守国家的各项法律法规的前提之上。企业从事经营活动必须遵守法律、行政法规,遵守社会公德、商业道德、诚实守信,接受政府和社会公众的监督,承担社会责任。因此,企业的管理层必须守法经营,并采取必要的控制措施,如进行明确的职责分工,明确不同岗位的职责和权限,从而保证所有的业务活动在适当的授权下进行,以保证企业的各项经营活动都是合法和合规的。

2. 资产安全

资产是保证企业从事正常经营活动的物质基础,也是对企业所有者和债权人权益的保障。如果企业资产的安全性受到威胁,组织所有者和债权人的权益也必将受到损害。保护企业所有者和债权人的利益是企业管理层应当履行的基本责任和义务,为此,企业必须建立完善的内部控制以保护企业资产的安全性。

3. 财务报告及相关信息真实和完整

设计、实施和维护与编制财务报告相关的内部控制,以使财务报告不存在舞弊或错误导致的重大错报是企业治理层和管理层的责任,也是治理层和管理层建立健全内部控制的重要目标。财务报告及其相关信息作为向社会公众提供组织会计信息的重要载体,关系到各利益相关方的经济决策,作为负责编制和提供财务报告的管理层及对财务报告生成过程承担监督责任的治理层,理所当然地应当保证其对外提供的财务报告及其相关信息是真实、完整的。为了保证这一目标的实现,企业必须制定相应的制度和办法,以保证财务报告的可靠性。这些制度和方法就包括必要的控制措施和程序,以保证所有的交易或事项均得到正确和及时的入账,确保财务报告的编制符合适用的会计准则和相关会计制度的规定,保证对资产和账簿记录及其他记录的接触和处理经过恰当的授权,保证账面资产与实存资产定期核对相符等。

4. 提高经营效率和效果

任何企业都有自己的经营目标,这些经营目标都会围绕追求经营活动的效益、效率和效果。企业为实现既定的经营目标,就必须制订相应的计划,并付诸实施。然而,由于企业经营活动的复杂性,往往会受到多种因素的综合影响,在计划的执行过程中,难免会发生偏离目标、偏离计划的情况。为此,企业需要采取必要的控制政策和程序,控制执行计划的人员的行为,及时发现计划执行中存在的问题和偏差,并进行必要的调整,从而保证经营活动的效率和效果。

5. 促进企业实现发展战略

促进企业实现发展战略是组织设计和运行内部控制的核心目标。任何一个组织都有其自身的发展战略和期望实现的目标。组织设计、运行与维护内部控制的根本目标就是确保其发展战略和目标的实现。

6.1.3 内部控制的基本要素

按照COSO发布的内部控制框架,内部控制的基本要素包括控制环境、风险评估过程、信息系统与沟通、控制活动,以及对控制的监督。COSO对内部控制基本要素的分类并不是唯一的,选择五要素的分类方式只是为内部审计人员提供一个理解被审计单位内部控制基本框架的方式,被审计单位可能并不一定采用这种分类方式来设计和执行内部控制。但是,无论对内部控制要素如何进行分类,内部审计人员都应当重点考虑被审计单位某项控制是否能够,以及如何防止或发现并纠正各类交易、账户余额、列报存在的重大错报。也就是说,在了解和评价内部控制时,采用的具体分析框架及控制要素的分类可能并不唯一,重要的是控制能否实现控制目标。内部审计人员可以使用不同的框架和术语描述内部控制的不同方面,但必须涵盖上述内部控制五个要素所涉及的各个方面。

1. 控制环境

控制环境是组织内部控制的核心要素之一,组织的行为和活动构成了组织的控制环境,反过来控制环境又限制着组织的行为和活动,两者相辅相成。控制环境影响并制约着组织内部控制建立和运行的有效性,控制环境是组织构建内部控制体系的基础条件,也是组织各种内部影响因素的集合体。控制环境主要包括治理结构、组织机构设置与权责分配、组织文化、人力资源政策、内部审计机构设置、反舞弊机制等。

2. 风险评估过程

风险管理是组织为达到某目标而确认和分析相关风险,并在此基础上对风险进行管理的过程。风险就是组织目标无法实现的可能性,任何一个组织在发展过程中都会面临来自组织内外部的多重风险因素的影响。组织的风险可能来自多个方面,如国家政策风险、行业风险、市场风险和财务风险等。风险管理的先决条件是制定目标,各个不同层次的目标必须保持一致性。风险管理的首要工作就是辨别影响组织目标实现的各类风险因素,在此基础上建立风险管理机制。

3. 信息系统与沟通

为了确保员工能够更好地履行自身的职责,组织必须对内部及外部信息进行识别、采集并进行适当的交流和沟通。信息系统与沟通就是及时、准确、完整地采集与组织经营管理密切相关的各种信息,并使这些信息以适当的方式在组织有关层级之间、组织与外部相关方之间进行及时传递、有效沟通和正确适用的过程。信息系统与沟通主要包括信息的收集机制,以及在组织内部和组织外部有关方面的沟通机制等,信息系统与沟通是组织确保内部控制有效实施的重要条件。

4. 控制活动

组织管理层在对组织面临的各种经营风险进行评估之后,需要对所评估的各项风险采取必要的控制措施,从而保证组织目标的顺利实现。控制活动就是组织通过将风险评估的结果与风险应对相结合所安排的具体应对措施,以及用于确保能够实现组织目标所采取的控制方法。控制活动作为内部控制的具体实施方法,主要包括职责分工控制、授权控制、审核批准控制、预算控制、财产保护控制、会计系统控制、内部报告控制、经济活动分析控制、绩效考评控制和信息技术控制等。

5. 对控制的监督

监督是对内部控制运行质量不断进行评估的过程,即对内部控制的设计和运行情况的评价。从监督的方式看,监督有持续监督、个别评估及综合监督等。持续监督是指在经营过程中的监督,包括例行管理和监督活动,以及职工为履行其职责所采取的行为。个别评估的范围及频率,应当根据评估风险的大小及持续监督程序的有效性而定。将持续监督和个别评估一起进行,则称之为综合监督。在各种监督方式中发现的内部控制缺陷必须向上级呈报,在发现严重问题时,则必须向最高管理层和董事会呈报。从监督的执行主体来看,监督包括内部审计机构实施的独立监督和管理层对内部控制的自我评估。在很多组织中,特别是规模较大的组织中,内部审计机构在有效监督方面的作用是非常关键的。为了能使内部审计监督内部控制的职能得以有效发挥,内部审计人员必须独立于经营管理部门和会计部门之外,并直接向高层权力机构报告工作。

6.1.4 内部控制的局限性

内部控制存在固有局限性,无论如何设计和执行,只能对财务报表的可靠性、经营的效率性和效果性,以及对法律法规的遵循性提供合理的保证。内部控制存在的固有局限性,包括以下两方面:

(1) 在决策时人为判断可能出现错误,人为失误也可能导致内部控制失效。例如,被审计单位信息技术工作人员没有完全理解系统如何处理销售交易,为使系统能够处理新型产品的销售,可能错误地对系统进行更改;或者对系统的更改是正确的,但是程序员没能把更改转换为正确的程序代码。

(2) 内部控制可能由于两个或更多的人员进行串通或管理层凌驾于内部控制之上而被规避。例如,管理层可能与客户签订背后协议,对标准的销售合同作出变动,从而导致确认收入发生错误。又如,软件中的编辑控制旨在发现和报告超过赊销信用额度的交易,但这一控制可能被逾越或规避。

小型被审计单位拥有的员工通常较少,限制了其职责分离的程度,业主凌驾于内部控制之上的可能性也较大。内部审计人员应当考虑一些关键领域是否存在有效的内部控制,包括考虑小型被审计单位总体的控制环境,特别是业主对于内部控制及其重要性态度、认识和措施。

6.2 内部控制审计概述

内部控制审计就是对被审计单位内部控制设计的合理性和运行的有效性所实施的审计。但是,由于内部控制审计的实施主体不同,在审计方面的侧重、审计方式的设计、审计内容的确定、审计方法的选择、审计报告的撰写等方面还是存在一定的差别的。由注册会计师所实施的内部控制审计更侧重于对被审计单位与财务报告相关的内部控制的审查和评价,而由内部审计机构所实施的内部控制审计则更侧重对组织全面的内部控制设计和运行的审查和评价。

6.2.1 内部控制审计的概念

以内部审计机构为实施主体的内部控制审计是指内部审计机构对组织内部控制设计和运行的有效性进行的审查和评价活动。内部控制是组织提高经营管理水平和风险防范能力,保障可持续发展的基础。内部审计机构对组织内部控制进行审计监督是优化内部控制自我监督机制的一项重要制度安排,是健全有效的内部控制的重要组成部分,也是内部审计更好地发挥其在风险管理和组织治理中的作用、实现其自身价值和在组织中的职能定位的需要。

内部控制审计是伴随着组织和内部审计对内部控制认识的逐步深化而发展起来的。最初,内部审计关注的主要是与会计事项相关的内部控制,内部审计的着眼点集中在内部会计牵制上,其目的是对财务活动进行日常监督,帮助组织建立健全内部会计控制,同时也帮助外部审计师在内部控制评价的基础上进行审计抽样,降低审计风险和审计成本。20 世纪 50 年代前后,内部审计实务界开始关注组织的管理活动,将审计重点从财务账簿转向业务活动和管理控制,以提高组织的经营管理效率。相应地,内部控制评价的目标也从服务于财务审计扩展到为提高组织的业务活动和控制的效率服务。20 世纪 70 年代以后,内部审计的服务对象由为管理层提供帮助扩展到为组织提供确认和咨询服务,这就要求内部审计机构站在整个组织的立场上评价和分析问题,对组织内部控制的整体系统进行检查和评价。20 世纪 90 年代以后,内部控制整合框架和相关规范的提出,极大地改变了实施内部控制审计的内外部环境,内部审计要关注与组织目标实现相关的所有风险,因此内部控制审计发展到以风险评估为基础,根据风险发生的可能性和对组织单个或整体控制目标造成的影响程度,确定审计的范围和重点。

6.2.2 内部控制审计与内部控制评价、以注册会计师为实施主体的内部控制审计及内部控制评审的联系和区别

组织内部控制的有效运行离不开对其的持续监督,现阶段对组织内部控制进行审查评价的主体既包括组织内部的有关部门、内部审计机构,也包括组织外部的注册会计师。同时,组织内外部的审计机构和人员在实施财务报表审计等其他类型的审计过程中也会采用内部控制评审技术。上述这些针对组织内部控制的审查评价工作都是对内部控制进行监督的方式,必然存在相互的联系和相同之处,但是在实施主体、工作目标、监督内容和方式方法等方面仍然各有不同。

1. 与内部控制评价的联系和区别

内部控制评价又称内部控制自我评价,由财政部、证监会、审计署、银监会、保监会五部委联合颁布的《企业内部控制评价指引》将内部控制评价界定为:"组织董事会或类似权力机构对内部控制的有效性进行全面评价、形成评价结论、出具评价报告的过程。"在组织的内部控制实务中,内部控制评价是极为重要的一个环节。内部控制审计与内部控制评价既存在联系又存在区别。

1)与内部控制评价的联系

内部控制审计与内部控制评价的联系主要体现在两者的工作目标均是审查和评价组织内部控制的设计和运行的有效性。与此同时,两者都是围绕着控制环境、风险评估、控制活动、信息与沟通、监督等内部控制要素来确定具体审查和评价的内容的,且两者的工作程序也基本一致。如果组织的董事会或类似权力机构授权内部审计机构和人员负责内部控制评价的具体组织和实施工作,此时两者的工作主体也是一致的。

2)与内部控制评价的区别

(1)责任主体不同。内部控制审计是由组织的内部审计机构和人员实施的一项内部审计活动,是根据组织对内部审计的总体计划实施的,其责任主体无疑是内部审计机构;内部控制评价则是在组织内部实施的一项管理活动,其责任主体是组织的董事会,组织的董事会或类似权力机构实施的内部控制自我评价,不属于审计行为。当然,在很多情况下,董事会或其下属的审计委员会可能将内部控制自我评价的工作委托给组织的内部审计机构,但是即便在这样的情况下,内部控制评价工作的最终责任主体依然是组织的董事会,而不是组织的内部审计机构,即组织的董事会对内部控制评价报告的真实性承担最终的责任。

(2)实施的强制性不同。外部监管机构对组织内部审计机构实施内部控制审计并无强制性要求,内部控制审计往往是根据组织内部治理层和管理层的要求,结合内部审计机构的工作重点和任务安排实施的。但是,对于公众利益实体,于上市公司而言,实施内部控制评价则是一项外部监管机构的强制性要求。无论是美国的《萨班斯-奥克斯利法案》,还是我国的《企业内部控制基本规范》《企业内部控制配套指引》都对上市公司管理层应当对内部控制有效性进行自我评价提出了明确的要求。

(3)遵循的规则不同。组织实施内部控制评价应当遵循《企业内部控制基本规范》《企业内部控制评价指引》。《企业内部控制基本规范》要求组织应当结合内部监督的实际情况,定期对内部控制的有效性进行自我评价,并出具内部控制自我评价报告。《企业内部控制评

价指引》对内部控制评价应遵循的原则、评价内容、评价程序、缺陷认定等进行了详细规定，为组织开展内部控制自我评价提供了一个可以共同遵循的标准，也为参与国际竞争的中国企业在内部控制建设方面提供了自律性规范。

内部审计机构和人员实施内部控制审计应当遵循《中国内部审计准则》（以下简称《内部审计准则》）《企业内部控制基本规范》及配套指引文件的出台，对内部控制审计工作提出了明确要求。2013年，中国内部审计协会对内部审计准则进行了修订，在对内部控制审计相关准则的修订中借鉴了《企业内部控制基本规范》《企业内部控制评价指引》的相关规定。同时，考虑到目前大多数组织内部对内部控制评价主体较为模糊的实际情况，以及内部控制审计和内部控制评价在实务中无论从实施主体还是报告方式等方面都存在一定差别的事实，为突出内部审计机构在内部控制评价中的特殊性和职能作用，此次修订进一步明确了内部控制审计的定义、定位和主体，突出了内部审计机构在内部控制审计中发挥的作用和优势，进一步丰富了内部控制审计的相关内容。

首先，在内部控制审计的内容方面，此次修订将内部控制审计按照审计范围分为全面内部控制审计和专项内部控制审计，并从组织层面和业务层面对内部控制审计的内容作了较为细致的规定。其中组织层面的内部控制审计的内容主要按照内部控制五要素进行规范，同时借鉴、吸收了《企业内部控制评价指引》中有关内部控制评价内容的规定，力求与《企业内部控制基本规范》及配套指引文件相衔接。其次，在内部控制审计的程序和方法方面，强调了内部审计人员在实施现场审查前，可以要求被审计单位提交最近一次的内部控制自我评估报告。内部审计人员应当结合内部控制自我评估报告，确定审计内容及重点，实施内部控制审计。再次，在内部控制缺陷的认定方面，规定了内部控制缺陷的认定，对缺陷认定的方法、缺陷的种类和缺陷的报告等内容进行了规定。最后，在内部控制审计报告方面，要求全面内部控制审计报告一般应当报送组织董事会或最高管理层，包含有重大缺陷认定的专项内部控制审计报告，应当报送董事会或最高管理层；经董事会或最高管理层批准，内部控制设计报告可以作为《企业内部控制评价指引》中要求的内部控制评价报告对外披露。

（4）工作成果的体现不同。由内部审计机构和人员实施的内部控制审计的工作成果体现在内部控制审计报告之中，该报告属于组织内部文件，通常是由内部审计机构提交给组织的适当治理层或管理层。组织所进行的内部控制评价的工作成果则体现在内部控制评价报告之中，该报告须报经董事会或类似权力机构批准后，对外披露或报送相关监管部门。《企业内部控制评价指引》就规定企业应当以每年的12月31日作为年度内部控制评价报告的基准日，内部控制评价报告应当在基准日后4个月内报出。

2. 与以注册会计师为实施主体的内部控制审计的联系和区别

《企业内部控制评价指引》将以注册会计师为实施主体的内部控制审计界定为："会计师事务所接受委托，对特定基准日内部控制设计与运行的有效性进行审计。"注册会计师执行内部审计工作，应当获取充分、适当的证据，为发表内部控制审计意见提供合理保证。注册会计师应当对财务报告内部控制的有效性发表审计意见，并对内部控制审计过程中注意到的非财务报告内部控制的重大缺陷，在内部控制审计报告中增加"非财务报告内部控制重大缺陷描述段"予以披露。

1）与注册会计师内部控制审计的联系

不论是由内部审计机构实施的内部控制审计，还是由注册会计师实施的内部控制审计，都是针对组织内部控制开展的审计活动,都是为了提升组织内部控制在设计和运行上的有效性,促进组织内部控制目标的实现。内部控制审计的对象均为组织的内部控制,审计工作都要以内部控制设计和运行的实际情况为基础实施,都需要围绕控制环境、风险评估、控制活动、信息与沟通、内部监督等内部控制要素来确定具体的审查和评价内容。两者的主要联系体现在注册会计师在实施内部控制审计的过程中,可以利用内部审计机构对内部控制的审计结果以寻求缩减注册会计师审计工作量的可能性,组织也可以通过加强内部审计机构所实施的内部控制审计工作,以降低注册会计师实施内部控制审计的成本。

2)与注册会计师内部控制审计的区别

(1)性质不同。内部审计机构和注册会计师实施的内部控制审计具有不同的实施主体,也就形成了不同性质的业务。由内部审计机构实施的内部控制审计,其本质就是组织对内部控制实施的内部监督行为。由注册会计师实施的内部控制审计,在本质上则是对组织内部控制的外部监督行为,属于由注册会计师提供的具有独立性和客观性的鉴证业务。

(2)强制性不同。外部监管机构对组织的内部审计机构是否实施内部控制审计并无强制性要求。但是,对于公众利益实体,如对上市公司而言,聘请注册会计师实施内部控制审计则是一项强制性要求。《企业内部控制配套指引》明确规定:"执行《企业内部控制基本规范》及《企业内部控制配套指引》的上市公司和非上市大中型企业,应当对内部控制的有效性进行自我评价,披露年度自我评价报告,同时应当聘请会计师事务所对财务报告内部控制的有效性进行审计并出具审计报告。上市公司聘请的会计师事务所,应当具有证券、期货业务资格;非上市大中型企业聘请的会计师事务所也可以是不具有证券、期货业务资格的大中型会计师事务所。"

(3)遵循的规则不同。内部审计机构实施内部控制审计应当遵循内部审计准则,注册会计师实施内部控制审计应当遵循《企业内部控制审计指引》《中国注册会计师鉴证业务基本准则》和《中国注册会计师审计准则》等规范。

(4)审计侧重点不同。虽然内部审计机构和注册会计师在实施内部控制审计时,都是针对组织内部控制在设计和运行上的有效性进行的,但是注册会计师在实施内部控制审计时,会将发现的内部控制缺陷区分为财务报告内部控制缺陷和非财务报告内部控制缺陷,对不同的内部控制缺陷也会采取不同的处理方式。内部审计机构实施的内部控制审计应当在对内部控制全面评价的基础上,关注重要业务单位、重大业务事项和高风险领域的内部控制,不会对内部控制缺陷进行上述的划分。

(5)实施的频率不同。内部审计机构实施内部控制审计,并没有每年进行一次的强制性要求,也不需要针对某个特定的基准日,通常是根据组织管理层的需要和内部审计的年度工作计划实施的。注册会计师实施的内部控制审计则是对被审计单位特定基准日内部控制设计与运行的有效性进行的审计,通常每年需要进行一次,并由会计师事务所出具内部控制审计报告将审计结果对外披露。

(6)工作成果的体现不同。内部审计机构实施内部控制审计之后,应当向组织适当治理层或管理层报告审计结果。审计报告应当说明审查和评价内部控制的目的、范围、审计结论、审计决定及对改善内部控制的建议,以及被审计单位的反馈意见。注册会计师在完成内部控制审计工作之后,应当出具内部控制审计报告。审计报告应当对被审计单位是否按照

《企业内部控制基本规范》《企业内部控制应用指引》《企业内部控制评价指引》及被审计单位自身内部控制制度的要求,在所有重大方面保持了有效的内部控制发表审计意见。注册会计师出具的内部控制审计报告包括四种类型,即标准内部控制审计报告、带强调事项段的无保留意见内部控制审计报告、否定意见内部控制审计报告和无法表示意见内部控制审计报告。对于发现的非常报告内部控制的重大缺陷,注册会计师还应当在审计报告中提及投资者、债权人和其他利益相关者予以关注。

3. 与内部控制评审的联系和区别

内部控制评审是指审计人员调查了解被审计单位内部控制的设计和运行情况,通过对内部控制实施必要的控制测试,对内部控制的健全性、合理性和有效性作出评价,以确定是否依赖内部控制寻求缩减实质性测试范围的可能性。内部控制评审并非一项独立的审计业务类型,而是审计人员在具体的审计项目中可能采取的一种审计技术方法。

1) 与审计过程中内部控制评审的联系

内部审计机构实施的内部控制审计与审计人员在审计过程中进行的内部控制评审都是针对被审计单位内部控制的设计和运行情况而实施的,审计人员也会采用基本相同的审计方法,如询问、穿行测试、实地观察、检查、重复执行等。在某些情况下,内部审计机构出于提高效率、整合资源的考虑,会将内部控制审计与财务报表审计整合在一起实施,通过审计人员对内部控制进行的测试,能够同时实现双重目标:一是获取充分适当的审计证据以支持内部控制审计中对内部控制有效性的审计结论;二是获取充分适当的审计证据以支持财务报表审计中对控制风险的评估结果。

2) 与审计过程中内部控制评审的区别

(1) 工作目标不同。内部控制审计的工作目标在于评价内部控制设计和运行的有效性,从而为组织实现战略目标提供服务;在审计过程中进行内部控制评审的工作目标在于确定相关内部控制是否完善,是否值得依赖,以评估控制风险水平,从而确定实质性测试的性质、范围、时间和审计重点。

(2) 工作结果不同。内部审计机构实施了内部控制审计之后,应当向适当管理层报告审计结果。审计人员在审计过程中实施的内部控制评审只是审计业务的一个组成部分,审计人员在实施了内部控制评审之后,并不需要单独针对评审结果出具审计报告。

6.2.3　内部控制审计的责任划分

《中国内部审计具体准则》第 2201 号明确规定:"董事会及管理层的责任是建立健全内部控制并使之有效运行。内部审计的责任是对内部控制设计和运行的有效性进行审查和评价,出具客观、公正的审计报告,促进组织改善内部控制及风险管理。"

早在 1971 年,国际内部审计师协会在其第 3 号《内部审计师责任说明书》中就已经将内部控制评价确定为内部审计的主要职责。在最新修订的《国际内部审计专业实务框架》中,国际内部审计师协会进一步明确指出,内部审计机构和人员应当通过评价内部控制的效率和效果、促进其持续改善等工作,帮助组织维持有效的控制系统。在内部审计机构和审计人员实施内部控制审计的过程中,必须明确内部审计机构和审计人员与组织治理层和管理层的责任划分。组织的管理层负责建立健全组织的内部控制并使之有效运行,组织的治理层负责监督组织管理层建立、健全内部控制并保证其有效运行的责任的履行情况。内部审计的责任是对内部控制设计和运行的有效性进行审查和评价,出具客观、公正的审计报告,促进组织改善内部控制及风险管理。

6.3 内部控制审计的内容

内部审计机构实施内部控制审计,其目标在于通过健全、完善组织的内部控制及督促组织内部控制的有效执行,以促进组织改善内部控制及风险管理,促进组织目标的实现,进而为组织增加价值。通常情况下,组织层面的内部控制是否有效将直接影响重要业务流程层面内部控制的有效性,进而影响内部审计机构和人员对组织内部控制所作出的评价结论和所提出的改进建议。因此,内部审计机构和审计人员在实施内部控制审计时,可以首先审查和评价组织层面的内部控制,进而在此基础上进一步审查和评价业务层面的内部控制。

6.3.1 组织层面内部控制审计

组织层面内部控制审计的基本内容主要是审查和评价内部控制在设计层面的合理性和健全性及在执行层面的有效性。内部审计机构和人员对内部控制合理性的审查主要关注组织的内部控制在设计层面是否能够实现控制目标及是否存在缺陷。内部审计机构和审计人员对内部控制的健全性的审查主要关注内部控制在设计层面上是否全面、完整,为实现控制目标而应当设置的内部控制是否已经设置并已经得到执行。内部审计机构和审计人员对内部控制的有效性的审查,主要关注已经建立的内部控制是否得到了一贯的有效执行,并最终实现了控制目标。内部审计机构可以参考《企业内部控制基本规范》及配套指引文件的相关规定,根据组织的实际情况和需要,通过审查内部环境、风险评估、控制活动、信息与沟通、内部监督等要素,对组织层面内部控制的设计与运行情况进行审查和评价。

1. 审查与评价内部环境

内部控制环境设定了组织内部控制的基调,代表着组织治理层和高级管理层对内部控制的重视程度,影响着组织内所有层级的员工对内部控制的认识和态度。良好的内部控制环境是组织实施有效内部控制的基础,只有在良好的内部控制环境下,组织才能建立完备的内部控制,已经建立起来的内部控制也才能得到有效的执行。内部控制环境包括治理职能和管理职能,以及组织治理层和管理层对内部控制及其重要性的态度、认识和措施。内部控制环境是由多方面的因素组成的,如管理层倡导组织文化和经营理念、组织的经济性质和类型、法人治理结构、权责分配、对胜任能力的重视、人力资源政策和实务等。内部审计人员在开展内部控制环境要素的审计时,应当以《企业内部控制基本规范》和各项应用指引文件中有关内部环境要素的规定为依据,关注组织架构、发展战略、人力资源、组织文化、社会责任等,结合组织的内部控制,对内部环境进行审查和评价。

1) 组织架构

组织架构是指组织按照国家有关法律法规、股东(大)会决议、组织章程,结合组织实际情况,明确董事会、监事会、经理层和组织内部各层级机构设置、职责权限、人员编制、工作程序和相关要求的制度安排。组织架构可以分为治理架构和内部机构,内部审计人员应当关注组织架构在设计与运行中的各项风险。例如,治理结构形同虚设,缺乏科学决策、良性运作机制和执行力,可能导致组织经营失败或难以实现发展战略;内部机构设计不科学,权责分配不合理,可能导致机构重叠、职能交叉或缺失、推诿扯皮,运行效率低下。内部审计人员在审查和评价组织架构时应当重点关注以下内容:

(1) 组织架构的设计是否符合国家有关法律法规的规定,是否明确了董事会、监事会和经理层的职责权限、任职条件、议事规则和工作程序,是否能够确保决策、执行和监督相互分离,形成制衡。

(2) 组织架构是否形成了重大决策、重大事项、重大人事任免,以及大额资金支付业务等的集体决策或联签制度。

(3) 组织架构是否按照科学、精简、高效、透明、制衡的原则,合理设置了内部职能机构,并明确体现了不相容职务分离的要求。

(4) 组织架构是否对其治理结构和内部机构的设置进行了梳理,是否能够保证其运行的合理性和有效性。

(5) 组织架构汇总是否建立了科学的投资管控制度。

(6) 组织是否定期对组织架构设计及运行的效率和效果进行评估,对存在的缺陷是否已经进行了优化调整。

2) 发展战略

发展战略是指组织在对现实状况和未来趋势进行综合分析和科学预测的基础上,制定并实施的长远发展目标与战略规划。内部审计人员应当关注组织在制定与实施发展战略中的各项风险。例如,缺乏明确的发展战略或发展战略实施不到位,可能导致组织盲目发展,难以形成竞争优势,丧失发展机遇核动力;发展战略过于激进,脱离组织实际能力或偏离主业,可能导致组织过度扩张,甚至经营失败;发展战略因主观原因频繁变动,可能导致资源浪费,甚至危及组织的生存和持续发展。内部审计人员在审查和评价发展战略时应当重点关注以下内容:

(1) 组织在制定发展目标时是否进行了充分的调查研究、科学分析预测和广泛征求意见。

(2) 组织是否依据发展目标制定了战略规划。

(3) 董事会是否下设战略委员会或指定相关机构负责发展战略管理工作,其职责和议事原则是否明确。

(4) 组织是否根据发展战略制订了年度工作计划,并编制了全面预算。

3) 人力资源

人力资源是指组织进行生产经营活动而录(任)用的各种人员,包括董事、监事、高级管理人员和全体员工。组织内各层级员工的能力和诚信是内部控制环境中不可缺少的因素,组织任何的政策和程序的有效执行都取决于人力资源。内部审计人员应关注人力资源管理领域的各项风险。例如,人力资源缺乏或过剩、结构不合理、开发机制不健全,可能导致人才流失、经营效率低下或关键技术、商业秘密和国家机密泄露;人力资源退出机制不当,可能导致法律诉讼或组织声誉受损。内部审计人员在审查和评价人力资源时应重点关注以下内容:

(1) 组织是否根据人力资源总体规划,结合生产经营的实际需要,制订了年度人力资源需求计划,完善了人力资源引进制度。

(2) 人力资源选聘程序是否符合职位要求,公开、公平。

(3) 组织是否依法与员工签订了劳动合同。

(4) 组织是否建立了培训等人才培养的长效机制。
(5) 组织是否建立了人力资源的激励约束机制和绩效考核制度。
(6) 组织是否制定了定期轮岗制度。
(7) 组织是否建立健全了员工退出制度。

4) 组织文化

组织文化是指组织在生产经营实践中逐步形成的为整体团队所认同并遵守的价值观、经营理念和组织精神,以及在此基础上形成的行为规范。内部审计人员应当关注组织在加强组织文化建设中的各项风险。例如,缺乏积极向上的组织文化,可能导致员工丧失对组织的信心和认同感,使组织缺乏凝聚力和竞争力;缺乏开拓创新、团队协作和风险意识,可能导致组织发展目标难以实现,影响可持续发展;缺乏诚实守信的经营理念,可能导致舞弊事件的发生,造成组织损失,影响组织声誉;忽视组织间的文化差异和理念冲突,可能导致并购重组失败。内部审计人员在审查和评价组织文化时应当重点关注以下内容:

(1) 组织是否根据自身发展战略和实际情况培育了具有自身特点的组织文化。
(2) 董事、监事、经理和其他高级管理人员是否发挥了主导和模范作用。
(3) 组织文化是否渗透到组织的生产经营全过程中,并得到了全员的遵守。
(4) 组织是否定期对组织文化进行评估,并对存在的问题采取措施加以改进。

5) 社会责任

社会责任是指组织在经营发展过程中应当履行的社会职责和义务,主要包括安全生产、产品质量(含服务,下同)、环境保护、资源节约、促进就业、员工权益保护等。内部审计人员应当关注组织在履行社会责任方面的各项风险。例如,安全生产措施不到位,责任不落实,可能导致发生安全事故;产品质量低劣,侵害消费者利益,可能导致组织巨额赔偿、缺乏发展后劲,甚至停业;促进就业和员工权益保护不够,可能导致员工积极性受挫,影响组织发展和社会稳定。内部审计人员在审查和评价组织在履行社会责任的情况时应当重点关注以下内容:

(1) 组织是否建立了严格的安全生产管理体系、操作规范和应急预案,强化安全生产责任追究制度。
(2) 组织的安全生产措施是否到位、责任是否落实。
(3) 组织是否建立了严格的产品质量控制、检验制度及售后服务制度。
(4) 组织是否建立了环境保护与资源节约制度,认真落实节能减排责任,积极开发和使用节能产品,发展循环经济,降低污染物排放,提高资源综合利用率。
(5) 组织是否依法保护员工的合法权益。

2. 审查与评价风险评估

任何组织在经营活动中都会面临各种各样的风险,并对其生存和竞争能力产生影响。很多风险的产生并不是组织所能控制的,但是组织的管理层应当确定可以承受的风险水平,识别组织可能面临的这些风险,评估其严重程度并采取一定的应对措施。组织进行的风险评估过程就是识别、评估和管理影响其运营目标实现能力的各种风险。内部审计人员开展风险评估要素审计时,应当以《企业内部控制基本规范》有关风险评估的要求,以及各项应用指引文件中所列主要风险为依据,结合组织的内部控制,对日常经营管理过程中的风险识别、风险分析、应对策略等进行审查和评价。

1) 组织战略和目标的沟通

组织只有确立了既定的战略和目标,才能实施有效的控制。组织的战略和目标是由组织的理念及其所追求的价值所决定的。组织的风险评估就是对组织战略目标实现中出现的风险进行的评估,而对组织战略和目标的有效沟通保证了风险评估在组织内部的贯彻。内部审计人员在审查和评价组织战略及目标的沟通时,应当重点关注以下内容:

(1) 组织目标是否适当,是否与组织的战略、组织所处的内外部环境相适应,组织目标是否已经传达到组织的各个相关层次。

(2) 组织在具体策略和业务流程层面的目标与组织整体目标是否保持协调。

(3) 组织是否已经明确影响整体战略实施的关键因素。

(4) 组织的各级管理人员是否能够参与组织目标的制定,并明确了相关的责任。

2) 风险评估过程

风险评估过程是组织实施风险评估的过程,包括风险识别、评估风险的严重程度、评估风险发生的可能性及确定需要采取的风险应对措施。内部审计人员在审查和评价组织的风险评估过程时应当重点关注以下内容:

(1) 组织是否已经建立了完备的风险识别机制。

(2) 组织是否已经建立了有效的风险评估方法。

(3) 组织的风险分析是否是通过正式的分析程序进行的。

3) 对风险的管理

组织始终处于不断变化的风险环境之中,组织的运营和控制必须不断适应变化的风险环境。因此,组织的风险评估并不是一个静态的过程,而是一个持续的、及时识别风险及其变化并不断应对变化中的风险的动态过程。内部审计人员在审查和评价组织对风险的管理时应当重点关注以下内容:

(1) 组织是否建立了识别和应对可能对组织产生重大且普遍影响的风险的完备机制。

(2) 组织风险管理部门是否建立了必要的流程,以识别、评估和应对运营环境中出现的各种风险及可能发生的重大变化。

(3) 组织是否建立了对风险管理效果进行定期监督和评价的机制。

3. 审查与评价控制活动

控制活动是内部控制的重要因素,也是内部控制实现控制目标的关键。内部控制的成败在很大程度上取决于控制活动的设计和执行效果。即便是组织已经具备了一定的风险和危机意识,也营造了良好的内部控制环境,但是,如果没有设置有效的控制活动或者已经设置的控制活动并没有得到有效执行的话,内部控制也不会达到预期的控制目标。

内部审计人员开展控制活动要素审计时,应当以《企业内部控制基本规范》和各项应用指引文件中关于控制活动的规定为依据,结合组织的内部控制,对相关控制活动的设计和运行情况进行审查和评价。控制活动包括适当的授权和职责分离、会计系统控制、财产保护控制、预算控制、运营分析控制、绩效考评控制及合同管理控制等。内部审计人员应当审查和评价组织是否建立了必要的控制活动、已经建立的控制活动是否在组织内部得到了一贯的执行、控制活动的实施对控制目标的实现产生的影响,以及控制活动能否识别和规避风险等。

1) 授权审批控制

授权审批控制要求组织按照授权审批的相关规定,明确各岗位办理业务和事项的权限范围、审批程序和相应职责。组织内部各级管理人员必须在授权范围内行使职权和承担责任；业务经办人员必须在授权范围内办理业务。完善的授权审批控制有助于明确各级管理层级的权利和义务，层层落实责任、层层把关，最大限度地避免风险的发生。内部审计人员在审查和评价组织的授权审批控制时应当重点关注以下内容：

(1) 组织对一般授权和特别授权的界定是否清晰。

(2) 组织设置的授权审批控制是否具有充分的依据，是否做到了依事不依人，授权者对下级的授权是否在自己的权限范围内，是否建立了针对授权的监督保障机制。

(3) 组织是否存在越权审批、随意审批的情况。

(4) 组织的授权和审批是否采取了适当的书面形式。

2) 不相容职责分离控制

不相容职责分离控制要求组织全面系统地分析、设立业务流程中所涉及的不相容职务，实施相应的职责分离措施，形成各司其职、各负其责、相互制约的工作机制。内部审计人员在审查和评价组织的职责分离控制时应当重点关注以下内容：

(1) 可行性研究与决策审批是否相分离。

(2) 业务执行与决策审批是否相分离。

(3) 业务执行与审核监督是否相分离。

(4) 会计记录与业务执行是否相分离。

(5) 业务执行与财产保管是否相分离。

(6) 财产保管与会计记录是否相分离。

3) 会计系统控制

会计系统控制是指利用记账、核对、岗位职责落实和职责分离、档案管理、工作交接程序等会计控制方法，确保组织会计信息真实、准确、完整。健全有效的会计系统控制要求组织严格执行国家统一的会计准则和财务制度，加强会计基础工作，明确会计凭证、会计账簿和财务会计报告的处理程序，保证会计资料的真实完整。内部审计人员在审查和评价组织的会计系统控制时应当重点关注以下内容：

(1) 组织管理层是否依据具体情况选择了适当的会计准则和相关的会计制度。

(2) 会计政策的选择是否适当，变更会计政策是否有合理的理由。

(3) 会计估计的确定是否合理。

(4) 文件和凭证控制措施是否健全，是否对经济业务进行适当的记录并且对相关凭证进行连续编号。

(5) 会计档案的保管是否妥当。

(6) 组织是否依法设置了会计机构，配备了合格的会计人员。

(7) 组织是否建立了适当的会计岗位制度。

4) 财产保护控制

财产保护控制要求组织建立财产日常管理制度和定期清查制度，采取财产记录、实物保管、定期盘点、账实核对等措施，确保财产的安全和完整。内部审计人员在审查和评价组织财产保护控制时应当重点关注以下内容：

(1) 组织是否建立了财产档案，全面及时地反映财产的增减变动。

(2) 组织是否建立了对财产的实物保管制度，严格限制未经授权人员接触资产。

（3）组织是否建立了定期或不定期的财产盘点清查制度。

5）预算控制

预算控制要求组织实施全面预算管理制度，明确各责任单位在预算管理中的职责权限，规范预算的编制、审定、下达和执行程序，强化预算约束。内部审计人员应当关注组织在预算管理中的各项风险。例如，不编制预算或预算不健全，可能导致组织经营缺乏约束或盲目经营；预算目标不合理、编制不科学，可能导致组织资源浪费或发展战略难以实现；预算缺乏刚性、执行不力、考核不严，可能导致预算管理流于形式。内部审计人员在审查和评价组织的预算控制时应当重点关注以下内容：

（1）组织是否建立和完善了预算编制工作制度，明确编制依据、编制程序、编制方法等内容，确保预算编制依据合理、程序适当、方法科学，全面预算是否按照相关法律法规及组织章程的规定报经审议批准，并以文件形式下达执行。

（2）组织的预算执行是否严格，确需调整预算的，是否履行严格的审批程序。

（3）组织是否建立了严格的预算执行考核制度，对各预算执行单位和个人进行考核，切实做到有奖有惩、奖惩分明。

6）运营分析控制

运营分析控制要求组织建立运营情况分析制度，经理层综合运用生产、购销、投资、筹资、财务等方面的信息，通过对比分析、比率分析、趋势分析、因素分析、综合分析等办法，定期开展运营情况分析，发现存在的问题，及时查明原因并加以改进。内部审计人员在审查和评价组织运营分析控制时应当重点关注以下内容：

（1）组织采用的运营分析方法是否恰当。

（2）组织是否根据发现的问题查找了原因。

（3）组织是否在分析问题并查找原因的基础上提出了改进的措施。

7）绩效考评控制

绩效考评控制要求组织建立和实施绩效考评制度，科学设置考核指标体系，对组织内部各责任单位和全体员工的业绩进行定期考核和客观评价，将考评结果作为确定员工薪酬及职务晋升、评优、降级、调离、辞退等的依据。内部审计人员在审查和评价组织绩效考评控制时应当重点关注以下内容：

（1）考核主体与客体是否恰当。

（2）考核评价的目标是否明确。

（3）考核评价指标是否科学合理。

（4）考核评价标准是否适当。

（5）考核评价方法是否科学合理。

（6）考核结果是否公正。

8）合同管理控制

合同管理控制是指组织通过梳理合同管理的整个流程，分析关键风险点，采取有效措施，将合同风险控制在组织可以接受的范围内。内部审计人员应当关注合同管理控制中的各项风险。例如，未订立合同、未经授权对外订立合同、合同对方主体资格未达要求、合同内容存在重大疏漏和欺诈，可能导致组织合法权益受到侵害；合同未全面履行或监控不当，可能导致组织诉讼失败、经济利益受损；合同纠纷处理不当，可能损害组织利益、信誉和形象。

内部审计人员在审查和评价组织的合同管理控制时应当重点关注以下内容：

（1）组织是否建立了分级授权的合同管理制度。

（2）组织是否实行统一归口管理。

（3）各业务部门作为合同的承办部门是否明确进行了职责分工。

（4）组织是否建立健全了合同管理考核与责任追究制度，并开展了合同后评估。

4. 审查与评价信息与沟通

处于高速发展的信息时代的任何组织对其信息与沟通系统都具有越来越严重的依赖，信息的真实与沟通的及时对组织的运营具有至关重要的作用。良好的信息与沟通系统能够保证组织在充满风险和瞬息万变的环境中灵活应对。这就要求组织的信息与沟通系统应当能够及时、准确地记录所有的信息，并确保安全、有效地使用所有的信息。

内部审计人员在对信息与沟通要素进行审查时，应当以《企业内部控制基本规范》和各项应用指引文件中有关内部信息传递、财务报告、信息系统等规定为依据，结合组织的内部控制，对信息收集处理和传递的及时性、反舞弊机制的健全性、财务报告的真实性、信息系统的安全性，以及利用信息系统实施内部控制的有效性进行审查和评价。

1) 内部信息传递

沟通的目的在于确保组织所有层级的员工了解其职责，通过有效的沟通，组织所有层级的员工能够充分了解其在会计系统中的工作任务、与他人的联系方式、向上级报告例外情况的途径。组织内部信息传递的方式主要有组织规章制度、财务制度、备忘录以及口头交流和流程示范等。内部审计人员在审查和评价组织的内部信息传递时应当重点关注以下内容：

（1）内部信息传递系统是否功能安全、内容完整。

（2）内部信息传递系统向适当人员提供的信息是否充分、具体和及时，使之能够有效履行其职责。

（3）内部信息传递系统是否明确规定了内部信息传递的内容、保密要求及密级分类、传递方式、传递范围及各管理层级的职责权限。

（4）内部信息传递系统对不恰当事项和行为是否建立了沟通渠道。

2) 财务报告

由于组织编制财务报告的过程涉及重大会计估计和披露，编制财务报告的程序就应当同时确保适用会计准则和相关会计制度的要求，需要披露的信息能够得到适当的收集、记录、处理和汇总，并在财务报告中进行适当的披露。内部审计人员在审查和评价组织的财务报告时应当重点关注以下内容：

（1）组织是否按照国家统一的会计准则和制度规定进行会计记录和财务报告的编制。

（2）财务报告是否内容完整、数字真实、计算准确、没有漏报。

（3）组织是否定期进行收入、费用、成本、资产、负债、现金流量等的财务分析，并传达给有关管理层。

3) 信息系统

信息包括内部信息和外部信息。内部信息包括组织管理层建立的记录，以及报告经营业务与事项，维护资产、负债和所有者权益的办法与记录。外部信息包括市场占有率、法律法规和顾客反馈等信息。信息产生于组织的信息系统，信息系统产生包含有关运营、财务和

合规性的信息,帮助管理层对组织进行运营和控制。内部审计人员在审查和评价组织的信息系统时应当重点关注以下内容:

(1) 组织信息系统的开发及其变更是否与组织战略计划相适应。
(2) 管理层是否提供适当的人力和财力以开发必需的信息系统。
(3) 组织信息系统是否建立了严格的用户管理制度。
(4) 组织信息系统是否建立了系统数据定期备份制度。
(5) 组织是否对信息系统进行了安全策略的保护。

5. 审查与评价内部监督

监督和检查是内部控制实施过程中必不可少的环节,通过对内部控制实施过程的监督和检查,组织可以发现内部控制实施过程中可能存在的问题,并及时进行修正,以确保内部控制系统持续有效地运行。例如,管理层对是否定期编制银行存款余额调节表进行复核,内部审计人员评价销售人员是否遵守公司关于销售合同条款的政策,法律部门定期监控公司的道德规范和商务行为准则是否得以遵循等。监督和检查对控制的持续有效运行是十分重要的。例如,如果没有对银行存款余额调节表是否得到及时和准确的编制进行监督,该项控制可能无法得到持续的执行。组织通常通过持续的监督活动、专门的评价活动或两者相结合来实现对控制的监督。持续的监督活动通常贯穿于组织的日常经营活动与常规的管理工作中。例如,销售经理、采购经理和车间主任对经营活动十分了解,会对有重大差异的报告提出疑问,并作必要的追踪调查和处理。组织也可能利用与外部有关各方沟通或交流所获取的信息监督相关的控制活动。在某些情况下,外部信息可能显示内部控制存在的问题和需要改进之处。例如,客户通过付款来表示其同意发票金额,或者认为发票金额有误而不付款。监管机构,如银行监管机构可能会对影响内部控制运行的问题与组织进行沟通。

内部审计人员开展内部监督要素审计时,应当以《企业内部控制基本规范》有关内部监督的要求,以及各项应用指引文件中有关日常管控的规定为依据,结合组织的内部控制,对内部监督机制的有效性进行审查和评价,重点关注监事会、审计委员会、内部审计机构等是否在内部控制设计和运行中有效发挥监督作用。内部审计人员在审查和评价组织的内部监督时应当重点关注以下内容:

(1) 组织对经营业绩及变化趋势是否进行定期的监督。
(2) 组织是否进行定期的内部控制评价,评价是否取得了良好的效果。
(3) 组织管理层是否会采纳监督人员的建议,及时纠正内部控制运行中的偏差。
(4) 组织是否建立了协助管理层进行监督的职能部门,如监事会、审计委员会或内部审计机构。这些机构的工作职能和工作效果如何。

6.3.2 业务层面内部控制审计

内部审计人员在对组织层面的内部控制进行审查和评价之后,应当根据管理需求和业务活动的特点,针对采购业务、资产管理、销售业务、研究与开发、工程项目、担保业务、业务外包、财务报告、全面预算、合同管理、信息系统等,对业务层面内部控制的设计和运行情况进行审查和评价。

1. 确定重要业务流程和重要交易类别

组织在业务层面的内部控制主要是针对重要业务流程和重要交易类别设计和实施的,

因此，内部审计人员首先需要确定组织所有的重要业务流程和重要的交易类别，并对围绕业务流程和交易类别设计的内部控制进行深入的了解。例如，对于一般的制造企业而言，销售业务和采购业务就是最重要的交易类别。

2. 了解重要交易流程

重要交易流程是指每类重要交易在信息技术或人工系统中生成、记录、处理及在财务报表中报告的程序，这是确定在哪个环节或哪些环节需要建立内部控制的基础。交易流程通常包括一系列的工作：输入数据的核准与修订，数据的分类与合并，进行计算，更新账簿资料和信息记录，生成新的交易，归集数据，列报数据等。例如，在销售交易中，交易流程通常包括输入销售订购单、编制货运单据和发票、更新应收账款信息记录等。相关的处理程序包括通过编制调整分录，修改并再次处理以前被拒绝的交易，以及修改被错误记录的交易。

3. 确定需要设置内部控制的环节

内部审计人员需要确定组织应当在哪些环节设置内部控制，以保证对重要交易流程和重要交易类别的处理不会发生错误和舞弊，这些内部控制应当是可以保证每个流程业务活动的具体流程能够顺利运转的人工或自动化控制程序。组织针对业务流程设置的内部控制分为预防性控制和检查性控制。预防性控制通常用于正常业务流程的每项交易，以防止错误和舞弊的发生。例如，在发运货物开具发票时对销售发票进行人工复核，以确定发票采用了正确的价格和折扣。检查性控制的建立是为了发现流程中可能发生的错误或舞弊，是管理层监督实现流程目标的内部控制。又如，财务总监会复核月度毛利率的合理性、信用管理部经理记录每月到期的应收账款，并追查收款情况等。

4. 评价内部控制

设置内部控制的目的就是实现控制目标，对于每个重要的业务流程，内部审计人员都需要评价已经设计的内部控制是否实现了与该业务流程相关的特定的控制目标。评价内部控制是否实现了控制目标的重要标志就是评价内部控制是否防止了错误或舞弊的发生，或者发现并纠正了错误或舞弊，然后重新提交到业务流程处理程序中处理。

6.4 内部控制审计的组织方式和程序

6.4.1 内部控制审计的组织方式

内部控制审计应当以风险评估为基础，根据风险发生的可能性和对组织单个或整体控制目标造成的影响程度确定审计的范围和重点。内部控制审计应当在对内部控制全面评估的基础上，关注重要业务单位、重大业务事项和高风险领域的内部控制。内部控制审计应当真实、客观地揭示经营管理的风险状况，如实反映内部控制设计和运行的情况。内部控制审计按其范围划分，可以分为全面内部控制审计和专项内部控制审计。

全面内部控制审计是针对组织所有业务活动的内部控制，包括内部环境、风险评估、控制活动、信息与沟通、内部监督五个要素所进行的全面审计。专项内部控制审计是针对组织内部控制的某个要素、某项业务活动或业务活动某些环节的内部控制所进行的审计。全面内部控制审计和专项内部控制审计的实施主体都是组织的内部审计机构，审计对象也都是组织的内部控制。两者的主要区别体现在审计范围、审计作用、审计方法、审计方式和审计结果之上。

1. 审计范围

从审计范围上看,全面内部控制审计涉及组织经营管理的所有环节,属于全面审计,具有审计内容全面、范围广泛、综合性强等特点;专项内部控制审计则只针对组织经营管理环节中的某个方面、某个问题或某个层次,属于专门审计,具有针对性强、适应性好、纠正问题更快、审计内容较为单一等特点。

2. 审计作用

从审计作用上看,全面内部控制审计能够较为全面地、综合地评价被审计单位的经营管理和内部控制状况,可以全面揭示组织在经营管理和内部控制中存在的弊端和缺陷,可以对被审计单位的经营管理和内部控制形成综合的评价结论,也属于组织对自身的经营管理和内部控制进行定期"保健"性检查的重要方式;专项内部控制审计则能够较好地解决组织在某个方面存在的内部控制问题,对已经存在的问题的解决更加及时和迅速,提出的改善方案也更具有针对性。

3. 审计方法

从审计方法上看,全面内部控制审计由于涉及的工作量较大,审计的范围也较为广泛,通常必须采取"抽样检查"审计方法;专项内部控制审计主要关注的是内部控制的某个方面,因此在审计方法上通常会采取"详细检查"。

4. 审计方式

从审计方式上看,全面内部控制审计工作量大、审计时间长、人力分散、审计成本较高,对内部审计人员的综合素质也具有较高的要求;专项内部控制审计的针对性强、人力集中、审计成本相对较低,但也要求内部审计人员具有更"精深"的知识与才能,拥有更丰富的实践经验,能够将问题查深查透。

5. 审计结果

从审计结果上看,全面内部控制审计的结果主要集中在对被审计单位经营管理和内部控制的全方位评价之上,属于对组织的经营管理和内部控制的"横切面"剖析;专项内部控制审计则能够更加深刻地揭示被审计单位在经营管理和内部控制中存在的问题及其严重程度,且能够对问题存在的原因进行深层次的剖析,分清责任人,提出解决方案和完善措施,属于经营管理和内部控制某个方面或某个环节的"纵切面"剖析。

6.4.2 内部控制审计的程序

了解内部控制审计的程序,有利于内部审计人员有效地解决内部控制审计工作中出现的一系列问题。只有内部审计人员熟悉内部控制审计程序的各个步骤,才能更好地完成内部控制审计的工作任务,及时发现组织在内部控制的设计和运行方面的各种问题,并提出切实可行的改进建议和对策。内部控制审计主要包括下列程序:①编制项目审计方案;②组成审计组;③实施现场审查;④认定控制缺陷;⑤汇总审计结果;⑥编制审计报告。

1. 编制项目审计方案

(1) 对组织的内部控制进行了解。顺利开展内部控制审计工作的前提条件就是了解内部控制的基本情况,这对于合理规划整个审计过程非常重要。内部审计人员应当获取有关内部控制的足够信息,识别组织已经设立的各项控制,了解各项控制如何执行、由谁执行以及执行中所使用的数据报告、文件和其他材料。在了解组织内部控制基本情况时,内部审计人员可以通过询问相关岗位的员工,审阅与内部控制相关的文件资料以获取组织内部控制的信息。内部审计人员在判断对内部控制的了解是否足以制定一个有效的审计策略时,应当考虑的因素包括:重要交易类别的复杂性、信息技术应用环境的复杂性和一体化程度、错报发生的可能性和在业务流程中未被发现的可能性,以及该重要交易影响重大账户的程度等。

(2) 制订审计计划。为了对整个的内部控制审计过程进行有效的规划,内部审计人员就需要制订一个总体审计计划和具体的项目审计方案,并在审计的实施过程中不断根据实际情况的发展变化对具体项目审计方案进行适当的调整与修改。内部审计人员应当在项目审计方案中确定内部控制审计的目标、范围、内容,审计的重点和难点,审计中准备采取的主要审计程序和方法,审计组的构成和分工,以及审计的时间进度和预算等。

(3) 下达审计通知。内部控制审计工作组应当在实施现场审计前2～3日内向被审计单位下达内部控制审计通知书,通知书中应当明确被审计单位需要准备的资料、参加审计的人员,同时要求被审计单位安排1名审计工作协调员,负责审计联络工作及有关事项。

2. 组成审计组

内部审计机构在确定了内部控制审计项目的性质、业务量、难度及时间进度之后,应当根据组织治理层和管理层对内部控制审计任务的特殊要求,安排对内部控制审计具有经验的内部审计人员组建内部控制审计工作组。同时,内部审计机构还可以适当吸收组织内部相关部门熟悉内部控制情况的业务人员参加内部控制审计的具体工作。组成审计组之后,内部审计机构应当向工作组成员说明内部控制审计的任务性质、工作量、完成时间、注意事项等要求,同时进行审计前的法律法规和主要业务培训,为现场审计工作打好基础。

内部审计机构在确定了内部控制审计的具体项目审计方案之后,审计组长应当根据项目审计方案科学合理地安排审计事项,确定审计范围、内容、重点、方法和步骤及审计起止时间。同时,内部审计机构应当根据所有参加审计工作的内部审计人员的个人特点、专业、特长等对其进行适当的分工,明确职责,以确保内部控制审计工作紧密围绕审计目标,统筹安排,综合分析,及时解决审计中的疑难问题。

3. 实施现场审查

(1) 对内部控制进行了解。为了确定组织控制政策和程序在设计上是否完整,是否得到了执行,内部审计人员必须对组织的内部控制进行充分的了解。内部审计人员可以就组织的内部控制设计和执行情况向有关工作人员进行询问或采用问卷调查的方式对内部控制的情况进行了解,同时还可以审阅组织的内部控制政策和制度手册、会计凭证和相关原始记录,并采用适当的方法将对内部控制的了解记录下来。在此基础上,内部审计人员应当对组织的内部控制系统作出初步评估,并根据评估的控制风险确定在内部控制薄弱的领域扩展审计程序、降低审计风险的具体审计策略。

(2) 对内部控制进行测试。内部审计人员对内部控制的了解重在关注内部控制在设计上是否完整,是否得到了执行,而内部控制设计和执行的有效性则需要内部审计人员进行充分的控制测试。内部审计人员可以从以下方面获取关于组织内部控制有效性的审计证据:①控制在所审计期间的相关时点是如何运行的;②控制是否得到一贯的执行;③控制由谁或以何种方式执行。

(3) 详细记录内部控制审计工作底稿。内部审计人员应当真实、完整地记录审计工作底稿,不得遗漏、虚构、隐匿、毁弃,其他人不得随意删改审计工作底稿。内部审计人员编制审计工作底稿时,应当做到要素齐全、内容完整、简明扼要。审计工作底稿不能流于形式,应当始终围绕内部控制审计实施过程中的具体查证过程和结果,以便分清审计责任,防范审计风险。内部审计人员编制审计工作底稿应当详细记录实施内部控制审计的内容,包括审查和评价的要素、主要风险点、采取的控制措施、有关证据资料,以及内部控制缺陷认定结果等。

4. 认定控制缺陷

对内部控制缺陷的认定是对内部控制缺陷的重要程度进行识别和确认的过程,也是判断一项内部控制缺陷是属于重大缺陷、重要缺陷,还是属于一般缺陷的过程。内部控制的缺陷,尤其是重大缺陷,代表着内部控制的薄弱环节,是组织健全完善内部控制的重点。对于这些缺陷,内部审计人员应当在内部控制审计报告中加以反映,并提出改善相关内部控制的建议。在内部审计人员实施后续审计时,应当对已经认定为重大缺陷的控制的改进情况进行重点关注。

1) 内部控制缺陷的定义和分类

内部控制缺陷是指内部控制的设计存在漏洞,不能有效防范错误与舞弊,或者内部控制的运行存在弱点和偏差,不能及时发现并纠正错误与舞弊的情形。内部控制缺陷是组织在设计和执行内部控制过程中已经出现的或暗藏的缺点或不足,已经出现的或暗藏的缺点或不足将会减弱组织内部控制的有效性,以至于无法为控制目标的实现提供强有力的保证。COSO 也将内部控制缺陷界定为已经察觉的、潜在的或实际的内部控制缺点,抑或通过强化措施能够带来目标实现更大可能性的机会。

按照内部控制缺陷的成因,可以将内部控制缺陷分为设计缺陷和运行缺陷。设计缺陷是指组织缺少为实现控制目标所必需的控制措施,或者已经建立的控制在设计上存在不当之处,即使得到正常的运行也难以实现控制目标。运行缺陷是指设计有效(合理且适当)的内部控制由于运行不当,包括由不恰当的人执行、未按设计的方式运行、运行的时间或频率不当、没有得到一贯有效运行等,而影响控制目标的实现所形成的内部控制缺陷。组织的内部控制体系,不论是存在设计缺陷还是存在运行缺陷,都会影响内部控制的有效性。

按照内部控制缺陷的严重程度,可以将内部控制缺陷分为重大缺陷、重要缺陷和一般缺陷。重大缺陷是指一个或多个内部控制缺陷的组合,可能导致组织严重偏离内部控制目标。重要缺陷是指一个或多个内部控制缺陷的组合,其严重程度和经济后果低于重大缺陷,但仍有可能导致组织偏离内部控制的目标。一般缺陷是指除重大缺陷、重要缺陷外的其他缺陷。

此外,按照缺陷影响的内部控制目标分类,还可以将内部控制缺陷分为财务报告内部控制缺陷和非财务报告内部控制缺陷。财务报告内部控制缺陷是指内部控制缺陷可能导致内部控制无法及时预防、发现或纠正财务报表的错报,即可能导致影响组织财务报告相关的内部控制目标的实现。非财务报告内部控制缺陷是指内部控制缺陷可能导致内部控制无法及时预防、发现或纠正除财务报表错报外的其他业务经营错误,即可能导致影响组织非财务报告相关的内部控制目标的实现。这类缺陷包括战略内部控制缺陷、经营内部控制缺陷、合规内部控制缺陷和资产内部控制缺陷等。

2) 内部控制缺陷的识别

无论是国内还是国外对内部控制缺陷的定义都将内部控制缺陷的存在形式分为已经出

现的和潜在的两种缺陷。这两种缺陷的表现形式不相同,一种表现为组织内部控制过程有可能导致控制目标的偏离,只是目前还没有造成危害;另一种表现为组织内部控制体系已经发生偏离,控制目标的实现已经受到威胁或干扰。这两种缺陷在表现形式上的不同可以为内部审计人员识别内部控制缺陷打开突破口,针对内部控制缺陷的不同表现形式可以分别采用测试识别和迹象识别两种方法。

(1)测试识别。测试识别是指通过对控制过程的技术分析及控制测试等手段甄别组织内部控制的设计缺陷与运行缺陷。设计缺陷是组织内部控制在设计层面本就存在的缺陷,对组织运行中的某一过程缺乏必要的控制设计或控制设计不科学存在漏洞,即使控制得到正常运行,控制目标也难以实现。组织的内部控制在计算机自动控制和手工控制领域都有可能存在的设计缺陷。运行缺陷是指组织已经建立的内部控制在设计上是完整有效的,但是在实际运行中却没有按照设计意图进行,或者控制的执行者没有获得必要的授权,或者缺乏胜任能力,使内部控制实施效果没有达到设计的目的和预期。内部审计人员对于内部控制运行缺陷的识别必须通过对特定内部控制执行的全过程实施测试才能发现。

(2)迹象识别。迹象识别是指通过将已经发现的背离内部控制目标的各种迹象作为判断依据来甄别内部控制的设计缺陷与运行缺陷。这种内部控制缺陷识别方法的本质是以内部控制实际运行结果为基础,并以此对控制的有效性作出判断。各种背离内部控制目标的迹象一旦出现,在很大程度上就意味着组织目前的内部控制存在缺陷,控制目标的实现很可能已经受到威胁。能够反映组织内部控制缺陷的迹象很多,例如管理层处于内部控制系统的真空地带,管理层凌驾于内部控制之上,现有的内部控制不能发现管理层的舞弊行为,或者即使已经发现但却不能有效地制止;组织出现贪污、挪用现金等事件;组织的违规、违法行为受到相关监管部门的行政处罚、通报批评或被要求责令整改;组织的财务报表被发现存在错报或存在报表重述情况;组织的一系列重大诉讼案件频繁地出现在同一经营领域。通过识别表明内部控制存在缺陷的种种迹象,内部审计人员就能够对内部控制缺陷的严重程度作出一个直接的判断,并能够以此作为突破口进行内部控制缺陷的认定。

3)内部控制缺陷的认定标准

审计机构和人员对组织内部控制进行审计和评价的关键就是找出组织内部控制的缺陷,并提出改进措施,以不断完善组织的内部控制,提高组织内部控制的有效性,为组织控制目标的实现提供合理保证。为此,内部审计人员应当根据获取的证据,对内部控制缺陷进行初步认定,并按照其性质和影响程度将其分为重大缺陷、重要缺陷和一般缺陷。

(1)财务报告内部控制缺陷的认定标准。财务报告内部控制缺陷的认定标准直接取决于该内部控制缺陷的存在可能导致的财务报告错报的重要程度。这种重要程度主要取决于两个方面的因素:一是该缺陷是否具备合理可能性,导致内部控制不能及时预防、发现并纠正财务报告错报;二是该缺陷单独或连同其他缺陷可能导致的潜在错报的金额大小。基于上述考虑,如果一项内部控制缺陷单独或连同其他缺陷具备合理可能性,导致不能及时预防、发现或纠正财务报告中的重大错报,就应当将其认定为重大缺陷。如果一项内部控制缺陷单独或连同其他缺陷具备合理可能性,导致不能及时预防、发现或纠正财务报告中错报的金额虽然未达到和超过重要性水平,但仍应引起董事会和管理层的重视,就应当将该项缺陷认定为重要缺陷。除了上述缺陷外的内部控制缺陷,应认定为一般缺陷。需要说明的是,内部控制缺陷的严重程度并不取决于是否实际发生了错报,而是取决于该项控制不能及时预防、发现或纠正潜在错报的可能性。也就是说,只要存在这种可能性,不论组织财务报告是否发生了错报,都应认定财务报告内部控制存在缺陷。

(2) 非财务报告内部控制缺陷的认定标准。非财务报告内部控制缺陷的认定具有涉及面广、认定难度较大的特点,因此很难形成统一的认定标准。组织可以根据自身的实际情况,参照财务报告内部控制缺陷的认定标准,合理确定非财务报告内部控制缺陷的定量和定性认定标准。定量标准(即涉及金额大小)既可以根据缺陷造成的直接财产损失的绝对金额制定,也可以根据缺陷的直接损失占组织资产、销售收入或利润等的比率确定。定性标准(即涉及业务性质的严重程度)则可以根据其直接或潜在负面影响的性质、范围等因素确定。

(3) 内部控制缺陷严重程度的认定标准。内部控制的重大缺陷是指一个或多个控制缺陷的组合,可能导致组织严重偏离控制目标。内部控制重大缺陷的定量认定标准是指财务报表的错报金额落在如下区间:①错报≥利润总额的5%;②错报≥资产总额的3%;③错报≥经营收入总额的1%;④错报≥所有者权益总额的1%。内部控制重大缺陷的定性认定标准包括:①缺乏民主决策程序;②决策程序导致重大失误;③违反国家法律法规并受到监管机构的处罚;④中高级管理人员和高级技术人员流失严重;⑤媒体频现负面新闻,涉及面广;⑥重要业务缺乏制度控制或制度体系失效;⑦内部控制重大缺陷或重要缺陷未得到整改。

内部控制的重要缺陷是指一个或多个控制缺陷的组合,其严重程度和经济后果低于重大缺陷,但是仍有可能导致组织偏离控制目标。内部控制重要缺陷的定量认定标准是指财务报表的错报金额落在如下区间:①利润总额的3%≤错报<利润总额的5%;②资产总额的0.5%≤错误<资产总额的3%;③经营收入总额的0.5%≤错误<经营收入总额的1%;④所有者权益总额的0.5%≤错误<所有者权益总额的1%。内部控制重要缺陷的定性认定标准包括:①民主决策程序存在但不够完善;②决策程序导致出现失误;③违反组织内部规章,形成损失;④关键岗位人员流失严重;⑤媒体出现负面新闻,波及局部区域;⑥重要业务制度或系统存在缺陷;⑦内部控制重要或一般缺陷未得到整改。

内部控制的一般缺陷是指除重大缺陷、重要缺陷之外的其他缺陷。内部控制缺陷一般定量认定标准是财务报表的错误金额落在以下区间:①错误<利润总额的3%;②错误<资产总额的0.5%;③错误<经营收入总额的0.5%;④错误<所有者权益总额的0.5%。内部控制一般缺陷的定性认定标准包括:①决策程序效率不高;②违反内部规章,但未形成损失;③一般岗位业务人员流失严重;④媒体出现负面新闻,但影响不大;⑤一般业务制度或系统存在缺陷;⑥一般缺陷未得到整改。

4) 内部控制缺陷的认定程序

审计人员对内部缺陷的认定是一个持续的职业判断过程,以下程序可供审计内部人员借鉴:①分析某一审计发现是偶然孤立事件还是属于系统性重复发生事件,如果是后者,初步判断该审计发现是否属于内部控制缺陷;②判断某项内部控制缺陷是属于财务报告内部控制缺陷还是属于非财务报告内部控制缺陷;③如果属于财务报告内部控制缺陷,则判断该项缺陷是否存在合理的可能性导致财务报告错误,并运用重要性水平判断该项缺陷(或缺陷的汇总)可能导致的错误是否对财务报告造成重大影响;④无论财务报告内部控制缺陷还是非财务报告内部控制缺陷,都要判断是否存在有效运行的可以预防或发现重大错误或重大错误的补偿性措施,如果存在,则不能认定为重大或重要缺陷;⑤如果不存在补偿性措施,就要综合各种定量或定性的认定标准,判断缺陷(或汇总缺陷)的重要缺陷是否足以引起管理层和治理层的重视,从而判断是属于重大缺陷还是属于重要缺陷。

5. 汇总审计结果

审计人员应当根据内部控制审计结果,结合相关管理层对内部控制的自我评估,综合分析后提出内部控制缺陷认定意见,并按照规定的权限和程序进行审核后予以认定。在此基础上,内部设计人员应当编制内部控制缺陷认定汇总表,对内部控制缺陷及其成因、表现形式和影响程度进行综合分析和全面复核。

6. 编制审计报告

审计人员应当对内部控制缺陷及其成因、表现形式和影响程度进行综合分析和全面复核,提出认定意见,并以适当形式向组织适当管理层报告。内部控制审计报告的内容,应当包括审计目标、依据、范围、程序与方法、内部控制缺陷认定及整改情况,以及内部控制设计和运行有效性的审计结论、意见、建议等相关内容。

审计机构应当向组织适当管理层报告内部控制审计结果。一般情况下,全面内部控制审计报告应当报送组织董事会或最高管理层。包含有重大缺陷认定的专项内部控制报告在报送组织适当管理层的同时,也应当报送董事会或最高管理层。

经董事会或最高管理层批准,内部控制审计报告可以作为《企业内部控制评价指引》中要求的内部控制评价报告对外披露。

6.5 内部控制审计的方法

审计人员在控制内部实施审计时,可以结合实际情况,综合采用个别访谈、调查问卷、专题讨论、穿行测试、实地查验、抽样和比较分析等各种方法,充分收集能够证实内部控制设计和运行有效性的审计证据。

6.5.1 个别访谈法

个别访谈法是指审计人员与被审计单位某管理人员或其他相关人员单独面对面地直接进行交流,以获取有用信息的方法。个别访谈法主要用于了解组织内部的控制的设计和运行现状,在调查了解组织的整体层面和具体业务层面内部控制过程中被广泛运用。

个别访谈法具有很好的灵活性和适应性,对审计人员获取广泛信息,发现重要业务事项、高风险领域、内部控制薄弱环节等都是非常有效的审计方法。审计人员运用这一方法时应当注意:①确定适当的访谈对象,选择的访谈对象应包括管理人员和非管理人员,尤其是那些管理者想极力掩盖问题的单位,更应重视对非管理人员的询问;②设计好访谈提纲,审计人员应当围绕访谈目标和已经掌握的情况,提前设计好访谈提纲,询问的内容应该明确、具体,让访谈对象易于理解、便于回答;③把握访谈技巧,包括注意访谈对象的行为举止、先询问经验性问题、不要表明审计人员的观点等,审计人员可以向多个访谈对象询问同一个问题,获取相互印证的证据,从而提升证据的可靠性;④做好访谈记录,审计人员应对访谈内容作好认真记录,简明准确,并取得访谈对象的确认。

6.5.2 调查问卷法

调查问卷是指审计人员按照内部控制设计和运行的一般要求,考虑理想的控制模式,将需要调查的全部内容以提问的方式列出并制定固定样式的表格,然后交由审计单位回答,以此来了解和测试内部控制的一种方法。调查问卷法适用于从总体上了解组织的内部控制,不太适合具体业务层面的内部控制调查,也难以单独通过调查结果形成审计评价结论。

调查问卷的优点是调查范围明确,问题突出,容易发现被审计单位内部控制中存在的缺陷和薄弱环节,设计合理的标准调查问卷表,可广泛用于同类型单位,从而减少内部控制审计的工作量,调查问卷可由若干人分别同时回答,有助于保证调查效果。该方法的缺点是反映问题不够全面,仅限于被调查事项的范围,调查问卷如果仅要求作出"是"或"否"的回答,则难以反映被评价事项的具体情况和存在问题的程度;标准格式的调查问卷缺乏弹性,难以适用于各类型的被审计单位,有时往往会因"不适用"的回答太多而影响调查结果。

审计人员在运用调查问卷法时应注意以下几点:①合理确定调查对象和范围。调查结果的可靠性与调查对象数量和回收到的问卷多少正相关。因此,在项目资源可行和必要的情况下,应抽取尽可能多的能够代表总体的样本进行调查。如果将样本分层,结果会更好。调查对象应尽可能包括被审计单位不同层次的员工(从高层管理者到底层员工)。②科学设计调查问卷。调查问卷设计是否得当是该方法运用得当的关键。调查问卷要有明确的主题,突出重点、结构合理、逻辑性强,问题通常采用先易后难、先简后繁、先具体后抽象的排列顺序,题目尽量通俗易懂,简单易答,并将问卷长度控制在一定的范围内。③确定调查的时间和频率。调查问卷法可能花费大量时间。调查对象需要时间回答问题,如果他们不作答,则有必要采取进一步行动并获取更多反馈。同样,统计调查结果,特别是包含开放式问题的答案时,也会花费很多时间。④考虑调查的模拟测试。通过模拟测试,再对问卷进行必要的修改,将会提高回答率并得到更可靠、有效的结果。

6.5.3 专题讨论法

专题讨论法是指审计人员通过召集被审计单位内部或外部的专业人员,就内部控制设计或运行中的具体问题进行分析讨论的方法。专题讨论法既可以作为内部控制审计评价的手段,也可以作为认定内部控制缺陷的途径。

专题讨论法有利于集思广益,深入研讨相关主题,找出解决问题或评价问题的办法。专题讨论法一般根据事先准备好的讨论项目或讨论顺序进行。在具体操作时,除由1~2名主持人主持讨论外,还可用录音机或摄像机等记录讨论内容,以备会后分析。

审计人员运用专题讨论法时应注意以下几个问题:①选择适当的参会人员,参加讨论会的人员应当具备与所要讨论专题相关的知识和经历,能够围绕专题展开讨论;②讨论会主持人应注意控制会场气氛,把握讨论节奏,引导参会人员按照既定程序、围绕专题发言,既不要让发言者偏离主题,又不要使他们感到受限制而不愿畅谈感想;③讨论会主持人要尽量使每位参会者都能发言,且每人发言次数尽可能平均。

6.5.4 穿行测试法

穿行测试法是指在内部控制系统中任意选取一笔交易作为样本,追踪该交易从起点一直到终点在财务报表或其他经营管理报告中反映出来的过程,即该流程从起点到终点的全过程,以此来了解整个业务流程状况,识别出其中的关键控制环节,评估相关控制设计与运行有效性的一种方法。例如,为了审查采购内部控制设计和运行的有效性,审计人员可以选取一笔或若干笔材料采购业务,依据"请购单→订货→验收入库→库存保管→核准发票→付款→记账"的业务流程,对整个采购程序进行详细检查,以确定材料采购各个环节内部控制的实际执行情况是否与其所了解的内部控制一致。

穿行测试法既可以帮助审计人员熟悉和理解业务流程,判断识别容易发生错误的关键点,也可以验证确认的控制,包括关键控制和一般控制是否得到了有效的执行,执行后能否有效防范风险。

应用穿行测试法的关键在于选取适当的样本,审计人员应当注意样本应由审计人员自己确定,样本一经确定就不能更换,样本应贯穿于业务流程全过程,应针对交易的不同性质、不同审批权限抽取不同的样本,同时,结合制度规定的每种情况,在每种情况中各抽取一种进行测试,样本材料获取可以从财务资料中选取,也可以从其他业务部门取得。

6.5.5 实地查验法

实地查验法是观察法的一种具体形式,是指审计人员对被审计单位进行实地考察,如对财产进行盘点、清查,对存货出、入库等控制环节进行现场查验,以检查设定的控制措施是否得到严格执行的一种方法。实地查验法主要针对业务层面内部控制的审查和评价。

实地查验法适合测试实物控制、职务分离等没有留下书面痕迹的内部控制。例如,审计人员实地查看存货仓库,判断仓储物资是否按要求的储存条件储存,除存货管理部门及仓储人员以外的其他部门和人员是否可以接触存货等。实地查验法也可以测试如材料验收、门卫检查等控制措施执行的到位程度。例如,审计人员实地观察材料的验收程序,检查相关人员是否按内部控制规定的程序执行。

审计人员最好采用突击的形式执行实地查验程序,从而取得比较理想的效果。在实地查验过程中,可以由被审计单位管理人员(或审计协调人)陪同,介绍有关制度,审计人员结合实际来判明相关内部控制的优劣状况和有效程度。

6.5.6 抽样法

抽样法是指审计人员针对具体的内部控制业务流程,按照业务发生频率及固有风险的高低,从确定的抽样总体中抽取一定比例的业务样本,对业务样本的符合性进行判断,进而评价业务流程控制运行有效性的一种方法。

1. 合理确定样本对象

样本对象是审计检查的具体对象,同一事项往往留有痕迹的样本有很多选择,在检查时如何确定样本对象,需要一定的职业判断。审计人员在确定样本对象时应当注意:①样本对象应当是与检查对象最直接相关的记录;②应当选择比较容易检查的样本记录;③选择的样本对象总体应该完整,不能出现样本遗漏现象;④样本对象应当能够反映其原始面貌及痕迹,且被审计单位难以进行修改和修饰。

2. 确定抽查的样本量

样本量的确定是一个技术难题,适当的样本量既能减少工作量、提高效率,又能规避重大审计风险,达到审计目标。确定样本量时应当遵循的原则包括:①简单易行、便于操作;②科学测量,审计风险受控;③统筹考虑、兼顾行业;④在集团层面考虑并结合行业差异确定标准样本量；⑤注意效率与效果的有机结合。

3. 确定样本抽取方法

审计人员应用抽样法时，应当选择适当的样本选取方法。样本选取方法包括统计抽样方法、非统计抽样方法及两者相结合的抽样方法。统计抽样方法包括随机选择法，系统选样法等；非统计抽样方法包括判断选样法，任意选样法等。在大多数情况下，审计人员都可以将统计抽样方法与非统计抽样方法结合使用。

6.5.7 比较分析法

比较分析法是指审计人员通过分析、比较数据间的关系、趋势或比率来取得内部控制审计证据的方法。审计人员用于比较分析的数据可以是组织的历史数据、行业或组织的标准数据、行业最优数据等。比较分析法可以通过两两比较得出优劣结论，使评价结果更加客观可靠。运用比较分析法时，审计人员应当选择口径一致的比较数据。

重 要 概 念

内部控制　内部控制审计　组织层面内部控制审计　内部控制审计程序

思 考 题

对某公司物流管理的内控制度评审，着重对其原料、半成品、产成品等存货管理进行审计调查，并给予审计评价。在调查的初期，审计组先到现场实地察看。在车间现场看到铝线东一大卷、西一大卷，有的铝线甚至放在车间安全道上。铝线是很昂贵的金属物资，如此存放，引起了我们的重视。

1. 审计方法

在审计调查中，审计组采用了"点面线"方法，取得了较理想的效果。所谓"点面线"方法，就是在审计调查中，听到或看到某一管理现状之后，通过横向的全面了解、纵向的连线分析，最后确定其控制环节是否完整、控制点是否有效。

2. 审计实施

1) 在各部门审计调查了解到的情况

(1) 财务部门：财务部门明确表示，铝线这一业务是属于委托加工，即是公司在外采购回铝锭、对外委托加工成铝线，而后再出售。查看该公司的铝锭、铝线合同，是委托加工合同，但抽查财务部门的会计资料，发现该公司采购的是铝线（非铝锭），销售也是铝线，不存在委托加工。财务部门同时还发现，采购、销售铝线的有些单据中，业务员签字是同一个人；有的结算单据上要素不全、有的手续不完备：如采购入库的《送货单》无重量记录、有的单据无质检部门盖章；有的销售单无订货方签字；同一种销售业务，作为财务凭证的附件——《发货结算清单》有的是"财务科传票附件"联，有的是"发货单位记账"联。

(2) 物资管理部门：在现场看到铝线存放地是制品生产车间，不是物资管理部门的仓库。铝线采购回来后，在制品车间内，业务员将铝线实物交由物资管理部门人员清点卷数时，同时传递《送货单》(单据上没有重量记载)。当铝线销售时，业务员开具《发货结算清单》(有计量部门的计重)，其中一联交物管部门；物管部门凭《发货结算清单》在铝线的实物账上同时登记出库、入库量。抽查物管部门的实物账：只有数量，没有单价、金额；数量的记载有时是吨位，有时是卷数。

(3) 铝线业务的购销部门：铝线的业务由该公司的工会技协负责承包；采购、销售的业务员以及采购取货、销售送货是一人承担。购回的铝线交给物管部门之所以没有重量记载，是因为购回与入库之间产生亏损,工会技协不愿承担亏损;销售发货时,有时因合同量的大小、时间先后等差异,有"估堆"(注:估计重量)的现象。

(4) 核对财务账与实物账:年底财务账结余29.420吨,实物账结余29.280吨,两者相差0.140吨。

2) 调查了解后得出结论

经过调查了解之后,将铝线的供销控制循环联系起来分析,并确认各控制点的管理效果,得出铝线的物流管理没有按制度运作的结论。

(1) 该公司铝线的经营业务没有执行委托加工合同,而采取的是采购、销售的方式。

(2) 铝线的采购、销售等事项由一人负责,处在采购、销售之间的存货管理环节却无计量、无专门地点存放、无专人保管,使内部控制的循环中断。

(3) 实物资产管理部门的关键控制点失控,对铝线没有管理。

(4) 财务部门没有起到监管的作用:铝线经营业务形式发生改变,没有提出异议;结算的单据把关不严格;财务账与实物账不吻合;对工会技协的承包管理监督不力。

(5) 工会技协铝线业务的承包管理不严谨;铝线购销业务只有一人操作,监管不到位,出现管理弊端。

3. 审计意见

该公司应严格按照公司物流管理制度的规定,加强对铝线业务的管理、存货的管理、财务的管理,弥补管理中出现的漏洞,完善购销业务的循环控制,使之成为一个完整的、健全的、规范的物流。

(1) 铝线的实物资产要有专业部门、专门人员管理,其实物进库、出库严格执行计量、验收、开票、签字、入账等制度,建立健全实物控制的关键环节及关键控制点。

(2) 财务部门要加强财务管理,严格结算制度,统一结算依据,切实做到账表一致、账账一致、账证一致、账实一致。

(3) 工会技协采购的实物及销售的实物均要受到物资管理部门、财务部门的监控,完善各种单据中的要素,完成管理所必需的各种程序和手续。

(4) 定期对铝线实物资产进行盘点,以保证资产的安全、完整。

此外,该公司还应严格铝锭(铝线)合同的签订、执行;规范工会技协的铝线承包行为;承包经营的过程、结果应得到财务部门的完整核算、监控。

请回答:

(1) 本案例应用了哪些内部控制审计的方法?

(2) 阐述本案例所实施的内部控制审计程序。

练 一 练

1. 内部控制审计的主要目的是(　　)。
   A. 发现财务报表中的错报　　　　　　B. 评价内部控制的有效性
   C. 检查企业的经营业绩　　　　　　　D. 确保企业遵守法律法规
2. 下列各项中,属于内部控制审计中控制环境要素的是(　　)。
   A. 风险评估流程　　　　　　　　　　B. 信息系统与沟通
   C. 企业的治理结构　　　　　　　　　D. 控制活动的执行
3. 在内部控制审计中,穿行测试主要用于(　　)。
   A. 测试内部控制的设计有效性　　　　B. 验证财务报表数据准确性
   C. 评估内部控制的执行一贯性　　　　D. 查找重大舞弊线索
4. 内部控制审计报告意见类型不包括(　　)。
   A. 无保留意见　　　　　　　　　　　B. 保留意见
   C. 否定意见　　　　　　　　　　　　D. 无法表示审计意见

E. 带强调事项段的无保留意见
5. 下列各项中,不属于内部控制审计的方法的是( )。
   A. 问卷调查法　　　　　　　　　　　B. 重新计算法
   C. 实地观察法　　　　　　　　　　　D. 流程图法
6. 内部控制审计通常( )。
   A. 每年只审计关键内部控制环节　　　B. 3年内轮审所有内部控制环节
   C. 仅在企业出现重大风险时开展　　　D. 与财务报表审计同步进行
7. 企业内部控制自我评价报告对内部控制审计的作用是( )。
   A. 可直接作为审计结论　　　　　　　B. 为审计提供基础资料与线索
   C. 无实际作用,审计需独立开展　　　D. 仅用于核对财务数据
8. 在内部控制审计过程中发现内部控制存在重大缺陷,审计人员应( )。
   A. 立即要求企业整改,后续不再审计该环节　　B. 向管理层和治理层沟通,并在报告中披露
   C. 隐瞒不报,等待下次审计看是否改善　　　　D. 仅告知财务部门负责人
9. 内部控制审计的范围一般不包括( )。
   A. 企业的人力资源政策　　　　　　　B. 企业的社会责任履行情况
   C. 内部审计机构的设置与运行　　　　D. 采购与付款业务流程
10. 下列关于内部控制审计与内部审计的关系表述中,正确的是( )。
    A. 两者完全相同,只是名称不同　　　B. 内部控制审计是内部审计的一部分
    C. 内部审计是内部控制审计的一部分　D. 两者毫无关联

第 7 章 财政支出效益审计

◇ 内容简介
◇ 重点难点
◇ 学习目标
◇ 知识框架
➢ 7.1 经济方针政策执行情况审查
➢ 7.2 预算支出结构审查
➢ 7.3 政府预算支出效益评价
◇ 重要概念
◇ 思考题

内容简介

本章主要讲解了财政支出效益审计的有关内容，主要涉及经济方针政策执行情况审查、预算支出结构审查、政府预算支出效益评价。

重点难点

本章重点为经济方针政策执行情况审查的目标、特征、重点、审查方法，政府预算支出的构成，政府预算支出效益评价的基本原则、评价方法和评价指标；难点为经济方针政策执行情况审查的方法和政府预算支出效益评价的评价指标。

学习目标

通过本章学习，学生应掌握经济方针政策执行情况审查的目标、特征、重点、审查方法；了解预算结构审查的有关内容，政府预算支出效益评价的基本原则、评价方法和评价指标。

知识框架

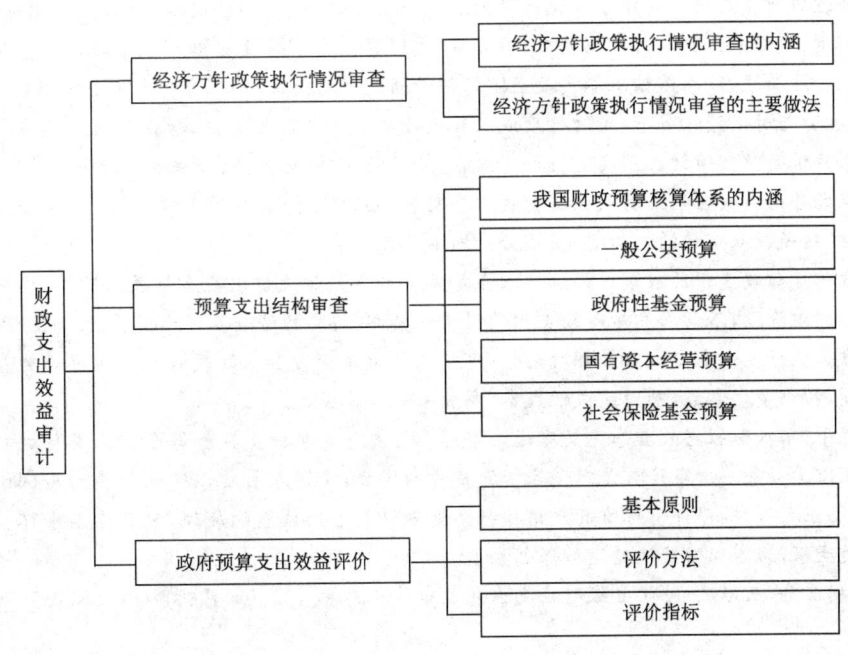

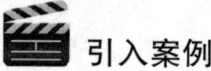 引入案例

今年花钱不见效　明年预算或减少

《北京市审计条例》规定,审计结果应当作为政府及其有关部门编制预算、安排投资、绩效考核的重要依据。这意味着,财政资金审计更加注重绩效考核,审计结果将直接关系到这一部门下一年度的预算资金安排,以及部门绩效考核的成绩。

"道理很简单,商业投资都要追求效益,没有效益自然就不会有后续投资了。"多位市人大常委会委员和人大代表在审议中,对把审计结果与预算安排挂钩的做法给予充分肯定。王海平委员还提出,把草案中"绩效审计结果"作为重要依据,改为"审计结果"作为政府及其有关部门编制预算、安排投资、绩效考核的重要依据的具体修改建议,得到了采纳。

《北京市审计条例》要求审计机关对社会关注度高、使用财政资金等公共资源数量大、涉及重大公共利益的审计项目,专门开展绩效审计。这是在以往市审计局开展绩效审计试点的成功经验基础上作出的立法规定。

北京审计局表示,开展效益审计,促进经济发展方式转变,提高财政资金和公共资源配置使用的经济性、效率性和效果性,已经成为经济社会发展的客观要求。从 2012 年起,所有审计项目均要体现绩效审计内容,并初步形成绩效审计方法体系。先从面上普遍推开,在实践中确定重点,并摸索和总结建立符合实际的效益审计方法体系。

那么,财政支出效益审计到底审什么?如何审?带着这些问题,我们来开始这一章的学习。

资料来源:北京今年起所有审计项目均要体现绩效审计内容[OL].地方-中国网,2012-08-22.

 课程思政

强化财政支出效益审计,践行责任担当

在财政管理领域,明确财政支出效益审计的定位至关重要。财政支出的效益性,从本质而言,就是财政性支出资金的运行质量与使用效能。这涵盖着资金配置的合理性、使用的合规性,以及资金用途的达成度与结果的优化程度,通俗来讲就是力求少花钱、多办事、办好事。鉴于财政支出效益呈现形式多样,而审计机关人员及职能存在局限,故而需精准界定效益审计评价的范畴与内容,切不可贪大求全。当然,伴随时代发展,这一界定也会与时俱进。当下,虽对行政成本开展效益审计评价颇具挑战,但针对各类专项资金,尤其是政府投资项目进行效益审计已然具备条件。同时,必须坚守"以真实性、合法性审计为根基",将揭露损失浪费作为重点的导向。因为一旦财政性支出脱离真实、合法的轨道,效益便无从谈起,而揭露浪费恰是为了提升资金效益,这是效益审计的核心要义,务必紧抓不放。

逐步探索构建财政支出效益审计评价标准亦是当务之急。财政支出有无效益,以何为准绳衡量,是亟待攻克的难题。现阶段,不妨立足对财政支出的科学分类,分门类打造兼具可比性、定性与定量融合的效益审计评价标准。以行政成本支出效益评价为例,可把其支出总额占当地财政收入的比率设为量化指标,或细化构成分项,拟订量化参数,助力达成低成本、高效率的审计成效。

在此过程中,融入课程思政理念意义深远。审计人员肩负着守护公共资金的重任,需秉持严谨负责、廉洁奉公的职业道德。每一次审计都是对国家资源负责的实践,审计人员要以专业素养为刃,斩断不合理支出的乱象;以公正之心,确保评价标准的严格执行。这不仅是专业技能的展现,更是爱国情怀、责任担当在工作中的落地生根,为国家财政稳健运行保驾护航。

裴学清,胡庆元,王华斌.关于县级财政支出效益审计的思考[J].审计月刊,2006(08):35-36.

7.1 经济方针政策执行情况审查

在我国,财政审计是对财政资金筹集、供应、使用全过程是否合规、有效所进行的审计,主要包括财政预算审计和财政决算审计。在自由市场经济制度中,社会资源的配置、收入的分配以及经济的稳定发展作用是通过价格机制自发调节的。但在不少情况下,市场经济的运行效果并不能令人满意,有时会给经济发展带来许多其他负面影响,甚至影响市场经济的正常运行,这在经济学上被称为"市场失灵"(market failure)。

政府财政支出是对国民收入的再分配,决定了各级政府的生产性投资与消费的总量和结构,决定了银行信贷的规模和国家物资储备的水平,对整个社会的供需总量有重要的影响。财政支出绩效审计就是对各级政府财政政策的执行情况、财政支出的合理性进行审查评价,以实现评价受托公共资源责任的目的。

7.1.1 经济方针政策执行情况审查的内涵

经济方针政策执行情况审查,是国家审计机关根据经济社会发展需要,改变过去单纯的事后审计而开展的一种全新审计方式,也是国务院为促进宏观政策落实授予审计机关一个新的职权。从国外审计实践看,美国《1993年政府绩效与结果法案》就授权审计总署向国会报告对公共政策执行效果进行审计的情况,监督联邦政府公共政策改革进程;法国审计法院从2007年起对公共政策执行作法律监督,评价政府部门遵守有关公共政策的执行效果。2008年以来,我国审计署在《2008年至2012年审计工作发展规划》中指出要将"国家重大政策措施的执行"作为跟踪审计试点。2014年,国务院办公厅印发《稳增长促改革调结构惠民生政策措施落实情况跟踪审计工作方案的通知》。2015年、2016年审计署先后印发《关于进一步加大审计力度促进稳增长等政策措施落实的意见》《关于适应新常态践行新理念更好地履行审计监督职责的意见》。国家审计部门应通过实施经济方针执行情况审查了解国家方针政策的具体落实情况。

1. 经济方针政策执行情况审查的目标

(1) 摸清情况。对政策规定的工作任务完成情况、政策环境的适应性、政策运行的可操作性进行追踪,并向决策层或社会公众及时反馈真实情况,发挥审计的鉴证作用。

(2) 绩效评价。对照预期的政策目标,评估其实现程度,包括政策施行应取得的经济效益、社会效益、环境效益等,发挥审计的绩效评价作用。

(3) 查处问题。查找政策传递、部署过程中发生的失职渎职、弄虚作假、不作为、乱作为等问题,揭示执行偏差,界定责任并向相关责任部门和责任人问责,发挥审计的监督作用。

(4) 提出建议。针对审计发现的问题,通过科学分析,查找深层次原因,提出完善、修正政策的建议,供决策者参考,发挥审计的建设性作用。

2. 经济方针政策执行情况审查的特征

(1) 审计对象的综合性。政策落实跟踪审计是以国家宏观政策的执行作为审计对象,涉及该项政策执行到的区域、单位甚至个人。

(2) 审计实施的过程性。与传统审计方式相比,其过程性特征是审计机关介入国家政策执行的全过程由单纯的事后审计向事前、事中审计转变。

(3) 审计评价的全面性。与传统财务收支审计相比,政策执行情况跟踪审计需要对政策执行的效益性和合规性发表审计意见,并从政策制度和管理层面分析问题产生的深层次原因,向政府及有关部门提出完善宏观政策、健全法规制度、加强综合管理的对策建议。

3. 经济方针政策执行情况审查的重点

(1) 要围绕政策核心。正确处理政策、项目和资金三者之间的关系。政策本身具有抽象性,但绝大多数政策的执行以项目建设和资金流动为载体。以资金作为政策跟踪审计项目的切入点,最为顺理成章,也易于迅速发挥审计人员的优势,通过财务数据直观反映政策效果的实际情况和发现执行过程中的薄弱环节。这里的资金,可以是政策或配套措施中涉及的资金筹集、分配、使用和管理的原则或办法,也可以是具体的项目资金。

(2) 要围绕跟踪节点。经济方针政策执行情况审查的审计时效性强,而且持续时间长,选择恰当的审计时机非常重要。政策的试点期、推进期、普及期和成熟稳定期所潜在的管理漏洞和问题是不相同的,审计介入的时点和方式也应有所不同。因此需要审计人员统筹全局、长远规划,包括审计项目的总体目标、阶段性目标、各个阶段的审计内容和重点,明确审计介入的时点和方式。跟踪审计中要及时总结政策执行过程中的经验,发现问题并加以调整。

(3) 要围绕对象范围。一是重大经济、社会发展政策,如扩大内需政策、积极财政政策和稳健货币政策的执行情况;二是民众反应强烈的民生领域的重点政策,如保障性住房建设情况、农村养老保险覆盖、商品房限购等政策;三是执行中容易出现较大偏差的政策,如扩大就业、财政贴息助学贷款等政策;四是经济效益显现较快、效果显著的政策,如财政技改贴息、财政涉企奖励补助、出口退税等政策。

7.1.2 经济方针政策执行情况审查的主要做法

为搞好经济方针政策执行审查工作,深刻理解经济方针政策执行审查的重要性,把经济方针政策执行审查当作推动全面深化改革的重要抓手,加强统筹布局,实施创新驱动,助力打通政策落实、改革落地的"最后一千米",应从以下四个方面来具体推进。

1. 科学制订计划,突出审计重点

为增强审计精准性,在制订项目计划时,要坚持紧抓主线、紧扣中心、紧贴实际。一是加强与政策研究部门的深度合作。与相关政策制定部门签订合作备忘文件,全面建立合作机制,跟进了解政策制定部门的关注点,特别是主要领导的决策意图和背景,真正把经济方针政策执行审查定位到政策制定部门的决策所需上来。二是严谨制订项目计划。主要是坚持"规定动作"与"自选动作"相结合。"规定动作"方面,把相关审计部门、审查部门统一组织的项目列入项目计划,按照上级要求,按时完成。"自选动作"方面,则结合本级政府工作中心,选择对经济社会发展有重要影响的重大政策、重点项目开展审查。三是确保聚焦中心工作。在保证项目计划严肃性的同时,保持机动灵活,根据主管部门某一时期的工作重心、经济社会发展热点,及时根据新情况、新变化作出优化调整,做好"加减法"。

2. 创新组织模式,释放工作动能

在人力资源紧张与审查任务繁重的矛盾日益突出的情况下,通过创新组织模式,使有限的人力资源发挥出最大的效能。坚持专项审查与结合型审查相结合,针对不同项目进行宏观分析判断,在部门联动中做好经济方针政策执行情况审查。项目开展过程中,针对不同部门单位的不同情况,采取分类推进机制,既发挥有关部门熟悉政策的优势,在一定程度上帮助审查人员准确找到切入点、把握重点,又发挥其沟通桥梁的作用,使其协助开展好延伸调查。

3. 严格质量控制,夯实工作根基

质量是工作的永恒主题。在开展经济方针政策执行情况审查时,更要高度重视质量控制工作。一是严格审查程序。探索编制经济方针政策执行情况审查操作指南,统一程序和动作,在审计取证过程中,只对审查发现的问题做好取证,其他内容只做好审计工作新底稿,不再进行取证;在审查文书数量把控上,按照具体审查政策内容不同,一个政策内容全年下达一个通知书、一个工作方案,在审查过程中出具阶段性审计实施方案、审查征求意见书、审查报告,在项目审查周期末,出具一个汇总性审查报告;在审查报告撰写上,要求包含情况审查发现的正面典型、现阶段发现的主要问题和以前阶段反映问题的整改情况三个部分。二是探索建立评价指标体系。为实事求是地评价政策执行情况,探索建立评价指标体系。对各项政策从执行和战略两个层面进行评价执行层面的评价,主要是对政策执行过程中的合法性、效率性和效益性进行评价,在评价合法性时,主要利用一些定性指标,如落实政策的相关文件是否合规、对资金的管理使用是否规范等;在评价效率性和效益性时,主要利用一些定量指标,如政策部署的时间节点、相关责任分解的时间节点等;战略层面的评价,主要是综合利用定性、定量指标,对政策执行效果进行整体评估,评价政策执行后的社会效益情况,以及对宏观经济发展的影响力等。

4. 抓好成果开发,发挥审查效用

审查成果开发是评价审查工作好坏的关键一环,经济政策方针执行情况审查的实际成果是政府决策的重要依据。一是提升成果时效性。采取"双报告"机制,在形成整个项目"大报告"之前,随时以情况审查"小报告"的形式上报政策执行情况。对审计过程进行动态管理,采用一般信息周报、月报、年报及重大问题随时报的汇报模式。二是推动机制创新和制度完善通过政策跟踪审计结果的利用,推动政府及相关部门出台制度,促进有关部门理好财、尽好责、用好权,护航经济社会改革创新发展。

7.2 预算支出结构审查

预算支出结构是指不同的预算支出项目占预算支出总额的比重,它代表着资源配置的方向,体现了社会经济资源在国民经济部门和地区之间的分配和流动。它影响着国家的产业结构、生产力布局、积累和消费的比率等,从而影响整个宏观经济效益及经济运行。

> **知识拓展 7-1**
>
> **财政支出的影响因素**
>
> 1. 经济因素
>
> 经济因素对财政支出规模的影响主要体现在三个方面:一是经济发展水平;二是经济体制的选择;三是政府经济干预政策。

2. 政治因素

政治因素对财政支出规模的影响主要体现在两个方面：一是政局是否稳定；二是政体结构的行政效率。

就政局是否稳定而言，一国发生的战争或冲突等事件会导致财政支出规模异常扩大。

就政体结构的行政效率，其影响也是较为明显。如果一国政府的行政机构过于臃肿，必然会导致行政经费的增多；反之，就会节约经费支出。

3. 社会因素

影响财政支出规模的社会因素众多，且较为复杂。人口数量、文化背景、宗教习俗等因素都会对其产生影响。

资料来源：陈薛金. 绩效审计理论与实务[M]. 北京：中国时代经济出版社，2013.

7.2.1 我国财政预算核算体系的内涵

1. 分税制财政体制

财政体制是国家通过规定各级政权管理财政收支的权限和各企事业单位在财务管理上的权限，据以处理国家各级政权之间、国家与企事业之间的财政分配关系的管理制度。1994年我国实行分税制改革后，确立了分税制财政体制，主要包括以下几个方面：

（1）中央与地方支出责任划分。中央主要承担国家安全、外交和中央国家机关运转所需经费，调整国民经济结构、协调地区发展、实施宏观调控所需支出，中央直接管理的社会事业发展支出；地方主要承担本地区政权机关运转所需支出，以及本地区经济、社会事业发展支出。

（2）中央与地方收入划分。属于维护国家权益、实施宏观调控的税种属于中央收入；与经济发展直接相关的主要税种由中央与地方分享；适合地方征管的税种为地方收入。

（3）中央对地方转移支付。中央和地方收支划分后，为解决财力分布纵向和横向不均衡问题，中央对地方实施转移支付。转移支付分为两类：一般性转移支付和专项转移支付。一般性转移支付由均衡性转移支付、民族地区转移支付等组成，用于弥补财政实力薄弱地区的财力缺口，地方政府可统筹安排使用，主要目的是均衡地区间财力差距，实现地区间基本公共服务能力的均等化。专项转移支付重点用于"三农"、教育、医疗卫生、社会保障和就业等领域，以实现特定的宏观政策及事业发展目标，或对中央委托地方事务、中央地方共同事务按其相应资金进行补偿，地方政府必须按规定用途使用。

（4）税收返还和地方上解。税收返还是为保障地方既得利益、顺利推进相关改革设立的，包括增值税返还、所得税基数返还、成品油价格和税费改革税收返还三项。地方上解主要是指地方按有关法律、法规或财政体制规定上解中央的各项收入，主要包括1994年分税制改革时保留的地方原体制上解收入和出口退税专项上解收入。2009年，为简化中央与地方财政结算关系，中央财政将地方上解与中央对地方税收返还作对冲处理，相应取消地方上解中央收入科目。

2. 我国财政预算管理体制

预算管理体制是指根据国家各级政权的职责范围划分各级预算收支范围和管理权限，并规定收支划分的方法。预算管理体制是财政体制的核心。预算管理上，我国实行一级政府一级预算，设立中央、省、自治区、直辖市、设区的市、自治州、县、自治县、不设区的市、市辖区、乡、民族乡、镇五级预算。国务院编制中央预算草案，并由全国人民代表大会批准后执行。地方各级政府编制本级预算草案,并由同级人民代表大会批准后执行。地方各级预算收支统称为地方财政收支。

在预算编制上,我国目前采用的是复式预算制,将年度内的全部预算收支按照经济性质划分,分别编成两个或两个以上的预算。预算管理分为一般公共预算、政府性基金预算、国有资本经营预算、社会保障基金预算。

由于我们审查的重点是政府预算支出,所以下面内容着重介绍政府预算支出。

7.2.2　一般公共预算

一般公共预算是对以税收为主体的财政收入,安排用于保障和改善民生、推动经济社会发展、维护国家安全、维持国家机构正常运转等方面的收支预算。

1. 一般公共预算收入

我国一般公共预算收入总量由两部分构成:全国一般公共预算收入、结转结余及调入资金。其中,一般公共预算收入又可分为中央一般公共预算收入和地方一般公共预算收入。结转结余及调入资金主要来源于调入预算稳定调节基金、从政府性基金预算和国有资本经营预算调入资金、动用结转结余资金等因素三部分。

2. 一般公共预算支出

全国一般公共预算支出总量由三部分构成:全国一般公共预算支出、补充预算稳定调节基金和结转下年支出的资金。为了使我国每年的决算赤字等于预算赤字,在编制预算时,并不编制补充中央预算稳定调节基金和结转下年支出科目的具体数额,而是在决算时视当年的财政实际收支情况和预算赤字确定这两个科目的规模,所以中央一般公共预算支出和中央一般公共预算支出总量的预算数总是相等的,全国一般公共预算支出和全国一般公共预算支出总量的预算数也总是相等的。

全国一般公共预算支出由中央一般公共预算支出和地方一般公共预算支出两部分构成。其中中央一般公共预算支出包括中央本级支出、中央对地方税收返还和转移支付和中央预备费三部分。中央对地方税收返还和转移支付是中央一般公共预算支出的大头,每年的比重都在60%以上。转移支付分为一般性转移支付和专项转移支付两类。其中,一般性转移支付包括均衡性转移支付、老少边穷地区转移支付、成品油税费改革转移支付、体制结算补助、基层公检法司转移支付、基本养老金转移支付和城乡居民医疗保险转移支付共7项。专项转移支付则包含了按功能分类的19项支出。中央对地方税收返还则包含增值税返还、消费税返还、所得税基数返还、成品油税费改革税收返还和地方上解五部分。

7.2.3　政府性基金预算

政府性基金预算是国家通过向社会征收以及出让土地、发行彩票等方式取得收入,专项用于支持特定基础设施建设和社会事业发展而发生的收支预算。政府性基金预算根据基金项目收入情况和实际支出需要,按基金项目编制,以收定支,具有专款专用性质。

1. 政府性基金收入

我国政府性基金相关收入总量由三部分构成:全国政府性基金收入,上年结转收入和地方政府专项债务收入。其中,全国政府性基金收入为中央政府性基金收入与地方政府性基金本级收入两者之和。中央政府性基金收入总量为中央政府性基金收入、上年结转收入和地方上解收入三者之和。地方政府性基金相关收入为地方政府性基金本级收入、中央政府性基金对地方转移支付收入和地方政府专项债务收入三者之和。

2. 政府性基金支出

我国政府性基金相关支出由两部分构成：中央政府性基金支出和地方政府性基金相关支出。全国政府性基金相关支出等于中央政府性基金支出和地方政府性基金相关支出之和，再减去重复计算的部分（中央对地方的转移支付）。中央政府性基金支出则是中央本级支出与对地方转移支付两者之和。

政府性基金支出进行核算的支出共有38项，除了与政府性基金收入相对应37项支出外，还包括地方政府专项债务收入安排的支出。全国政府性基金支出决算数为38项支出之和，包括地方政府专项债务收入安排的支出。

我国《预算法》规定："一般公共预算、政府性基金预算、国有资本经营预算、社会保险基金预算应当保持完整、独立。政府性基金预算、国有资本经营预算、社会保险基金预算应当与一般公共预算相衔接。"近年来我国加大了政府性基金预算与一般公共预算的统筹力度，从2015年1月1日起，将政府性基金预算中用于提高基本公共服务以及主要用于人员和机构运转等方面的项目收支转列一般公共预算，具体包括地方教育附加、文化事业建设费、残疾人就业保障金、从地方土地出让收益计提的农田水利建设和教育资金、转让政府还贷道路收费权收入、育林基金、森林植被恢复费、水利建设基金、船舶港务费、长江口航道维护收入等11项基金。

7.2.4 国有资本经营预算

国有资本经营预算是国家以所有者身份对国有资本实行存量调整和增量分配而发生的各项收支预算，是政府预算的重要组成部分。

1. 国有资本经营预算收入

我国国有资本经营预算收入总量由两部分构成：全国国有资本经营预算收入和上年结转收入。其中，全国国有资本经营预算收入为中央国有资本经营预算收入与地方国有资本经营预算本级收入两者之和。中央国有资本经营预算收入总量为中央国有资本经营预算收入和上年结转收入两者之和。地方国有资本经营预算收入总量为地方国有资本经营预算本级收入和中央国有资本经营预算对地方转移支付收入两者之和。

国有资本经营预算收入是指经营和使用国有财产取得的收入，具体包括以下项目内容：①利润收入，即国有独资企业按规定上交给国家的税后利润；②股利、股息收入，即国有控股、参股企业国有股权（股份）享有的股利和股息；③产权转让收入，即国有独资企业产权转让收入和国有控股、参股企业国有股权（股份）转让收入以及国有股减持收入；④清算收入，即扣除清算费用后国有独资企业清算收入和国有控股、参股企业国有股权（股份）享有的清算收入；⑤其他国有资本经营收入；⑥上年结转收入。

2. 国有资本经营预算支出

我国国有资本经营预算支出主要由两部分构成：全国国有资本经营预算支出和向一般公共预算调出资金。其中，全国国有资本经营预算支出等于中央本级支出与地方国有资本经营预算支出之和。全国国有资本经营向一般公共预算调出资金等于中央向一般公共预算调出资金和地方向一般公共预算调出资金两者之和。

国有资本经营预算以收定支，全国国有资本经营预算支出和全国向一般公共预算调出资金之和等于全国国有资本经营预算收入总量。

国有资本经营预算支出主要是根据产业发展规划、国有经济布局和结构调整、国有企业发展要求以及国家战略、安全需要的支出，弥补国有企业改革成本方面的支出和其他支出等。国有资本经营预算支出可分为三大类：①资本性支出，即向新设企业注入国有资本金，向现有企业增加资本性投入，向公司制企业认购股权、股份等方面的资本性支出；②费用性支出，即弥补企业改革成本等方面的费用性支出；③其他支出。

在全国国有资本经营支出决算表中主要体现为按功能分类的 12 项支出，其中在社会保障和就业支出中包含了国有资本经营预算补充社保基金的支出，在转移性支出中包含了国有资本经营预算调入一般公共预算的资金支出。

7.2.5　社会保险基金预算

社会保险基金预算是对社会保险缴款、一般公共预算安排和其他方式募集的资金，专项用于社会保险的收支预算，即根据国家社会保险和预算管理法律法规建立的反映各项社会保险基金收支的年度计划。社会保险各项基金预算严格按照有关法律法规规范收支内容、标准和范围，具有专款专用性。在预算体系中，社会保险基金预算单独编报，与一般公共财政预算和国有资本经营预算相对独立、有机衔接。社会保险基金不能用于平衡一般公共财政预算，一般公共财政预算可补助社会保险基金。

社会保险基金预算支出按险种分别编制，包括企业职工基本养老保险基金支出，城乡居民基本养老保险基金支出，城镇职工基本医疗保险基金支出，居民基本医疗保险基金支出，工伤保险基金支出，失业保险基金和生育保险基金支出。

7.3　政府预算支出效益评价

为加强财政支出管理，强化支出责任，建立科学、合理的财政支出管理体系，提高财政资金使用效益，需要对财政预算支出进行效益评价。

政府预算支出效益评价是指财政部门和预算部门（单位）根据设定的效益目标，运用科学、合理的绩效评价指标、评价标准和评价方法，对财政支出的经济性、效率性和效益性进行客观、公正的评价。各级财政部门和各预算部门（单位）是绩效评价的主体。预算部门（单位）（以下简称预算部门）是指与财政部门有预算缴拨款关系的国家机关、政党组织、事业单位、社会团体和其他独立核算的法人组织。

政府预算支出评价的主要依据有：国家相关法律、法规和规章制度；各级政府制定的国民经济与社会发展规划和方针政策；预算管理制度、资金及财务管理办法、财务会计资料；预算部门职能职责、中长期发展规划及年度工作计划；相关行业政策、行业标准及专业技术规范；申请预算时提出的绩效目标及其他相关材料，财政部门预算批复，财政部门和预算部门年度预算执行情况，年度决算报告；人大审查结果报告、审计报告及决定、财政监督检查报告，以及其他有关资料。

7.3.1 基本原则

预算支出效益评价应当遵循以下基本原则。

1. 科学规范原则

预算支出效益评价应当严格执行规定的程序，按照科学可行的要求，采用定量与定性分析相结合的方法。

2. 公正公开原则

预算支出效益评价应当符合真实、客观、公正的要求，依法公开并接受监督。

3. 分级分类原则

预算支出效益评价由各级财政部门、各预算部门根据评价对象的特点分类组织实施。

4. 效益相关原则

预算支出效益评价应当针对具体支出及其产出效益进行，评价结果应当清晰反映支出和产出效益之间的紧密对应关系。

7.3.2 评价方法

财政支出绩效评价方法主要采用成本效益分析法、比较法、因素分析法、最低成本法、公众评判法等。

1. 成本效益分析法

成本效益分析法是指将一定时期内的支出与效益进行对比分析，以评价绩效目标实现程度的方法。

2. 比较法

比较法是指通过对绩效目标与实施效果、历史与当期情况、不同部门和地区同类支出的比较，综合分析绩效目标实现程度的方法。

3. 因素分析法

因素分析法是指通过综合分析影响绩效目标实现、实施效果的内外因素，评价绩效目标实现程度的方法。

4. 最低成本法

最低成本法是指对效益确定却不易计量的多个同类对象的实施成本进行比较，评价绩效目标实现程度的方法。

5. 公众评判法

公众评判法是指通过专家评估、公众问卷及抽样调查等对财政支出效果进行评判，评价绩效目标实现程度的方法。

7.3.3 评价指标

预算支出最重要的部分是进行经济投资，所以政府预算支出绩效评价的重点是考核经济投资的效果。所谓经济投资，是指财政支出中用于物质资料生产领域的部分。其评价指标主要如下。

1. 投资产值率

例如，百元投资创造产值率，说明政府对某部门（产业）每支出 100 元的投资能创造的产值额。其计算公式为：

$$百元投资产值率 = \frac{某部门（产业）投资后新增产值}{对该部门（产业）支出投资额}$$

2. 投资效果系数

投资效果系数说明政府对某部门（产业）每支出单位投资额能增加的国民收入（V+M）。其计算公式为：

$$投资效果系数 = \frac{某部门（产业）投资后新增国民收入}{对该部门（产业）支出投资额}$$

3. 投资利税率

投资利税率说明政府对某部门（产业）每支出单位投资额能增加实现的利润和增加上缴的税金。其计算公式为：

$$投资利税率 = \frac{某部门（产业）投资后新增利税额}{对该部门（产业）支出投资额}$$

重 要 概 念

财政支出　政府预算支出　预算支出结构

思 考 题

（1）经济方针政策执行情况审查的目标是什么？
（2）政府预算支出由哪些方面构成？
（3）财政支出绩效审计的依据是什么？
（4）通过哪些指标可以对政府预算支出的绩效展开评价？
（5）政府预算支出绩效评价的方法有哪些？

练 一 练

1. 财政支出效益审计的核心目标是（　　）。
   A. 确保财政支出符合预算安排
   B. 评价财政支出所产生的经济效益、社会效益及生态效益
   C. 检查财政支出项目的合规性
   D. 监督财政资金的分配流程
2. 在财政支出效益审计中，衡量教育支出效益时，常用指标不包括（　　）。
   A. 毕业生就业率　　　　　　　　　B. 教育设施利用率
   C. 学校的行政人员数量　　　　　　D. 学生考试成绩提升率
3. 下列各种审计方法在财政支出效益审计中，对评估大型基础设施建设项目的效益最为适用的是（　　）。
   A. 成本效益分析法　　　　　　　　B. 详细审查法
   C. 抽样审计法　　　　　　　　　　D. 风险导向审计法

4. 财政支出效益审计报告应重点向( )报送。
   A. 仅财政部门　　　　　　　　　　B. 仅项目实施单位
   C. 立法机关及相关决策部门　　　　D. 社会公众媒体

5. 对于财政扶贫支出项目,在效益审计时,除考虑经济指标外,还应重点关注( )。
   A. 贫困地区人口脱贫率　　　　　　B. 扶贫项目的建设速度
   C. 扶贫资金的结余情况　　　　　　D. 扶贫物资的采购渠道

6. 财政支出效益审计中,发现某环保项目投入大量资金但环境质量改善不明显,审计人员首先应( )。
   A. 直接建议终止项目
   B. 深入分析原因,查找是项目设计、执行还是其他环节出问题
   C. 要求环保部门更换项目负责人
   D. 将资金挪用至其他效益好的项目

7. 下列各项中,不属于财政支出效益审计的内容的是( )。
   A. 财政支出项目的前期可行性研究是否充分
   B. 财政资金投入后带动的民间资本投入规模
   C. 财政部门工作人员的日常考勤情况
   D. 财政支出项目运行后的维护成本

8. 在评估财政科技研发支出效益时,重要依据之一是( )。
   A. 科研成果的转化应用率　　　　　B. 科研人员的学历构成
   C. 科研项目的预算编制精细度　　　D. 科研实验室的面积大小

9. 财政支出效益审计与传统财政财务审计最大的区别在于( )。
   A. 审计主体不同　　　　　　　　　B. 审计方法不同
   C. 关注重点从合规性向效益性转变　D. 审计报告格式不同

10. 开展财政支出效益审计时,审计人员收集数据的来源不包括( )。
    A. 项目实施单位的业务台账　　　　B. 行业协会发布的统计数据
    C. 审计人员的主观臆想　　　　　　D. 政府相关部门的监管报告

第 8 章　投资项目效益审计

◇ 内容简介
◇ 重点难点
◇ 学习目标
◇ 知识框架
➢ 8.1　投资项目效益审计概述
➢ 8.2　投资项目可行性研究的审计
➢ 8.3　项目投资决策的审计
➢ 8.4　投资项目中后期经济效益审计
◇ 重要概念
◇ 思考题

内容简介

本章主要讲解了投资项目效益审计的目标、内容、标准、方式，投资项目可行性研究审计的具体内容，项目投资决策审计的内容和程序；投资项目中后期经济效益审计的内容。

重点难点

本章重点为投资项目效益审计的目标、内容、标准及投资项目效益审计考虑的因素，投资项目可行性研究审计的具体内容；难点为项目投资决策审计的内容和程序。

学习目标

通过本章学习，要求学生理解投资项目效益审计的目标和内容，较为熟练地掌握投资项目可行性研究审计、项目投资决策审计的技术与方法；掌握项目经济效益审计的具体程序和审查技术，为学生日后从事经济效益审计工作奠定一定的理论和实务基础。

知识框架

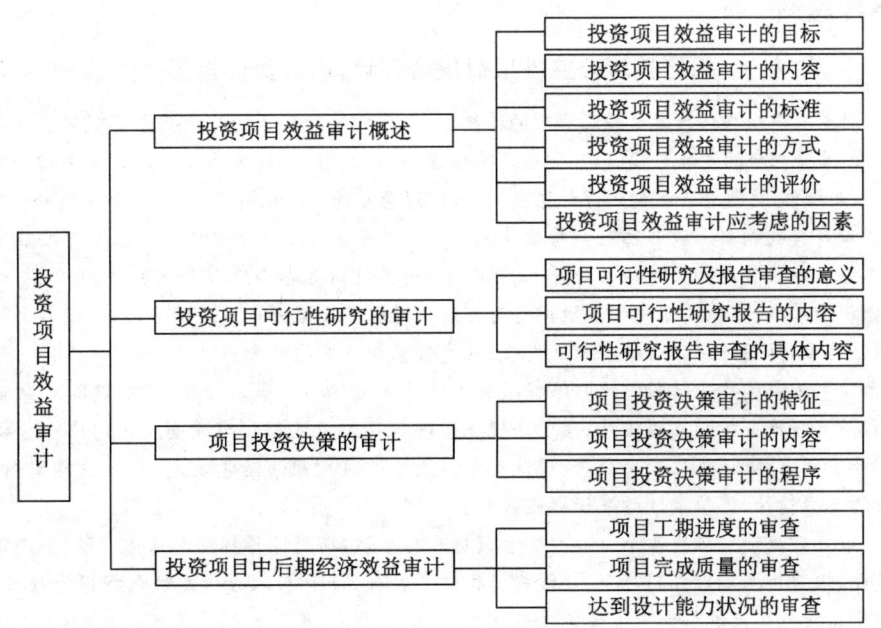

 引入案例

薯片投资项目失败的启示

华味公司始建于2010年，一直从事各类坚果的生产加工，2016年6月被华航食品集团公司收购。华航食品集团公司于2016年6月完成收购时，华味公司考虑进行500余万元投资规模薯片食品项目，合作双方同意合资后延续此项投资。2016年7月14日，公司总经理将投资计划上报股东会，并提出项目前期工作已经完成，希望能在近期完成投资，股东会审核后，认为预期投资效益可行，于8月26日批准。2016年8月20日，华味公司支付了245万元的设备款；2016年8月，集团公司派出本部人员担任该公司新任财务经理，不久，发现华味公司存在相当多的经营不规范的问题；2016年9月以后，薯片市场价格开始下降，华味公司的薯片开始滞销。2017年春节时，市场价格继续下降，已跌至生产成本线，薯片已无法盈利；2017年中，华味公司原总经理被撤销职务，华航食品集团公司重新聘任了新的总经理；2017年12月，华味公司正式报告薯片投资失败，并要求报损购置不到一年半的薯片设备245万元，股东会经过审核，确认华味公司薯片生产无法继续盈利，批准报损，后薯片项目以60万元的价钱转让，该项目投资损失超过150万元。

华味公司投资的可行性报告分析中提到项目优点：

(1) 在薯片的原料中掺有坚果风味的配比其产品超越了市场上原有的薯片口味，起到保健功效。

(2) 可使用现有的成熟食品销售渠道。

但可行性研究报告中也提到不足之处：

(1) 作为膨化食品来说近几年发展较快，特别是江、浙、粤及河北、湖南等地，有一大批上规模的企业，作为一个新品牌想在这个市场上占有一席之地具有一定的挑战性。

(2) 该类产品从全国来讲未饱和市场主要在东北、西北一些地区没有成熟的销售渠道。

(3) 薯片本应为老少皆宜的休闲食品，但公司预计产品的消费对象主要面向保健偏好的中老年，可能会导致销量不畅。

结合上述案例，分析该收购项目投资中存在哪些问题？并提出改进建议。

资料来源：宋维佳. 可行性研究与项目评估[M]. 大连：东北财经大学出版社，2015.

 课程思政

强化政府公益性项目投资审计，彰显责任担当

近年来，随着政府对公益性项目投资力度的持续加大，巨额资金的流向与使用备受瞩目。这些资金承载着民众的期盼，关乎社会的发展与福祉，如何确保其合理、高效运用，已然成为政府工作的关键命题。这不仅需要严谨的专业操作，更蕴含着深刻的课程思政内涵，体现着政府对人民负责、为人民谋幸福的使命担当。

首先，在审计模式创新上破旧立新。打破传统单一以政府为审计主体的格局，积极引入融资机构等多元力量，构建全方位监督网络。对项目概算、工程申报、清单计价等各个环节严密把关，坚决查处不合理支配资金、肆意压缩工期、压低工程质量等短视行为。这一过程需要坚守职业道德底线，警示着每一位参与者要以公共利益为重，莫因一时私利损害长远发展，让责任意识贯穿项目始终。

其次，于准则流程构建中精雕细琢。依据项目审计的事前、事中、事后阶段情况，精心编制涵盖工程计划、财政预算与可行性分析的准则体系，借助法规将合理程序与方法固化为指南。运用比较分析法打造科学的效益审计准则，使审计流程层次分明、规范有序。这恰似遵循严谨治学之道，每一步都需精准务实，培养精益求精的工匠精神，保障审计结果经得起检验。

最后，将审计数据管理难题各个击破。鉴于数据多样分散，巧用计算机技术强化存储，推进审计基础信息数据库建设，探索市场定价机制，优化评价指标构建。引入AHP层次分析方法剖析投资项目，综合评定社会效益与生态效益。此过程如同汇聚各方智慧力量，协同共进，展现大局观与可持续发展理念，确保政府

公益资金用在刀刃上,为社会发展注入源源不断的正能量。

总之,强化政府公益性项目投资审计,是一场责任与专业的深度融合,彰显着为民服务的初心与担当。

郭芸芸.政府投资项目效益审计问题[J].企业改革与管理,2015(14):148.

8.1 投资项目效益审计概述

项目是指一系列独特的、复杂的并相互关联的活动,这些活动有着一个明确的目标或目的,必须在特定的时间、预算、资源限定内,依据规范完成。

8.1.1 投资项目效益审计的目标

在投资项目预算、决算真实、合法的基础上,审查项目决策、实施、管理、经济效益、社会效益等情况,评价投资项目立项是否符合国家的方针政策和发展需求、项目实施是否合法合规、项目投资是否节约或有无损失浪费、投资是否取得最大效益、项目是否达到预期目标、项目对环境保护等经济社会可持续发展的影响等;针对存在的问题,提出审计意见,加强对投资的决策权、审批权、监管权、建设资金支配权等监督和制约,促进有关部门和单位规范投资行为,遵守有关法律法规和财政纪律,加强项目和资金的管理,完善制度政策,提高投资管理水平和投资效益。

8.1.2 投资项目效益审计的内容

1. 投资项目决策审计

(1) 对投资项目可行性研究的审计。可行性研究报告是决策部门审批项目的主要依据和前期工作的主要内容。因此,投资决策审计的重点:一是审查提出的项目背景是否真实,建设是否必要,建设条件是否具备,可行性研究内容是否齐全,深度能否达到规定的要求并满足设计需要;二是审查承担可行性研究的单位是否具备一定的资格,可行性研究的审核批准是否符合基本程序;三是审查可行性研究中的技术论证、经济论证、财务投资方案是否切实可行,预期效益分析是否充分、合理,从而对可行性研究作出的结论进行评价,为投资决策提供审计信息。

(2) 对投资项目设计文件的审计。投资项目设计文件主要包括设计概算和施工图预算。概预算编制的合规、正确及执行,关系着一个投资项目能否节约投资,能否保证工程质量和提高效益。对概预算的审计,一是审查概预算编制的合规性、合法性,包括概预算的组成内容是否完整,编制概预算所依据的资料是否齐全,是否做到符合实际;概预算定额与概算指标是否符合投资项目的专业要求和国家规定的标准,材料与设备供应方式、市场价格与预算价格是否正确,工程量的计算、概预算定额和指标的套用上是否合规,费用项目是否合理,费用计算方法是否得当。二是审查概预算的执行情况,包括审查投资项目是否按照批准文件所规定的内容完成,有无随意变更,有无搞计划外工程、概预算外购置、超标准投资等情况,并分析主客观原因,找出存在的问题。

(3) 对资金来源及其落实情况的审计。投资项目资金来源主要有财政性资金、项目法人资本金、国内外金融机构贷款等。一要审查投资项目资金来源是否合法、合规,有无非法集资、摊派；二要审查资金是否落实，各项资金、贷款是否按照规定及时足额到位。对投资项目资金来源及其落实情况进行审计，可以确保项目按期投资，不留缺口。

2. 投资项目管理审计

（1）项目法人责任制审计。审查项目法人在项目的策划、资金筹措、建设实施、生产经营和资产保值过程中是否实现了责、权、利的统一。

（2）项目招标审计。审查项目的勘察、设计、施工、监理、采购等是否实行招投标制，招标文件的规定是否合法合规，内容是否完整，标底是否控制在概算及投资包干的限额之内，标的是否合法有效，标底与投标报价是否真实、准确，招投标程序是否公开、公平、公正，有无虚假招标、指定发包、违法分包转包、串标泄标等问题，以及中标单位资质不够，造成工程重大损失和质量隐患等。

（3）征地拆迁补偿审计。审查拆迁补偿资金发放程序是否合法、手续是否完善、政策是否公开、标准是否符合规定，还要审查有无虚报冒领、骗取补偿的问题。

（4）施工过程审计。一是审查工程价，检查工程量、材料使用的真实性，有无虚列支出、违规支出，定额、单价、收费是否合规；二是审查材料、设备的采购是否按概算内容进行，价格是否合理，调整有无经过严格审批；三是审查项目资金有无被转移、截留、挤占、挪用，有无因管理不善造成资金损失浪费的问题，有无因资金没有及时、足额到位而影响工程进度的问题；四是审查设计变更是否论证充分，变更理由是否正当，变更手续是否完备，有无中标单位先通过低价中标、再通过变更增加造价获利的问题；五是审查索赔事项真实性、合理性、隐蔽工程的真实性、准确性，加强成本的有效控制；六是审查工程质量，施工单位是否按照合同约定采取相应的质量保证措施以及措施的执行情况，有无存在质量安全隐患，质量问题的处理是否合规。

（5）工程监理审计。审查工程监理单位和监理人员的资质是否真实、合法；在监理过程中，有无编制监理规划或监理细则；有无违规转让工程监理业务。

3. 投资项目效益方法审计

（1）审查项目建设工期是否按规定的工期建设完成，建设后能否正常运营，是否达到了设计能力，评价工期、生产能力对效益的影响。

（2）将投资概算与工程实际成本进行对比，分析工程造价和投资费用的高低，是否有因决策失误、规划设计不合理、管理不善等造成的资产闲置和损失浪费，综合评价投资项目是否经济、节约、有效。

（3）通过对项目投资回收期、财务净现值、内部收益率、投资收益率等经济指标分析，评价项目投资的获利能力和偿债能力。

（4）对投资项目的社会效益、环境效益作出评价。分析投资项目建成投产后，对当地乃至周边地区的经济建设、社会发展、人民生活改善、劳动就业、节能降耗、资源利用、防灾减灾、环境保护、生态平衡等的影响。

>>) 特别提示 8-1

效益审计不是绩效审计

绩效审计特指政府的经济性、效率性、效果性审计。经济效益审计包括管理审计、经营活动审计，一般由内部审计机构开展。绩效审计属于广义的经济效益审计，我国和世界多对该类审计的名称没有统一，但目标是一致的。经济性、效率性、效果性审计也称3E审计,加上环保性、适当性(公平性)称为5E审计。

8.1.3 投资项目效益审计的标准

投资项目效益审计的标准如下:

(1) 国家有关法律法规,如国家颁布的建筑法、招投标法、会计法、审计法等,国家有关部门制定的工程质量管理条例、工程建设项目招投标办法等。

(2) 国家、行业、地区性的有关标准,如建设项目经济评价方法、各种建设项目评价指南、环境影响评价规范、建设项目实施程序规范,以及项目建设质量评定标准等。

(3) 专业机构研究或制定的专业标准,如定额、标准消耗等,行业或地区平均水平、先进水平。

(4) 具体投资项目的可行性研究报告、概算书、合同、协议。

(5) 社会效益、环境效益的标准,如就业率的提高、产值的增长、资源利用的提高、收入的增长、自然环境相关指数的变化、自然灾害损失的变化等。

(6) 上级部门制定的目标、计划等。

(7) 被审计单位制定的一些控制制度、管理指标等。

(8) 审计机关制定的评价标准。

(9) 其他地区、其他国家同类工程的标准。

8.1.4 投资项目效益审计的方式

1. 将投资项目效益审计与项目预算执行、竣工决算审计结合进行

投资项目预算执行、竣工决算审计是以真实性、合法性审计为主,为绩效审计提供了大量的基础性数据,在此基础上开展绩效审计,评价项目绩效,其效果就更科学、更合理、更准确。

2. 将投资项目效益审计与工程造价审计结合进行

工程造价审计主要是对工程的成本、费用进行审核,不涉及工程的质量、社会影响、环境影响,如果与绩效审计相结合,就能更好地发挥其为经济建设服务的作用。

3. 选择党、政府、社会关注的重点投资项目开展效益审计

将项目审计的真实性、合法性和效益性结合起来,从真实性、合法性入手,分析项目的经济效益、社会效益、环境效益,为政府加强投资管理、完善相关政策提供决策依据,增强政府投资项目的透明度。

4. 建立投资项目跟踪审计制度

对一些大型投资项目建设投入运营后的情况开展跟踪审计,分析项目使用中存在的问题及其原因,特别是项目不能达到预期效果的原因,评价这些问题对经济、社会、环境影响程度,提出改进意见,促进投资项目加强管理,后续运营达到预期效果,提高经济效益和社会效益。

5. 开展专项审计调查

选择一些政策性较强的投资项目,如涉及民生、救灾、扶贫、农村等的投资项目,开展绩效审计调查,重点围绕相关政策的落实情况和执行效果进行调查、评价,向政府和有关部门提出完善政策的意见,确保相关政策的有效落实和发挥应有的作用。还要围绕这些投资的实际使用情况、功能发挥情况进行调查、评价,促进政府惠民的投资项目提高经济效益和社会、环境效益。

6. 将投资项目效益审计分为事前审计、事中审计、事后审计

(1) 事前审计,主要对项目的计划、预算、可行性研究和成本预测等内容进行审计,事前审计可以防患于未然,对计划、预算以及投资项目实施可能出现的问题和不利因素,能在事前及时纠正和剔除,避免因预测不准或计划不周而造成经济损失或效益不高等问题的产生。

(2) 事中审计,是把项目实施情况与实施前的预测、预算、计划和标准等进行比较分析,从中找出差距和存在的问题,及时采取有效措施加以纠正,并根据实际情况调整和修改计划、预算,使之更加符合客观实际,更加合理。

(3) 事后审计,是一种总结性审计,主要是对已完成项目的经济效益、效果、效率进行分析与评价,找出问题的原因,对其他项目起到借鉴作用。

8.1.5 投资项目效益审计的评价

1. 经济性评价

在投资项目达到合格质量的条件下,评价其消耗资源是否最小化,主要关注的是项目投入和产出过程中的工程成本,只有以较低的工程成本完成同等质量的投资项目才能实现经济性。根据上述原则,投资项目经济性审查的核心是工程建设管理,应围绕质量、工期、投资进行评价,重点审查工程的勘察设计、招标投标、工程建设合同、施工组织管理、工程质量、设备材料采购、工程价款结算、工期等,分析各项经济活动是否遵循经济、合理的原则,节约社会资源;检查有无工程质量低下、勘察设计不周造成损失浪费,或是施工管理粗放、工期延长致使工程成本不合理增加;审查建设资金的使用,有无转移挪用资金造成资金损失,或是挤占工程成本、超标准建设增加工程成本;核实工程量计算方法是否合理,有无工程价款结算审核不严、招标投标时未严格履行程序甚至弄虚作假造成国有资产损失;了解施工组织管理,各种废弃物是否实现减量化管理等。

2. 效率性评价

在投资项目效益一定的情况下、生产能力和使用功能一定的情况下,评价其投资成本是否实现了最小化,或在投资成本一定的情况下,评价其投资项目效益、生产能力、使用功能是否实现了最大化,有无使用效率低下的问题。

3. 效果性评价

将投资项目实际达到的效果,与预期效果进行比较,评价其是否达到了预期目标,完成预期目标的程度。主要从三个方面作出评价:一是项目的实施效果是否达到预期目的,是否满足市场的需要;二是项目的建设是否符合社会发展需要和行业建设规划的发展,是否实现资源的最佳配置;三是项目建设是否符合可持续发展的要求,是否考虑区域经济的协调发展,是否存在盲目投资和低水平重复建设等。

4. 环保性评价

投资项目建成后,有些因素会对外部环境产生影响,评价这些因素对外部环境的影响程度。评价的主要内容包括:是否执行了建设项目环境影响评价制度,是否按规定程序报环保部门进行行政审批,项目可能出现的污染问题及影响程度。评价各项污染物治理达到国家和地方规定标准的程度,投资项目规划是否符合可持续发展战略需求,资源开发和项目建设的环境监管是否有效,环境保护和污染防治工作是否得当,是否将环境污染控制在最低限度内。

5. 社会效益评价

评价投资项目是否可对社会产生持续或长期的影响和作用,如对就业率、居民(农民)收入、生活居住条件、基础设施、公共卫生、文化教育、技术进步、结构调整、城乡建设、区域经济等的影响和作用。

经济效益审计标准

经济效益审计标准是对经济效益审计主体行为准则的要求。即对审计机构或职业审计人员业务行为的根本规范。审计标准虽然不具有法令的强制力,但审计机构或审计人员在实际工作中,必须经常予以遵守,以审计标准来衡量、检查审计机构或审计人员的工作质量,所以审计标准也是评价审计工作质量的标准。

8.1.6 投资项目效益审计应考虑的因素

投资项目具有一次性、投资金额大、投资期限较长等特点,进行投资项目审计应该考虑以下因素。

1. 货币时间价值或资金成本

货币时间价值是放弃货币现在的使用机会所取得的无风险报酬率。在测算经济效益指标时,把项目各年的现金流入量折算为现值与现金流出量进行比较。资金成本是进行货币时间价值计算时确定折算率的依据,资金成本应该根据项目投资的筹措情况加以确定,应该注意资金成本(折算率)的偏差往往会影响项目效益审计的最后结论。

2. 风险报酬和通货膨胀贴水

投资项目风险是指投资项目不能达到预期目标的可能性。一般认为购买国债和银行存款收取利息是无风险的,但在我国,商业银行仍有破产、倒闭的可能。风险报酬是由于投资存在较高风险,而期望得到的高于货币时间价值的额外报酬。项目的风险越高,要求的风险报酬率也越高。在通货膨胀程度达到既定的水平以上时,投资项目的折算率应该包含通货膨胀贴水率,即在货币随时间而贬值的前提下,未来取得的现金流入能够合理补偿现在(过去)发生的现金流出。根据以上所述,投资项目的期望报酬率,即所用的折算率由三部分组成:

投资项目期望报酬率 = 货币时间价值 + 通货膨胀率 + 风险报酬率

3. 现金净流量(NCF)

现金净流量是投资项目建设和运行各年所发生的现金流入量和现金流出量之差。

现金净流量 = 现金流入量 − 现金流出量
= 项目运营收入 − 项目运营成本(不包括折旧)
= 项目运营净利润 + 折旧

现金净流量是计算项目经济效益指标的主要依据,一个项目的现金流量可以用现金流量表的形式来表达,它可以清晰地反映项目各年现金流入和现金流出的变动情况,以及项目投资回收的时间。

4. 机会成本

因为选择最优方案而放弃次优方案所丧失的次优方案的潜在收益,称为最优方案的机会成本。固定资产投资决策往往是在两个或两个以上的可行方案之间选择最优方案,所以对投资项目的审计必须考虑机会成本。实行最优方案的现实收益大于放弃次优方案所丧失的潜在收益。只有当报酬率大于其机会成本时,方案才是最优方案。

5. 技术进步和市场竞争

固定资产投资项目在一定技术水平上形成或增加了生产的能力,但是如果同行业或同类产品的生产技术进步得很快,可能会导致固定资产投资项目的成果,如设备、生产线等,在技术上陈旧落后,过早地被淘汰报废,直接影响该投资项目的寿命年限和经济效益。同样,市场的激烈竞争也会导致运营费用的提高或收入的减少,甚至减少项目的运营年限和经济效益。

8.2 投资项目可行性研究的审计

8.2.1 项目可行性研究及报告审查的意义

对投资建设项目进行可行性研究是拟建项目按照投资决策程序要求,在投资决策时与项目有关的环境、资源、技术、经济和社会等问题所进行全面分析论证和综合评价,是一种选择最佳投资项目和投资方案的科学方法,是投资决策不可缺少的一个重要环节。建设项目可行性研究审计是决策审计的主要内容,是投资绩效审计的不可或缺的重要组成部分。审查项目建设目标、经济目标、社会目标、环境目标等实现程度,离不开可行性研究报告。投资项目的可行性研究阶段的经济效益,主要体现在投资项目的必要性和项目方案的可行性,因此,这一阶段的经济效益审计应以可行性研究报告为核心,对投资项目的必要性和项目方案的可行性进行审核。

知识拓展 8-2

可行性研究报告

可行性研究报告简称可研报告,是在制定生产、基建、科研计划的前期,通过全面的调查研究,分析论证可行性研究报告流程、某个建设或改造工程、某种科学研究、某项商务活动切实可行而提出的一种书面材料。

可行性研究报告主要是通过对项目的主要内容和配套条件,如市场需求、资源供应、建设规模、工艺路线、设备选型、环境影响、资金筹措、盈利能力等,从技术、经济、工程等方面进行调查研究和分析比较,并对项目建成以后可能取得的财务、经济效益及社会影响进行预测,从而提出该项目是否值得投资和如何进行建设的咨询意见,为项目决策提供依据的一种综合性分析方法。可行性研究具有预见性、公正性、可靠性、科学性的特点。

一般来说,可行性研究是以市场供需为立足点,以资源投入为限度,以科学方法为手段,以一系列评价指标为结果,它通常处理两方面的问题:一是确定项目在技术上能否实施;二是如何才能取得最佳效益。

可行性研究报告的用途可分为审批性可研报告和决策性可研报告。审批性可行性研究报告主要是项目立项时向政府审批部门申报的书面材料。根据国家投资体制改革要求,在我国大部分地区,企业投资类项目采取项目备案制和项目核准制(编制项目申请报告);政府性项目,使用财政资金的编制可行性研究报告。

8.2.2 项目可行性研究报告的内容

1. 项目可行性研究报告的要求

可行性研究报告的审查就是按照该报告所列示的内容,对可行性研究的可靠性程度逐一加以审核,审查的主要内容包括投资必要性审查、市场预测可靠性审查、项目规模和技术配套审查、外部供应和公用设施审查、设计方案合理性审查、财务预测可靠性审查和项目经济效益、社会效益测算分析正确性审查。

2. 项目可行性研究报告的内容

(1) 总论。
(2) 需求预测和拟建规模。
(3) 资源、原材料、燃料和公用设施情况。
(4) 建厂条件和厂址选择。
(5) 设计方案。
(6) 环境保护。
(7) 企业组织、劳动定员和人员培训。
(8) 实施进度建议。
(9) 投资估算和资金筹措。
(10) 社会和经济效果评价。

8.2.3 可行性研究报告审查的具体内容

1. 投资项目必要性审查

(1) 是否有利于宏观经济效益的提高。固定资产投资项目的经济效益,包含两个层次:一是微观层次上的效益,如能够降低生产成本,或者增加销售收入、增加利润等;二是宏观层次上的效益,如符合国家当前的产业政策,符合地方经济发展和社会进步的客观需要等。某项目如果仅对投资项目当事人的微观经济效益有利,但却不符合国家产业政策和地方经济发展的客观需要,从理论上讲可以直接下"不必要"或"不可行"的审计结论。作为内部审计来说,遇到这种情况一般应该提出建议,尽可能使项目的投资方向既符合微观经济效益的提高,又符合宏观经济效益提高的要求。

(2) 是否存在盲目引进、重复建设的问题。盲目引进主要针对固定资产投资项目中包含的新技术、设备工艺等引进项目;重复建设主要是针对投资项目成果的主要功能是否与本单位、本地区、本部门的已建或在建固定资产相重复。

(3) 项目背景和必要性。项目背景是指项目建议是在什么背景下提出的,它能够解决项目当事人生产、经营、事业、发展中的什么问题,能够满足项目当事人的哪些需要等;项目必要性是指项目成果的功能能够给项目当事人带来的利益是否必要。

2. 供销市场预测的审查

市场预测是可行性研究的基础性环节,一方面它对项目投资必要性从定量分析角度加以说明;另一方面市场能力大小的预测结果将决定项目投资的规模。当然,市场预测的结果也可能直接推翻项目的可行性。

1) 市场预测方法科学性审查

在可行性研究中的市场预测,通常包括项目运行所需要生产要素的供应市场和项目产品的销售市场两种预测。供应市场的预测方法比较简单,一般可以根据所需的生产要素、生产企业的现有生产能力和拟建、扩建中的生产能力进行测算。但也应该注意,有些必要的生产要素并不是以企业化的方式生产出来的,如专门技术、人力资源等;有些要受到国家政府的管制,如土地使用权等。上述的预测方法对这些要素的供应就不适用。

项目产品销售市场的预测的方法,按照预测期的远近可以分为"市场潜量预测"和"市场趋势预测"两种。

(1) 市场潜量预测着重分析产品当前的潜在需求量,预测方法有抽样调查法、相关产品分析法和购买力估算法等。

(2) 市场趋势预测是预测项目产品在今后一段时期需求发展趋势的方法,包括历史资料外推法、回归分析法、产品寿命周期分析法等。

对市场预测方法进行审查时,主要应注意所用方法与预测的内容是否相适应,方法的选择是否符合预测目的的要求等。

2) 审查市场预测所用的数据来源是否可靠

市场预测所用的数据来源主要有历史资料、市场调查资料和由政府和上级部门机构(如行业主管部门、统计部门、商业和外贸部门等)提供的资料,对数据来源可靠性的审查,除了审查其来源是否正规、有据可查,还要审查数据是否具有代表性和现实意义等。

3) 审查市场预测的范围是否适当和完整

项目运营生产要素的供应市场和项目产品的销售市场,很可能涉及当地市场和外地市场、国内市场和国外市场,特别是发展出口产品和进口替代产品时,预测范围是否完整对确定项目的规模有很大影响。在对国际市场预测时,应注意企业的供销预测与国家的进出口能力是否相适应,其中销售预测主要是预测有多少产品可以进入国际市场;供应预测主要是预测我国可能进口的产品数量,而不是世界各国对该产品的总供应量。

4) 审查市场预测项目的适当与完整性

项目的供销市场预测不仅是对可以得到的供应数量和可以实现的销售数量的预测,同时还应该包括对供应和销售有关的重要条件进行预测,包括:

(1) 在各种不同市场供应和销售的价格。

(2) 在各种不同市场交纳的税金和费用。

(3) 未来同类产品的竞争情况。

(4) 运输方式和运输费用。

(5) 为了供应和销售而可能引起的各种附加条件等。

5) 形成项目的市场能力

项目的市场能力是指由生产要素的市场供应和项目产品的市场销售而形成的对项目规模的约束。市场能力是项目供销市场预测的工作成果,它为可行性研究的以后各阶段工作提供了基础。审计人员通过以上各项审查后,可以判断市场预测所形成的项目市场能力是否适当。

3. 项目规模和工艺方案的审查

对工业投资项目来说,项目规模是指一定时期内能够生产的产品数量,通常称为生产能力,在可行性研究报告中反映为设计生产能力。项目的规模主要受两方面的约束:一是项目市场能力的约束;二是受规模经济的约束。所谓规模经济是指生产规模多大时,投资最节约,利润最大。项目的市场能力决定了项目规模的最大可能性;而规模经济却决定了项目的最优化。项目规模确定以后方可选择项目相关的工艺方案,由于各个工艺方案的投入和产出不同,经济效益也不同,这样,已经确定的项目规模就成为判断哪个方案最优的重要依据了。

1) 项目规模确定合理性的审查

一般要确定项目的经济规模,首先应确定该项目获得预期利润的起始规模,其次在此基础上根据项目市场能力提出多种备选方案进行分析比较,找出经济规模即最优方案。审查方法包括:

(1) 用规模经济方法如本量利分析法,测试所确定的项目规模是否能够实现项目预期利润的要求。

(2) 对照项目的市场能力,判断所确定的项目规模是否符合市场能力的约束条件。

2) 项目工艺方案先进合理性审查

工艺技术的先进程度经常受项目规模的限制,项目规模越大,工艺技术可能越先进。工艺技术的先进程度还应适应国情和企业的实际情况,并不是任何投资项目都是工艺越先进越好。先进的工艺需要其他相关因素与之相配合,如原材料、设备、操作技术和管理水平等,任何一个因素不配合都会导致整体水平的下降。

项目工艺方案先进合理性的审查应该包括:

(1) 审查项目最优工艺方案。不同的工艺方案,投资规模、能源消耗量、劳动力需求量、产品成本等都有所不同,这就要求除了审查工艺方案的技术先进、合理性,还要审查其经济上的合理性。

(2) 审查设备的选择是否与工艺要求相协调。工艺与设备是密切相关的,先进的工艺要求有先进的设备。

(3) 审查设备的购置决策是否经济有效。设备投资经常是项目投资中极为重要的部分,任何组织设备购置对项目经济效益影响较大。因此应该审查:在设备购置决策时是否比较了自制、国内采购、国外引进等多种途径,最优途径的确定是否以先进、适用、经济为依据;采购设备是否使用最有效的方式,如实地考察、价格调查和招标投标等,使设备的采购最符合经济原则;引进的设备与原有的其他设备是否配套协调;引进设备与备品备件、维修保养等关系是否兼顾。

(4) 审查设备的可靠性和技术资料的完整性。应该审查选择的设备是否有技术鉴定,尤其是引进的设备特别应该注意技术鉴定的可靠性,还应注意所采购的设备有关安装、调试、维护等方面的技术资料是否完整,设备的有效使用有无保障。

4. 项目设计方案的审查

投资项目的设计方案审查除了对工艺技术和设备的审查,还包括对项目选址、三废处理设计等的审查。

(1) 项目选址的审查。对于一个新建项目,恰当的选址是一个重要的问题。它不仅涉及自然资源、水文地质、交通运输和社会基础设施等问题,而且还涉及国家和地方经济发展政策。例如,对三废比较严重的项目,国家规定应建造在限定的区域内。审查项目选址时,应当检查项目的选址是否考虑了上述因素,是否符合国家的有关经济政策。

(2) 审查三废处理设计的合规性。三废的处理设计是设计方案审查的重点内容,首先要调查项目建成运行会产生哪些废气、废水和固体污染物,对环境有什么不良影响;其次检查项目设计方案对这些问题采取了什么有效措施,能否达到国家规定的排放标准;最后应该审查三废治理工程与项目主体工程能否同时设计、同时施工、同时交付使用。

5. 财务预测的审查

固定资产投资项目可行性研究中的财务预测,包括两部分:一是与投资支出有关的财务预测;二是与项目完工运行有关的财务预测。这两部分预测所生成的财务数据是计算项目经济效益指标的重要依据,也是可行性研究报告审查的重点。

1) 与项目投资支出有关的财务预测审查

这部分审查包括对投资概预算合理性的审查、投资资金来源的审查以及资金筹措方案优化的审查。

(1) 投资概预算合理性审查。所谓投资概预算的合理性,是指与投资活动发生当时取得等量同类生产能力或使用价值的平均成本相当。例如,基本建设投资项目的概预算,应该与投资当时单位建筑面积的实际平均造价相当。评价可行性研究中投资概预算的合理性,一般的非专业基建审计人员可以采用以下方法:

首先,选择一项已经完工并办理竣工决算的参照项目,该参照项目必须经过审计得出真实的、不含水分的实际成本;其形成的使用价值或生产能力必须与被审项目相同或同类。

其次,根据这一参照项目的决算成本和实际形成的使用价值(生产能力)计算其单位使用价值的投资额:

$$单位使用价值投资额 = \frac{决算成本}{实际形成使用价值}$$

再次,根据以上计算的单位使用价值投资额和被审项目的设计生产能力(经审查优化的项目设计规模),计算被审项目的社会平均投资额:

$$被审项目社会平均投资额 = 参照项目单位使用价值投资额 \times 被审项目设计生产能力$$

最后,以被审项目社会平均投资额为标准,评价被审项目概预算的合理性;如果被审项目的概预算与社会平均投资额一致或比较接近,审计一般可以确认其合理性;如果两者相差甚远,审计应该对其合理性质疑,并建议由专业的基建审计人员进行进一步审查取证。

(2) 投资资金来源及筹资方案优化的审查。确认了项目投资概预算的合理性以后,应审查投资资金来源的落实和合法性情况。审计人员可以检查与项目有关的投资协议、贷款合同以及项目当事人单位的会计资料,检查投资所需要的资金是否有合法而充裕的资金来源,资金的及时到位是否有保障。

在市场经济条件下,筹措资金的渠道往往有很多种,所以在一般情况下,一个固定资产投资项目的投资资金,是由若干种不同资金来源组成的"拼盘"。在这种情况下,还应该审查"拼盘"投资项目的筹资方案是否经过优化。所谓优化在这里有两个含义:一是筹资方案的综合资金成本最低;二是各项不同资金的占用时间与项目进度以及资金使用回收的现金流量相一致。

2) 与项目投产运行有关的财务预测审查

项目投产运行过程中发生的各项费用、成本、税金、收入也是可行性研究报告中财务预测的重要内容,这部分预测的结果形成投资项目的未来现金流量,是计算项目经济效益指标的重要数据来源,所以应该重点审查其可靠性。审查时应该注意如下方面:

(1) 成本费用、税金和收入的预算审查,应该以经过审计被确认为优化的项目规模为基础,未来的销售量、产量等都不应超越项目规模的界限。

(2) 注意项目运行的年限预计是否合理,可以参照固定资产的使用年限或项目产品的寿命年限加以评价。

(3) 由于项目运行的年限一般比较长,运行风险比较高,应注意各种不确定因素对成本费用、税金和收入的影响。

经过审查项目财务预测如果确认为不可靠,在审计结论中应提出重新预测的建议,或者审计师通过自己的预测来建议修正原可行性研究报告中的预测结果。如果可以确认原财务预测的可靠性,那么以此为基础进行投资项目经济效益的测算。

6. 项目经济效益和社会效益的测算评价

项目的经济效益和社会效益是投资项目可行性的一个重要的组成部分,它一方面反映投资项目经过实施所带来的最终效果;另一方面也为投资决策,即在若干个可行方案中选择较优方案提供指标数据方面的基础。

引例解析

薯片投资项目失败的启示

存在的问题

1. 项目总投资估算存在的问题
(1) 项目投资总额 500 万元的取得方式并没有明确说明。
(2) 厂房扩建需要多长时间没有预测。

2. 效益分析上存在的问题
销售价格、销售量要进行预测,它只是预测了每天的产量,然后把产量当销售量来进行效益分析。还要考虑所得税来进一步分析企业的净利润,降低投资风险。

3. 缺少财务的可行性分析
(1) 要进行现金流量的测算。
(2) 确定折现率。
(3) 计算投资评价指标分析投资的可行性,如回收期、会计收益率、净现值、现值指数、内含报酬率。

建议

(1) 在进行项目的投资计划时,应组织专家组对市场进行调查,较准确地预测该项目的未来的销售前景。

(2) 在进行投资项目的投资计划时,公司应做好项目的财务分析,如测算现金流量,计算投资评价指标,分析投资的可行性,包括回收期、会计收益率、净现值、现值指数、内含报酬率。

(3) 在做好可行性分析报告的基础上,公司应该委托中介机构对可行性分析报告进行再评价,作为项目评估的最后依据。

1) 项目经济效益指标的测算

由于投入和产出之间的比较存在不同的方法,比较的结果也分别具有不同的优缺点。因此,我们建议对一个单位或一个项目的评价应该采用不同的比较方法,形成不同的指标进行测算,反映经济效益的不同方面。

反映固定资产投资项目经济效益的指标,主要包括如下几种:

(1) 净现值(NPV)。

$$净现值 = 项目未来报酬总现值 - 项目原投资额$$

项目的未来报酬是指项目运行、终结过程中的现金净流量,包括运行各年的现金净流量和项目固定资产报废时的变价收入。未来报酬总现值是通过货币时间价值的计算,将运行各年所取得的现金净流量折算为项目第一年的现值,然后进行加总的结果,其性质是投资项目的产出。项目原投资额在可行性研究和投资决策中用的是投资概预算数额,其性质是投资项目的投入。净现值指标反映的就是上述投资项目投入与项目产出在同一个时间基础上以相减方式进行的比较,它以绝对数的形式表示投资项目经济效益的规模。

在可行性研究中,只要净现值指标数值大于零,也就是项目的产出大于投入,就表明投资方案可行;在投资决策中,如果在若干个投资规模相同的方案之间选优,那么净现值较高者为较优方案。但是如果在投资规模不等的方案之间,不能仅仅根据净现值的高低来判断其中的最优方案。

(2) 现值指数(PVI)。

$$现值指数 = 项目未来报酬总现值 \div 项目原投资额$$

该指标反映项目的产出与投入以相除的方式所进行的比较。在可行性研究中该指标数值大于1,即项目产出大于投入,表明方案可行;在投资决策中,现值指数越高,说明方案越好。该指标是相对数指标,不能表明项目经济效益的规模,但可以在不同规模的投资方案之间进行直接比较,得出较优方案。

(3) 内含报酬率(IRR)。

内含报酬率相当于使项目净现值计算等于零所用的折现率。

内含报酬率指标是使方案净现值等于零时所用的折现率,该指标反映项目的实际收益能力。在可行性研究中,当该指标数值大于投资资金的资金成本时,方案可行;在投资决策时,内含报酬率高者,为较优方案。内含报酬率没有统一的计算公式,它实际上是按照计算净现值的方法推算出来的,因此该指标的影响因素与净现值相同。

(4) 投资回收期(N)。

$$投资回收期 = \frac{项目原投资额}{每年相等的现金净流量现值}$$

上述公式只能在各年现金净流量相等的情况下使用,如果各年的现金净流量不等,只有用编制现金流量表的方法来确定投资回收期。该指标并不是一个经济效益指标,而是反映投资方案风险大小的指标,当各决策方案的经济效益指标水平基本相当时,可以根据该指标所反映的风险大小来选择较优方案。投资回收期越长(指标数值越大),说明方案的风险越高。

上述项目经济效益指标测算所用的数据,主要包括:一是项目运行各年的现金净流量(NCF),该数据的来源是与项目运行有关的财务预测结果;二是将现金净流量折算为现值所用的折现率(I),该数据的来源是投资资金筹措方案所形成的加权平均资金成本;三是项目的运行年限,该数据系根据投资所形成的固定资产使用年限和项目产品市场寿命年限孰短原则确定;四是项目的原始投资额,该数据的来源是可行性研究报告中,经审计被确认为合理的投资概预算。

2) 项目的社会效益评价

项目的社会效益评价一般用定性方法为多,包括对贯彻国家经济政策的影响、对地方经济建设的影响、对地方社会进步和生态环境改善的影响、对缩小城乡差别和贫富差别的影响、对提高我国某领域的科学技术水平和国民健康文化水平的影响等。

3) 注意对项目的宏观经济效益评价

宏观经济效益评价是指从国民经济的角度评价投资项目对国家和社会所产生的效益。应注意宏观经济效益评价的特点:①宏观经济效益衡量的价值标准是利税之和,而不是利润;②对投入和产出的价格计量应该以国际市场价格为基础;③不仅应该计算项目的直接经济效益,而且还应该评价项目所带来的间接效果。

7. 可行性研究报告可靠性的审计结论

审计结论的主要目的,是就被审项目可行性研究的结论可靠性发表审计意见。但在经济效益审计中,这种审计意见不仅仅是一种意见类型,更重要的是指出影响可行性研究可靠性的问题,并提出有效的审计建议。例如,建议在符合国家产业政策、地方经济建设需要的前提下,选择提高本单位微观经济效益的投资方向;指出在对某项市场预测内容进行预测所用的方法不适用,而应改用另一种方法;指出被审项目原设计生产能力(项目规模)超越了市场能力的约束范围,建议由设计机构重新设计;指出被审项目原概预算与社会平均投资成本水平差距很大,建议由专业基建审计人员进行进一步审查取证;指出被审项目可行性研究中财务预测所依据的项目运行寿命周期不恰当,建议重新确定寿命周期并进行财务预测等。

以上对项目可行性研究报告可靠性的审计,从项目必要性审查开始,到作出审计结论为止,经过若干审查的步骤,形成一整套的审计实务流程。这一实务流程的主要特点是审查的各步骤环节顺序不可颠倒,前一步骤的工作成果是后一步骤的前提和依据,而后一步骤的工作内容又是前一步骤的继续。

8.3 项目投资决策的审计

项目投资决策审计是一种在某项目投资方案实施之前,对该项目投资的经济效果结论及其测算过程进行的经济监督行为。

8.3.1 项目投资决策审计的特征

项目投资决策审计的第一个特征是目标标准性。首先,审计目标是一系列经济评价结论,而这些结论本身体现着项目投资者的投资规模标准和期望收益标准。其次,审计人员受托于受投资项目影响的一方或几方,用有利于被影响者的同种标准干涉投资行为,强制投资者保证他们的利益。这种干涉的实质,是以整体的标准约束局部的标准,以公众的标准约束部分人的标准。通过审计约束,协调投资者与各方面的利益关系。综合上述两点来看,项目投资决策审计是以标准对标准的约束,而其他审计以标准对行为或结果的约束。

项目投资决策审计的第二个特征是理论检测性。首先,项目投资决策审计不是立足于既成事实之上,对已经实施的行为及其产生的后果,影响国民经济的程度或正在发生的作用进行反省,而是依靠各种科学手段和预测分析,从理论上对将要采取的行动及其结果的期望状态进行预见性的评价和逻辑肯定式的公证。其次,审计标准是一系列理论值。投资决策审计的核心内容,是可行性研究报告关于项目的经济效益结论。审计试图通过对这些结论进行再评价,来指出可行性研究中存在的错弊及其这些错弊产生的原因,确证项目投资是否能获得满足整体最优化的经济效益,确证此项投资的必要程度和项目的风险程度,以及项目承受风险,谋取最大价值的理论可能。那么,审计人员首先要对这些项目目标有一系列明确、清晰、合乎项目实际的完整认识,并将其用科学的归纳方式,从理论上表述为一个审计评价标准系统。对于不同的投资项目很难甚至不可能有统一的评价标准。再次,审计的主要内容是可行性研究报告所论证的全部经济方面的结论,它们本身也是一系列的理论值。如此看来,项目投资决策审计也就是第三者对某种理论值用理论标准进行检查判断。最后,审计本身是把审计技术和项目评价技术综合作用于审计对象。因此,审计过程是一个理论性的检查、测试和分析证明过程,审计结论也只能是一系列的理论值。

知识拓展8-3

项目投资决策

项目投资决策是指投资主体在调查、分析、论证的基础上,对投资活动所作出的最后决断。按层次不同,项目投资决策可分为两类。①宏观投资决策。从国民经济综合平衡角度出发,对影响经济发展全局的投资规模、投资使用方向、基本建设布局以及重点建设项目、投资体制、投资调控手段和投资政策、投资环境的改善等内容作出抉择的过程。宏观投资决策直接影响到经济持续、稳定、协调、高效地发展,在整个宏观经济决策中具有举足轻重的地位。它的失误往往是国民经济大起伏、大调整的最直接的原因。②微观投资决策亦称"项目投资决策",是指在调查、分析、论证的基础上,对拟建工程项目进行最后决断。项目投资决策涉及建设时间、地点、规模,技术上是否可行、经济上是否合理等问题的分析论证和抉择,是投资成败的首要环节和关键因素。微观投资决策是宏观投资决策的基础,宏观投资决策对微观投资决策具有指导作用。

8.3.2 项目投资决策审计的内容

1. 可行性研究报告的基本条件审计

可行性研究报告的基本条件审计是指可行性研究报告的研究过程和研究内容的合法性、合规性审计。具体内容包括:负责进行可行性研究的单位是否具有法定资格,是否按照规定程序完成可行性研究报告的编制、审核工作,有关责任人的签字、签章是否完备,是否经有审批资格的部门或人员审批,报告的内容是否完整、全面,要点是否清楚,数据是否与有关资料衔接吻合,编制报告的有关文件、依据是否齐备,结论是否明白,研究经费是否按规定提取和开支。

2. 市场分析和需求预测审计

可行性研究市场分析和需求预测审计重点是在对有关数据、计算方式和计算结论的稽核、验证基础上,鉴定可行性研究报告考虑的生产能力和销售收益是否适合有效需求的预测状态。要注意可行性研究报告中是否充分估计到各种潜在因素,并对这些因素进行了必要的、科学的敏感性分析。市场分析和需求预测审计的具体内容如下:

(1)需求和市场分析的数据是否充足、真实、精确和适用。

(2)产品销售市场和销售方向的选择是否可行,当前市场需求的测算量是否正确。

（3）有效需求的当前结构分析是否准确。

（4）对项目建设期和项目寿命期内市场需求的测算是否科学适用，是否充分合理地考虑到项目对不可预测因素的承受力。

（5）项目在预测期内对市场竞争能力的测算结论是否正确，包括对同行业的生产能力、销售水平的增量，替代品增加量的测量结论。

（6）生产能力的设计和销售定价是否与需求预测的结论相适应，计算是否正确。

统计方法是需求预测和市场分析的主要技术方法。因此，不但要注意对测算过程进行审计，还应注意对统计技术使用上的错弊进行审计，其主要有以下四个方面：

（1）测算中的特征界定是否准确，是否始终严格遵循对不同特征的区别分析。

（2）统计数据和方法是否适合分析目的。

（3）选择的参数是否符合分析对象的特征。

（4）是否考虑到数据和系数的动态性，由计算得到的数据和系数是否有计算错误。

3. 资源、能源、原材料的市场采集和运输方案的技术经济评价结论审计

此项审计的内容具体包括：数据是否充分、可信，采集、供应量的变化预测是否正确，供应方案是否在经济上合理，成本计算是否真实，等等。重点是审计在成本计算中有无故意缩小支出、假账真算、真账假算的情节。

4. 资金筹措方案的审计

要审计相关项目是否具有一定量的自筹资金，资金来源是否合法、合规。主要依靠贷款解决的项目，要从资金的时间价值上审计其还贷能力，还贷后是否具有经济效益等。引用外资的项目，还应审查其还贷方式是否对我国的整体经济效益带来损失，审计项目决策者是否尽可能选用在偿还期是比较疲软的、汇率有下降趋势的外币。

5. 评价审计技术费用、成本预算的合理性

审计技术费用的估价、建筑成本的预算，以及生产总成本的测算是否科学、合理，结论是否正确。

6. 适用于新建工程项目的管理制度审计

适用于新建工程项目的管理制度审计主要审计内部控制系统设计方案的科学性、可行性。

7. 投资效果的经济评价结论审计

审计经济评价结论的正确性、完整性、科学性、规范性和效益性等方面的内容，并要求把这方面的审计结论和对市场分析与需求预测的审计结论结合起来，对此项投资的必要性作出回答。

8.3.3 项目投资决策审计的程序

组织实施项目投资决策审计，应该严格而灵活地遵循一定的工作程序标准。工作程序标准具有条理化、系统化和规范化的特点，它既能使前人的工作经验得到扬弃而趋于更科学，又有利于新手迅速掌握而顺利开展工作，帮助全体审计人员提高工作效率和质量。

1. 准备阶段

准备阶段的基本任务是，用较短的时间收集待审项目及其管理系统的背景资料和总体资料，熟悉项目情况，掌握审计工作的重心，提出审计方案并做好审计准备工作。本阶段工作按如下步骤进行。

1）接受任务和收集资料

审计工作组接受对项目的审计任务,并对审计的对象和目的研究讨论,进行消化。要求参与执行此项任务的每一个成员,必须明确审计任务的全部内涵和要求。根据不同投资项目的特点和审计需要,索取、调阅或采取其他有效方式,全部或部分收集以下资料：

(1) 经有关部门批准的项目建议书。

(2) 有关部门与委托单位对建设项目意图的文字表述材料和委托研究的合同。

(3) 可行性研究报告及其他附件。

(4) 与项目研究有关的市场调查资料和资源调查资料。

(5) 可行性研究报告推荐方案的设计资料。

(6) 可行性研究报告中,经济评价结论的主要测算报表及其有关资料。

(7) 国家、区域、行业经济发展的规划、经济建设方针和与待审投资有关的经济法规。

(8) 国家批准的资源使用报告,国土开发、江河流域和其他与项目投资有关的所有人、财、物的分配使用规划。

(9) 涉及资金筹措的财政、财务资料。

(10) 项目所在区域内,对项目研究有影响的主要数据资料。

(11) 有关项目评价的国家参数和标准。

(12) 有关项目技术经济方面的规范、定额和标准。

(13) 其他与项目研究有关的经济资料。

2）资料基本收集完毕后,对其进行初步鉴定和整理

收集资料要求尽可能地充足、系统、真实、正确、有力,以有利于定量分析。

3）建立目标评价标准系统

建立目标评价标准系统,在项目投资决策审计中是十分重要的。一方面,不同的投资性质各不相同,不能运用相同的标准来评审。因此,每一项具体的审计,都要根据不同的投资项目建立适合的标准系统。另一方面,除了国家的基准指数和参数、部门和行业的部分标准、指标或定额外,每项审计时需要根据不同投资对象,或参照同类投资的各项指标来类推本对象所适用的标准,或运用基本原理、原则和科学分析方法,以及综合专家意见来探寻新的标准。总的说来,应该尽量从国家、行业或地方经济发展的规划要求出发,本着效益性、系统性、特殊性、定量化等四个原则来考虑建立目标标准系统。建立的方法从两方面来考虑：一是向有关部门索取、借用国家、部门或行业指定或制定的经济技术参数和标准；二是综合专家意见和参照同类投资经验,经过科学分析来确定适用于被审项目的标准和参数等。

4）审计计划

准备阶段要作出实施审计行为的书面计划。在计划中,要尽量完整地描述达到既定审计目标的种种行动方案,规定审计人员的分工协作关系和工作目标,以及完成审计任务的主要步骤,提出各审计小组的工作质量标准。审计计划要求做到全面、明晰、具体、易于理解和执行。

2. 实施阶段

审计工作组经过周密的准备,开始进入审计实施阶段。这个阶段审计的工作重心转移到具体完成各项审计目标任务方面。在肯定了可行性研究报告的合法性和合规性的前提下,对可行性研究过程中有关经济评价的科学性、正确性、合规性及其结论的效益性进行审

计。审计质量的基本要求是系统、全面、科学、准确。

(1) 审计可行性研究报告的基本条件。通过仔细阅读可行性研究报告和有关资料的内容，一一对照有关报告编制的文件和规定要求，对可行性研究报告的合法性、合规性作出肯定的评价。

(2) 审计可行性研究的前提。这是对建设条件、市场调查和需求预测结论的审计，主要目的是要审核寿命项目寿命期内现值的流入总量和分年现值流入量的理论值。

(3) 审计项目管理系统的设计方案。阅读并分析项目管理的基础制度流程图，对照理想的管理模式来分析项目对职能部门、人员分工岗位的权利和职责范围等设计方案的优缺点，指出不足之处和可能出现的弊端，并提出改进方案的具体意见。

(4) 审计经济评价的基础数据。这是对被推荐的各个技术方案的经济合理性测算结果进行稽核、检查。重点在审计资金筹措方案、产品定价方案、原材料供应方案和生产规模设计方案的效益性。

(5) 审计经济评价结论。在完成上述审计任务后，运用这些数据对经济评价的结论进行重新计算，重点放在国民经济评价方面，并用既定的目标标准来衡量和评价这些结论与目标最低要求的差异程度，作出对项目的事前经济效益审计结论。

除了基本条件和管理方案的审计，其余几方面的审计都可以按下列步骤实施：

(1) 认真研读所审技术方案，把握技术经济联系的关键点。这些关键点一般反映为，有关技术经济方面的各种规范、标准和定额等。

(2) 鉴别数据、资料的真实性和可用性。

(3) 分析、评价数学模型，并区别情况修正或重建模型。

(4) 调整、筛选或补充必要的数据和参数。

(5) 依据模型重新推演计算过程和结果。

(6) 用目标标准比较评价计算结果，并作出定量和定性的审计结论。

3. 终结阶段

审计人员在此阶段中，按秩序完成下列工作：

(1) 系统整理审计资料，复核审计工作底稿和各种审计记录，核实审计结论。

(2) 按审计报告书的内容要求排列有关附件，以便装订和今后查阅。

(3) 为可行性研究报告鉴证，并撰写审计报告书，向有关领导和部门报告任务完成情况。

(4) 清理归档或归还被查资料和文件。

(5) 装订和归档审计报告及附件。

这一阶段的核心任务是，为可行性研究报告鉴证，并写出对审计完成情况及其审计结论和建议的书面报告。撰写审计报告要求做到：得失评价要依据充分，数字准确；意见和建议要观点正确，阐述具体，并且易于理解，能够实施；在文法上要主次分明，重点突出，措辞恰当，逻辑严密。

8.4 投资项目中后期经济效益审计

投资经济效益是指在投资活动中所消耗或占用的活劳动和物化劳动与所获得的有用效

果的比较,也就是投资活动中所耗与所得的关系。投资效益审计是指对投资活动所耗与所得进行监督、评价和建议的活动。投资项目中期是指项目工程从开工到竣工投产前的阶段,这一阶段的经济效益审计的主要内容是项目建设速度工期和项目建设质量的审查。投资项目后期是指项目固定资产达到预计可使用状态,竣工交付使用阶段,这一阶段的经济效益审计主要内容是项目的预期经济效益的实现情况审查。

8.4.1 项目工期进度的审查

一个投资项目的工期跨度因项目规模和其他条件而各异,在工期较长的项目中,应在项目建设的一定阶段对工期进度进行审查。审查的目标是实际进度与方案的设计进度是否符合,揭示影响项目进度完成的主要原因并提出改进的建议。在对项目的工期进度进行审查时,可以适当运用一些辅助性评价指标,它们包括:

单项工程设计工期完成率 = 单项工程竣工实际时间 ÷ 单项工程设计竣工时间

房屋建筑物面积竣工率 = 审定的房屋建筑物竣工面积 ÷ 设计房屋建筑物施工面积

未完工程投资占用率 = 审定的在建工程累计投资完成额 ÷ 审定的投资项目实际完成投资额

8.4.2 项目完成质量的审查

固定资产投资项目一般要形成一定的固定资产,所形成固定资产的质量,也就是该项目能够满足生产经营或社会生活一定需要的自然属性或技术特征。

在经济效益审计中,不仅要将投入与产出的数量进行比较,而且还要将投入与产出的质量进行比较,因此,在固定资产投资项目的中期,必须开展对项目的完成质量的审计。

1. 检查项目建设中质量管理制度和质量内部控制制度的健全有效程度

按照质量管理的理论、ISO9000 质量管理和认证体系以及内部控制的基本要求,来对照、评价被审项目建设的质量控制和管理的强弱,判断项目的质量风险的高低。

2. 检查项目工程的质量等级

项目工程质量等级的审查,是以单位工程为对象,按国家标准划分为"优良""合格"两个等级。审查时通过测算优良品率和合格品率指标,评价项目工程质量高低及其变动情况:

优良品率 = 评为优良品的单位工程个数 ÷ 进行验收鉴定的单位工程个数

合格品率 = 评为合格品的单位工程个数 ÷ 进行验收鉴定的单位工程个数

3. 检查项目工程质量事故

为了全面评价项目工程质量对项目经济效益的影响,在审查工程质量等级的同时,还应对工程质量事故造成的经济损失进行评价。质量事故造成的经济损失可以用返工损失额和返工损失率表示:

返工损失额 = 损失的材料费和人工费 - 可利用的材料价值

返工损失率 = 项目工程返工损失额 ÷ 项目工程累计完成投资

8.4.3 达到设计能力状况的审查

投资项目建成投产后,不仅要迅速形成生产能力,而且要使实际形成的生产能力尽快达到设计要求,从而取得最好的经济效益。对达到设计能力状况的审查,包括达到设计能力的时间和达到设计能力的水平审查两个方面。

1. 达到设计能力时间的审查

将实际达到设计生产能力的时间,与设计文件所规定的时间进行比较评价。一般来说,提前达到设计生产能力,意味着能够提前投产,增加项目的产出,使项目的经济效益有所提高。延缓达到设计生产能力,则不利于项目经济效益的提高,应该检查延缓的原因以及由此带来的经济损失。

因延缓达到设计生产能力带来的经济损失,其计算公式为:

$$F = T(P_2 - P_1)(1+I) + n(P_2 - P_1)(1+I-1)$$

其中:F 为从投产到达到设计生产能力的年损失额;T 为从投产到达到设计生产能力的年限;P_2 为达到设计生产能力时年平均利润;P_1 为达到设计生产能力前年平均利润;I 为投资项目资金成本率;N 为推迟投资偿还的年数。

2. 达到设计能力水平的审查

对新建项目投产后的实际产量、成本、质量进行核实,并与项目设计文件中规定的指标进行比较,评价设计能力达到的程度。对未达到设计生产能力要求的,应该查找原因,督促有关的项目当事人尽快采取措施,使其真正达到设计要求的生产能力和水平。

重 要 概 念

投资效益审计　可行性研究　净现值　内含报酬率　投资回报期　投资经济效益

思 考 题

(1) 投资项目效益审计的内容是什么?
(2) 投资项目效益审计应考虑的因素是什么?
(3) 可行性研究报告审查的具体内容是什么?
(4) 项目经济效益测算的指标有哪些?
(5) 项目投资决策的审计程序是什么?

练 一 练

1. 投资项目效益审计的首要关注点是(　　)。
   A. 项目投资金额的准确性　　　　　　B. 项目能否达到预期的经济效益
   C. 项目建设过程中的合规性　　　　　D. 项目所采用技术的先进性
2. 下列各项指标中,常用于衡量房地产投资项目的经济效益的是(　　)。
   A. 租金回报率　　　　　　　　　　　B. 绿化覆盖率
   C. 小区入住率　　　　　　　　　　　D. 房屋建筑质量等级
3. 在投资项目效益审计的前期准备阶段,审计人员通常不需要开展的工作是(　　)。
   A. 了解项目的可行性研究报告　　　　B. 审查项目的招投标文件
   C. 对项目预期收益进行精确预测　　　D. 收集同类型项目的相关资料
4. 投资项目效益审计发现项目实际收益远低于预期,审计人员应首先(　　)。

A. 要求项目投资方追加投资以弥补亏损
B. 深入分析导致收益不佳的原因,如市场变化、运营管理问题等
C. 建议立即终止项目
D. 把责任归咎于项目前期策划人员

5. 对于高新技术产业投资项目,在效益审计时,除经济效益外,还应重点关注(   )。
   A. 项目对技术创新的推动作用   B. 项目厂房的建设进度
   C. 项目研发人员的薪酬水平   D. 项目设备的采购成本

6. 投资项目效益审计中,采用成本效益分析法的关键步骤不包括(   )。
   A. 准确识别项目所有成本   B. 主观臆想项目潜在收益
   C. 合理折现未来现金流   D. 对比成本与收益判断效益优劣

7. 下列各种情况中,可能导致投资项目效益审计风险增加的是(   )。
   A. 审计人员具备丰富的投资知识和经验   B. 项目投资方提供完整且真实的资料
   C. 审计过程中频繁更换审计小组成员   D. 项目运营环境稳定,无重大变化

8. 在评估基础设施投资项目效益时,社会效益指标通常不包括(   )。
   A. 减少交通拥堵时间   B. 项目带动周边土地增值额
   C. 当地居民对项目的满意度   D. 项目施工过程中的噪音污染程度

9. 投资项目效益审计报告的受众一般不包括(   )。
   A. 项目投资者   B. 政府相关监管部门
   C. 项目施工单位的基层员工   D. 潜在投资者

10. 开展投资项目效益审计时,与财务审计数据相互印证的主要数据来源是(   )。
    A. 项目运营部门的业务统计数据   B. 审计人员网上随意搜索的数据
    C. 项目负责人个人估算的数据   D. 未经核实的同行业平均数据

第 9 章 经济效益审计报告

- ◇ 内容简介
- ◇ 重点难点
- ◇ 学习目标
- ◇ 知识框架
- ▶ 9.1 经济效益审计报告概述
- ▶ 9.2 经济效益审计报告的格式和内容
- ◇ 重要概念
- ◇ 思考题

 **内容简介**

经济效益审计报告是审计人员在经济效益审计工作结束时发表审计意见、作出审计评价和提出审计建议的一种书面文件,它是经济效益审计过程中一项最为重要的文件。本章主要讲解经济效益审计报告的格式和内容,经济效益审计报告编制的原则与撰写步骤。

 重点难点

本章重点为经济效益审计报告的格式和内容;本章难点为经济效益审计报告的具体内容。

 学习目标

通过本章学习,学生应掌握经济效益审计报告的格式与内容,并能够熟练地加以运用,为将来从事审计工作奠定一定的理论基础。

 知识框架

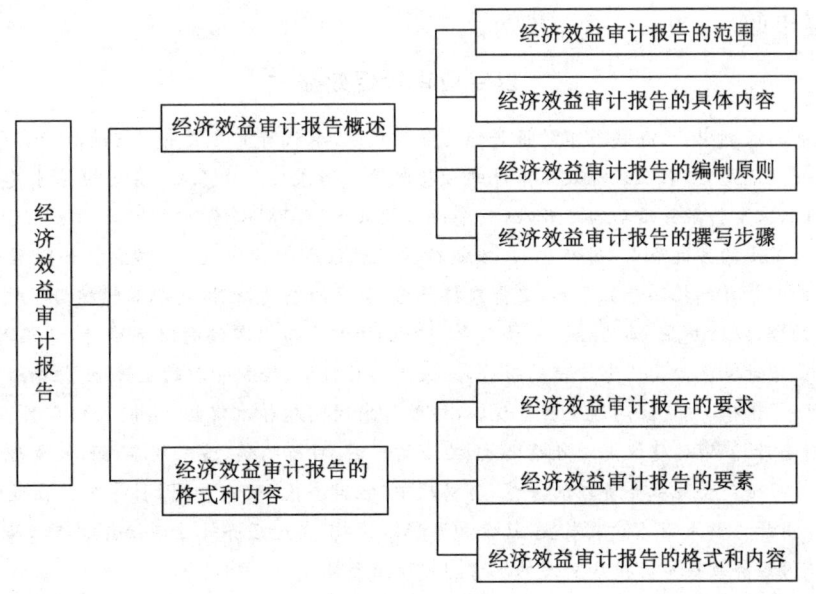

 **引入案例**

青岛市前海污水处理厂及其配套项目效益审计

1. 选择项目

青岛市前海污水处理厂及其配套项目是青岛市完善城市排污系统的重要组成部分,该项目概算总投资2.66亿元,资金来源主要由国债专项和财政投资两部分组成。

2. 审计目标

从项目建设的"经济性、效率性、效果性"三个方面,对项目的投资效益作出客观评价,分析投资、预算管理体制中存在的缺陷,并提出改进建议,提高资源利用率,提高投资效益。

3. 审计标准

审计标准的来源主要包括:国家产业政策和行业规划、土地管理、环境保护、资金使用、项目审批等方面的法规和政策;国家审计准则;行业主管部门制定的工程定额及施工规范;被审计单位财务、工程管理执行和程序手册;项目可行性研究报告概算、计划批复文件及审查意见;工程设计资料、批复文件及审查意见等;评价项目效果的指标是评价海水水质污染状况的四个主要污染指标。

4. 审计方法

除了常用的审计方法,大量使用询问、统计分析、访谈等方法。比如,调查时发现,某总进水闸门和溢流口之间设计不当,导致差不多每隔一个月就要发生污水溢流。

5. 审计结果和评价

项目效果:①该项目的实施基本改变了前海一带雨水污水混流的现象,前海一带的污染状况比过去有明显改善,评价海水水质状况的四个主要污染指标均有比较明显降低;②该项目基本达到了设计要求和国家环境标准,起到了治理环境污染、改善生活环境质量的作用。

但是,该项目也存在一些问题:①建设单位项目管理不严,施工单位高估冒算,提高了建设成本;②超概算、超标准建设办公场所,投资不经济;③设计决策不科学,造成设备损坏停用。经现场盘点,12台除砂机中已有8台损坏停用。

资料来源:杨肃昌.中国公共支出绩效审计制度研究[M].北京:经济科学出版社,2014.

 课程思政

以专业审计促效益

在经济发展的浪潮中,经济效益审计报告作为关键成果,承载着重要使命。它绝非徒有形式的文本,而是从内至外散发规范光芒,彰显经济效益审计的独特魅力。形式规范是基础,实质规范才是核心。审计人员在撰写报告时,需紧扣经营活动的经济性、效率性与效果性"三驾马车",深挖审计结果背后的成因。每一个成因都是因果链上的关键节点,明晰它们,才能精准定位经营管理中的薄弱之处,如同医生找准病症根源。这要求审计人员具备扎实专业素养,更需秉持严谨、负责的态度,这恰是职业精神与思政教育所倡导的"工匠精神"的融合,以精立业,满足经济发展需求。若审计方法与内容偏向财务审计,易陷入形式泥沼,无法突出经济效益审计特色。真正有价值的报告,应聚焦项目投资、经营管理的主阵地,把绩效审计评价标准的"幕后故事"——选择、确定及沟通全程呈现,从绩效视角对问题精准定性,平衡长短期目标,让报告成为企业发展的"指南针"。审计建议更是点睛之笔,要逻辑严密、目标明确,追求效率、经济、管理效能与责任感齐头并进。这背后是对企业社会责任的考量,与思政中"经世济民"理念相通,引导企业在逐利同时兼顾社会福祉,以专业审计力量为经济健康发展、社会和谐稳定护航,实现经济效益与社会效益双赢。

刘晓嬬.一份经济效益审计报告引发的思考[J].商业会计,2016(08):76-78.

9.1 经济效益审计报告概述

9.1.1 经济效益审计报告的范围

近代企业财务审计最具影响力的变革莫过于风险导向审计思想的应用。在风险导向审计模式下,了解被审计单位外部行业环境及内部经营环境,评估其经营风险,并通过分析程序等审计程序对重大错报风险进行评估,就可以在保证审计质量的前提下有效地提高审计效率。由于有效地控制了总体风险,对于重大错报风险较低的环节,审计人员就可以减少实质性测试的范围和水平,从而直接提高审计效率,降低审计成本,并克服有限的审计资源在低风险环节和高风险环节分配不当的缺陷。

随着社会经济全球化和网络化趋势的推进,现代组织的业务类型日益复杂,经济效益审计的目的在于提高组织的运营效率及管理水平,倘若将所有的经营活动都纳入审计的范围,势必会浪费大量的审计成本,影响组织的正常运营秩序,无谓地耗费组织的审计资源。因此,根据组织自身的实际情况,合理选择和确定经济效益审计对象是十分必要的。对于风险较高的项目或经营环节,可以着重考核和审查;对于风险较低的领域可以降低审计力度或免于审计,一切都要以组织自身的特点和项目自身的特点为基础有所侧重地安排审计。

1. 根据审计范围确定经济效益审计报告的类别

根据审计范围的不同,经济效益审计报告可以分为全面经济效益审计报告、局部经济效益审计报告和项目经济效益审计报告。

(1) 全面经济效益审计报告。全面经济效益审计报告是以审计对象经济效益的实现全过程和全部影响因素作为审查范围而形成的报告。全面经济效益审计报告的审计范围广泛,内容全面,有利于从整体上促进被审计单位提高经济效益。但是,全面经济效益审计报告消耗的审计资源也较大,通常需要投入大量的人员、时间和经费,可能违背成本效益原则。全面经济效益审计报告适用于长期亏损、面临破产的企业。

(2) 局部经济效益审计报告。局部经济效益审计报告是以审计对象的部分经济活动或经济效益的部分影响因素作为审计范围而形成的报告。例如,某产品的单位生产成本效益分析、流动资金周转和利用效率审查等。局部经济效益审计报告的审计范围较小,消耗的审计资源也少,对审计机构和审计人员的要求较低。局部经济效益审计报告通过解决某个环节上的问题,推动被审计单位整体效益的提高,能起到立竿见影的效果。局部经济效益审计报告适用于对组织日常的生产经营活动和业务活动的绩效评价,是当前我国经济效益审计中采用最多的报告方式。

(3) 项目经济效益审计报告。项目经济效益审计报告是以某一特定项目,即一次性的经济活动为审计对象而形成的报告。例如,对外投资项目审计、新产品开发项目审计、固定资产建设项目审计等。项目经济效益审计报告在审计资源消耗、产生效果的速度等方面与局部经济效益审计报告相似,也是我国经济效益审计中经常采用的一种报告方式。

2. 根据审计内容确定经济效益审计报告的类别

根据实际情况和需要,经济效益审计可以同时对组织经营管理活动的经济性、效率性和效果性进行审查和评价,也可以只侧重某一方面进行审查和评价。根据审计内容的不同,经济效益审计报告可以分为经济性审计报告、效率性审计报告和效果性审计报告。

（1）经济性审计报告。经济性审计报告是指审计机构和人员对组织的经营活动的经济性进行审查和评价的活动而形成的报告，主要审核各项经济资源的利用是否节约、合理，以及各项经济活动是否有效率。为此，经济性审计报告主要关注的是资源投入和使用过程中的成本，只有以较低的价格获得同等质量的资源时才能够实现经济性。

（2）效率性审计报告。效率性审计报告是指审计机构和人员对组织经营活动的效率性进行审查和评价的活动而形成的报告，主要是通过审查和评价组织经营活动的投入、产出关系，优化业务流程，提高经营效率。为此，效率性审计报告主要关注的是支出的效率，当投入一定量的人、财、物、信息和技术资源取得产出最大化时，或者取得一定量的产出实现了投入最小化时，才能称之为效率性。

（3）效果性审计报告。效果性审计报告是指审计机构和人员对组织经营活动的效果性进行审查和评价的过程而形成的报告，主要是协助组织管理层改善经营水平，提高经营活动的效果。为此，效果性审计报告主要关注的是一个项目是否实现了目标及目标成果的有用性。

9.1.2 经济效益审计报告的具体内容

为了实现经济效益审计报告的总体目标，审计机构和人员应当设定经济效益审计报告的具体目标，并确定经济效益审计报告的具体内容。具体而言，经济效益审计报告主要审查和评价下列内容：①有关经营管理活动经济性、效率性和效果性的信息是否真实、可靠；②相关的经营管理活动的人、财、物、信息、技术等资源的取得、配置和使用的合法性、合理性、恰当性和节约性；③经营管理活动既定目标的适当性、相关性、可行性和实现程度，以及未能实现既定目标的情况及其原因；④研发、财务、采购、生产、销售等主要业务活动的效率；⑤计划、决策、指挥、控制及协调等主要管理活动的效率；⑥经营管理活动预期的经济效益和社会效益等的实现情况；⑦组织为评价、报告和监督特定业务或项目的经济性、效率性和效果性所建立的内部控制及风险管理体系的健全性及其运行的有效性；⑧其他有关事项。

毋庸置疑，影响组织绩效的因素不是单一的，它要受到人、财、物、技术和管理等多方面因素的共同影响。因此，经济效益审计报告的对象突破了传统的财务审计和财政收支审计，不只是关注账、证、报表等会计资料及所反映的财务、财政收支状况，而是将目光置于组织的整个经营管理活动之上，超越账本的表面，深入业务的实质。但是，经济效益审计并不能脱离财务审计，除了必须关注的经济性、效率性和效果性目标之外，经济效益审计仍然需要关注组织使用资源的合法性、合规性及组织信息的真实性、可靠性。另外，组织管理活动的目标是否适当可行也是经济效益审计的重要关注点，因为这些目标也是组织获得经济效益、组织管理有效的前提和基础。

从宏观层面来看，经济效益审计报告的内容包含了组织的经营活动和管理活动，组织的经营与管理并不是相互独立的，经营活动的经济有效与管理活动的顺利开展往往是相辅相成、相互促进的。从表面看，经营活动的经济性、效率性和效果性体现在业务活动的过程及结果上。但是，任何经营活动都是离不开管理活动的，都是管理层和管理人员发挥其职能的过程。管理人员的素质决定了管理职能的发挥程度和管理水平、管理效率的高低，而管理水平和管理效率又直接影响着经营活动的经济性、效率性和效果性。在组织的管理活动当中，经济效益审计尤其还要关注组织的内部控制体系及风险管理体系。健全的内部控制系统可以防患于未然,对于内部控制系统及风险管理体系的审查和评价可以促进内部控制系统充分发挥作用,发现组织在经济性、效率性、效果性方面存在的问题,并在问题发生之前将其解决,不仅可以降低组织可能遭受的损失,也可以节约审计成本。

9.1.3　经济效益审计报告的编制原则

经济效益审计报告应该考虑审阅者的需求,避免模糊的语言。所以,经济效益审计报告的编写应当符合以下一些要求:

(1) 客观公正。审计人员在撰写经济效益审计报告时要实事求是,不能夸大事实,也不能大事化小,要辩证地看待问题。在表达审计结论时,要以不偏不倚的立场来表述证据,表述中要以平和、客观、中立的语气来阐述,以便于被审计单位能够接受审计结果,获得被审计单位的支持并按照审计结论进行整改。

(2) 完整真实。审计结论要有充分的证据来支持,审计人员为此要充分收集与审计结论相关的所有的审计证据,并对这些证据和论点进行详细的说明,以便于报告使用者全面、正确地理解所报告的事项和情况。

(3) 重点突出。在经济效益审计中,审计的对象是广泛的,影响被审计单位的经济效益的因素也是多方面的,审计人员在撰写经济效益审计报告时,不必罗列所有的影响经济效益的因素,也不必对所有的问题都面面俱到地加以表述。审计人员在对被审计单位的经济效益进行评价时,只要抓住主要问题进行评价、分析,找出主要原因,对于次要问题在撰写时可以略去。这样,经济效益审计报告就可以突出重点,使审阅者易于明确问题的所在。

(4) 准确可行。不准确的报告会损害审计人员的信誉,降低审计报告的有效性;可行性差的报告会使被审计单位无所下手。所以,在经济效益审计报告中,审计报告中的证据表述要真实、准确,审计结论要具有可行性。

9.1.4　经济效益审计报告的撰写步骤

经济效益审计报告流程与财务审计报告流程是有所不同的。经济效益审计报告编制的一般流程如下:

(1) 编制审计情况汇总表在经济效益审计过程中,审计人员要把各方面的情况进行汇总,并对有关问题进行重点说明。这样,审计人员对经济效益审计事项就有了一个全面的认识。

(2) 审核、分析审计工作底稿。审计人员要对审计工作底稿中的记录进行筛选,剔除不真实的资料以及次要的资料,保留重要的资料。

(3) 确定审计报告主要内容。通过资料的整理和认识的统一,审计人员要依据重要性原则进一步确定审计报告应包括的主要内容。

(4) 分析产生问题的原因和提出建议。在确定了经济效益审计报告所撰写的主要内容后,根据所要反映的内容分析造成经济效益优劣的各种原因,并且要分析事物的本质,审计人员要进一步提出应该如何提高经济效益的建议。

(5) 编写报告提纲。审计人员在撰写经济效益审计报告前应先编写报告提纲,提纲中列示了反映的内容和证据、产生的原因和改进的建议等。

(6) 撰写报告初稿。根据提纲,审计人员着手撰写审计报告初稿。

(7) 对经济效益审计报告初稿进行讨论。对报告中提出的审计建议应进行必要的论证和测算,并听取有关业务部门的意见,以保证建议的可行性。

(8) 征求被审计单位的意见。经济效益审计报告在报送有关部门以前,应该征求被审计单位的意见。

(9) 定稿和报送。征求被审计单位的意见后,审计人员酌情修改报告初稿,写出正式经济效益审计报告。经过必要的审查,按规定报送有关部门和单位,并且送交被审计单位。

9.2 经济效益审计报告的格式和内容

经济效益审计报告是经济效益审计结果的最终表现形式,是审计人员在经济效益审计工作结束后发表审计意见、作出审计结论、提出审计意见的书面文件。审计人员可以在报告中对被审计事项提出客观的评价,肯定优点和长处,同时对组织管理中存在的经济性、效益性和效果性问题进行分析,并针对审计过程中发现的问题提出改进建议和完善措施。

9.2.1 经济效益审计报告的要求

经济效益审计报告是审计评价的载体,审计评价贯穿于经济效益审计的整个过程。经济效益审计评价要以审计事实为依据,不能凭空捏造。经济效益审计报告应当反映经济效益审计评价标准的选择、确定及沟通过程等重要信息,包括必要的局限性分析。在经济效益审计报告中,审计人员应该以清晰、具体的语言描述经济效益审计的目标、范围和评价标准。经济效益审计评价标准是审计目标和审计范围的反映,经济效益审计报告应当详细地分析评价标准的选择、确定、应用与评价结果,以使经济效益审计报告的使用者了解审计人员的审计思路,形成对整个审计过程的方向性理解。由于经济效益审计评价标准必须得到被审计单位的认可,审计人员就经济效益审计的评价标准与被审计单位的沟通过程也应当列示在经济效益审计报告中,以证明审计结论切合被审计单位的实际情况,具有合理性和客观性。然而,受制于经济效益审计报告的篇幅及审计报告应突出重点的要求,审计人员在撰写经济效益审计报告时也不必罗列所有的情况和因素,不必对所有的审计内容进行面面俱到的描述,只需抓住重要问题进行分析,对于次要的内容可以简化或省略,同时作出必要的局限性分析,以确保经济效益审计报告清晰明了,有助于报告使用者明确关键问题之所在。

经济效益审计报告中的绩效评价应当根据审计目标和审计证据作出,审计机构和人员在经济效益审计报告中作出绩效评价可以采用总体评价和分项评价两种方式。审计机构和人员在选择经济效益审计的评价方式时应当贯彻谨慎性与重要性原则。对于经济效益审计实施过程中并未涉及的被审计事项,或者审计证据不足、评价标准不明确的事项及超出审计范围的事项可以不予评价。对于组织已经实现的经济发展目标、健全的内部管理体制和效率、效益达标的环节,审计人员应当在经济效益审计报告中给予充分的肯定;对于证据确凿的效率、效益低下,盲目决策等问题,审计人员应当在经济效益审计报告中作出重点说明。经济效益审计的审计证据多为具有说服力的证据,一般都是通过审计抽样与统计分析获得的。如果定性证据较多、定量证据较少,那么经济效益审计评价就存在一定的风险性。如果难以对被审计事项整体作出评价,审计人员可以将被审计事项分解成可以评价的子项目进行评价,从而确保经济效益审计评价的客观性和合理性,以降低审计风险。如果经济效益审计评价无法做到面面俱到的话,那么在全面分析各种问题时,经济效益审计报告就必须突出重点,以提高评价效率。

经济效益审计报告中呈现的问题应该能够体现经济效益审计的目标、特征及关注点,与其他审计报告有所区分。作为经济效益审计的最终成果,经济效益审计报告是组织管理层在使用经济效益审计这一管理工具时的重要依据,也是促使组织管理层了解经济效益审计工作、重视组织绩效问题、发展经济效益审计的手段。经济效益审计报告中反映的合法、合规性问题,除进行相应的审计处理外,还应当侧重从绩效的角度对问题进行定性,描述问题及对组织绩效造成的影响、后果及严重程度。经济效益审计关注的是组织的绩效问题。但是组织的绩效问题并不是经济效益审计报告阐释的重点,审计人员还应当在经济效益审计报告中进一步说明绩效问题所造成的影响、后果及严重程度,以使组织管理层充分了解经济效益审计的全部成果。

在经济效益审计报告中,报告使用者最关心的应该就是组织存在的绩效问题及需要作出的改进。为此,审计机构和人员在撰写经济效益审计报告时,不应仅将关注点集中在单纯的描述和说明在经济效益审计实施过程中发现的具体问题,应当注重从体制、机制、制度上分析问题产生的根源,不仅可以帮助组织管理层了解组织所存在的更深层次的问题,也更容易得到被审计单位和人员的充分理解。分析问题、解决问题是经济效益审计报告建设性的体现,是经济效益审计的精髓所在,也是关注企业经济性、效率性和效果性的最终落脚点。审计人员在就经济效益审计中发现的问题提出改进建议时,也应当兼顾组织的短期目标和长期目标、个体利益和组织整体利益,提出改进建议和完善措施应当具有针对性、逻辑性,符合被审计单位的实际情况,切实可行,并能够在促进组织改善经营管理,提高经济效益,降低经营风险,最终实现组织目标方面取得实际的成效。

9.2.2 经济效益审计报告的要素

与传统财务审计报告不同的是,经济效益审计报告没有统一的格式。报告的格式及内容可以根据审计对象的性质及组织自身管理的要求决定,但必须采用书面的或其他可重复取得的形式,并与组织管理层预期使用目的相适应。经济效益审计报告的形式是多种多样的,目前采用较多的是详式报告,即用详细的文字叙述表达内部审计人员的意见和结论。审计人员在对被审计事项的状况作出评估时,对于存在的问题、改进措施和建议,尤其要详细阐述,这是经济效益审计报告建设性功能的体现,也是经济效益审计价值的核心。但需要注意的是,经济效益审计报告的结论强制性较低,仅仅是提出讨论性和说服性的建议,并不作出强制性的审计处理决定。这是因为组织绩效水平受各种因素的影响,经济效益审计标准较为灵活且不统一,经济效益审计人员自身的能力也存在一定的局限,这些都造成了经济效益审计报告自身无法避免的局限性。

1. 国外经济效益审计报告参考

美国经济效益审计报告的框架内容非常系统,主要包括:审计目标、范围和方法;审计结果;审计建议;审计遵循的准则;重大不合规现象和滥用行为;违法行为;管理控制重大缺陷;被审计项目负责人对审计发现、结论、建议及纠正措施的看法;被审计项目显著的成就;

对将来需要审计的重大问题提出的建议;报告未披露资料的性质及禁止披露的依据。

加拿大经济效益审计报告的框架内容包括:审计目的、审计时间、审计范围;审计准则;审计项目的概况,包括管理层的责任;审计标准及与管理层在审计标准方面存在的分歧;审计查出的主要问题;审计建议;被审计单位对审计报告的反馈意见;审计结论。

英国经济效益审计手册提出绩效审计报告要全面反映审计工作的目标、工作过程与方法及工作的成果,其内容主要包括:项目背景;被审计单位或项目的工作目标;被审计单位实现其目标的主要手段和措施;审计人员开展绩效审计情况的描述(包括审计的范围、内容和方法);审计发现的主要问题及原因分析;提出的审计意见。

瑞典经济效益审计报告的格式和内容因审计项目的不同而不同,但基本结构大致相同,主要包括:审计情况概述;引言;审计安排;审计对象说明;审计发现的问题;审计结论;审计建议和附件。

2. 经济效益审计报告的主要要素

从各国对经济效益审计报告的规范不难发现,除了内容排序和详略程度不同之外,大多数国家的经济效益审计报告内容都十分相似。经济效益审计报告的内容基本都包括审计对象的基本情况、审计的范围及目标、审计评价标准、审计实施情况、审计发现的主要问题、审计评价及结论、审计建议、被审计部门的意见反馈等。我们可以借鉴这些国家对于经济效益审计报告的规定,从中总结出一些好的做法和经验。综合国外的经验与我国审计准则的要求,审计机构和人员在撰写经济效益审计报告时应当将下列事项列入经济效益审计报告之中:

(1) 被审计事项的基本情况。被审计事项的基本情况是指与审计目标有关的被审计单位、部门或项目的基本信息。其主要包括被审计单位名称、部门的主要职责、工作范围、使用资源情况、组织构成、工作程序等,以及被审计项目的背景、目标、人员安排、实施情况及完工情况等。

(2) 审计的范围及目标。在经济效益审计报告中,审计人员应当清晰地表述审计目标,以避免对相关各方造成误解。经济效益审计报告还应当说明审计工作开展的深度和广度,指明对被审计事项是进行全面审计还是部分审计,是经济性审计、效率性审计、效果性审计中的一项、两项还是全部,以使报告使用者清楚地知晓经济效益审计的范围和目标。

(3) 审计评价标准。经济效益审计的评价标准是得出审计结论的依据。审计人员在经济效益审计报告中应该明确地列示经济效益审计过程中选择的评价标准,选择评价标准的依据,以及对这些评价标准的具体应用。

(4) 审计实施情况。审计人员在经济效益审计报告中应当详细说明在经济效益审计过程中所运用的审计方式、方法、审计工作的起讫时间,以使报告使用者充分详细地了解审计目标的实现过程及审计结论的形成过程。经济效益审计报告中还要指明审计准则的遵循情况,如果没有遵循准则,应该说明理由。

(5) 审计发现的主要问题。审计发现的主要问题包括:被审计单位、部门违反国家法律法规或组织规定的事实、原因及后果;组织在经济性、效率性和效果性等运营管理方面存在的重要问题的事实、原因及后果;相关内部控制的重大缺陷等。审计人员在经济效益审计报告中列示审计发现的主要问题,是为了使报告使用者了解审计人员得出审计结论及审计意见的依据。

（6）审计评价及结论。审计人员应当根据不同的审计目标，以审计结果为基础，考虑可接受的审计风险、审计发现的问题的重要性等因素，从真实性、合法性、效益性等方面在经济效益审计报告中提出客观合理的评价意见和审计结论。

（7）审计建议。审计建议是审计结论和审计发现的情况及分析的逻辑关系的直接体现，是经济效益审计报告的核心内容之一。审计人员应当针对在经济效益审计实施过程中发现的问题有针对性地提出审计建议，并在内容上与经济效益审计报告的其他部分相呼应。

（8）被审计单位的意见反馈。经济效益审计报告提出的问题和改进建议需要得到被审计单位的认可，这是促进被审计单位采取切实的改进措施的基本前提。为此，审计机构和人员应当在经济效益审计报告中列示被审计单位对审计报告的看法；经过沟通之后，对经济效益审计报告的修改情况；被审计单位不同意审计报告的理由或对审计结论作出的解释等。当被审计单位存在不同意见时，审计人员需要认真地进行核对和分析，采纳合理的意见，及时调整报告内容。对于那些双方不能统一的意见，审计人员应当在经济效益审计报告中分别反映双方的意见。

9.2.3 经济效益审计报告的格式和内容

审计报告应该具有合理的结构，以合适的文字撰写。不同审计主体从事不同类型的经济效益审计，其审计报告的结构是不同的，但基本特征是相似的。一般认为，经济效益审计报告内容如下。

1. 封面

通常应包括如下信息：报告标题、被审计单位的名称、审计主体、审计日期等。

2. 概况

（1）说明审计依据及被审计单位的基本情况，包括被审计单位的管理体制、财政财务隶属关系或国有资产监督管理关系、财政财务收支状况、项目资金来源和使用情况、目前的状况等，特别是被审计事项的背景以及审计所发现问题的性质及简要评价。

（2）说明实施审计的范围、方式和审计实施的起止时间，以及被审计单位的会计责任和承诺情况。

3. 审计的效益性评价

（1）经济效益审计的评价标准。一是所处行业的国家、省市、地区年度各项经济指标，获取途径是行业主管部门和行业协会组织在网站、报刊发布的相关信息。二是近3～5年的会计报表反映的资产、负债、损益情况。三是上级主管部门的年度考核指标。

（2）审计的基本情况。具体说明经审计后认定的企业经济效益的基本状况，在真实性和合法性审计的基础上，依据"企业效益性评价指标体系"，对企业财务效益状况、资产营运状况、偿债能力状况、发展能力状况等四个主要方面进行计算分析，得出企业各项经济指标的完成情况。

（3）评价。利用审计收集的各项评价标准，纵向横向对比分析企业实际完成经济指标的效益性和先进程度，对其实现的经济效益作出基本评价，概括地说明其经济效益的优劣。

经济效益评价体系如表9-1所示。

表 9-1　　　　　　　　　　经济效益评价指标体系

评价内容	基本指标	修正指标(±)	评议指标(±)
一、财务效益状况	净资产收益率 总资产报酬率	资本保值增值率 销售(营业)利润率 成本费用利润率	
二、资产营运状况	总资产周转率 流动资产周转率	存货周转率 应收账款周转率 不良资产比率 资产损失比率	领导班子基本素质 产品市场占有能力 (服务满意度) 基础管理比较水平
三、偿债能力状况	资产负债率 已获利息倍数	流动比率 速动比率 现金流动负债比率 长期资产适合率 经营亏损挂账比率	技术装备更新水平 (服务硬环境) 行业或区域影响力 企业经营发展策略 长期发展能力预测
四、发展能力状况	销售(营业)增长率 资本积累率	总资产增长率 固定资产成新率 3年利润平均增长率 3年资产平均增长率	

4. 审计分析

审计应分析企业经济效益存在的问题及问题产生的原因,这是效益审计的核心。在这部分中,审计人员应该运用较多的篇幅对被审计事项作详细的说明。在肯定被审计单位所取得成绩的同时,重点指出审计中发现企业存在的问题,具体分析这些问题影响经济效益的程度;突出重点,对重要的问题深入分析其产生的原因,搞清企业产生问题的内外部因素;分清主次,抓住问题产生的主要矛盾,给企业把脉诊断,查出症结所在。同时,提出审计意见和建议,针对存在的问题和产生问题的原因,提出审计意见和建议,包括具体提高经济效益的途径、解决问题的办法、可以采用的措施,以及可供选择的方案等。

企业经济效益审计报告对企业的评价结果要有充分的说服力,报告语言应简洁、规范,灵活应用图表分析对比,只要能说明问题,报告言辞越短越好,评价表达应明确规范,尽量避免含糊不清和产生歧义。通过企业经济效益审计报告这一重要载体,充分发挥经济效益审计的作用。

5. 审计建议

审计人员要有针对性地提出审计建议,取得被审计单位的理解与支持。审计人员在提出审计建议时应该注意:一是审计建议的提出在内容上要与报告中的其他内容相呼应,要有针对性;二是审计建议不应该太多,应该有针对性、可操作性,便于被审计单位落实,也便于审计人员今后的后续审计。

6. 被审计单位的反馈意见

被审计单位的反馈意见包括:被审计单位对审计报告的看法;审计人员采纳被审计单位的意见,并对审计报告进行修改。将被审计单位的反馈意见纳入审计报告中,可以将被审计单位纠正问题、改进管理的情况置于监督之下,便于被审计单位落实审计结论和审计建议,从而提高审计效果。

📁 知识拓展 9-1

××集团对子公司的年度经济效益专项审计报告

根据××集团董事会安排,稽核部于2×10年1月6日派出审计组对XYZ发展有限公司(以下简称XYZ公司)及A修建工程有限公司(以下简称A修建公司)2×10年经营效果进行专项审计。审计组通过询问、核对、比较、分析性复核、盘点等方法开展审计,并得到XYZ公司领导及有关人员的大力支持与配合,顺利完成审计工作,现将审计结果报告如下。

1. 基本情况

XYZ公司成立于2×06年,主要以代建业务为主;A修建公司成立于2×09年6月25日,主要经营业务为××建筑工程施工和市政公用工程施工。XYZ公司与A修建工程公司作为母子公司,在管理上为"一套人马,两块牌子",其业务收入分开核算,管理费用按一定方法进行分摊。

XYZ公司的收入来源是以计提代建管理费收入为主,受政策影响较大,其代建管理费的计提经财政审核,因此在收入真实性与完整性上风险较小,同时从可控角度上看,XYZ公司对成本费用的控制上主要体现在管理费用上。A修建公司目前以承接集团范围内的修缮工程项目为主,经了解,承接的工程项目外包给施工单位施工,并以合同价的10%作为公司毛利,公司负责工程项目的进度、安全及质量,做好现场管理。

2. 经营效果

1) 经营成果

(1) XYZ公司。

XYZ公司包含××建筑工程的2×10年经营成果如表9-2所示。

表9-2　　　　XYZ公司包含××建筑工程的2×10年经营成果　　　金额单位:万元

项目	2×10年	2×09年	增减额	增减率
投资额	15 555.60	20 507.04	−4 951.44	−24.15%
收入	353.53	648.05	−294.52	−45.45%
利润	−166.24	30.26	−196.50	−649.37%

XYZ公司不包含××建筑工程的2×10年经营成果如表9-3所示。

表9-3　　　　XYZ公司不包含××建筑工程的2×10年经营成果　　　金额单位:万元

项目	2×10年	2×09年	增减额	增减率
投资额	11 575.60	20 507.04	−8 931.44	−43.55%
收入	301.03	648.05	−347.02	−53.55%
利润	−85.92	30.26	−116.18	−383.94%

注:上述2×10年数据为经此次审计抽查核对但未经会计师事务所审计的母公司本部的财务报表数据。

剔除××建筑工程的影响,XYZ公司2×10年收入下降幅度与投资额下降幅度接近,说明收入受到投资额的直接影响,这与公司实际情况一致;而净利润下降幅度大大超过收入的下降幅度,反映了在收入减少情况下成本费用未得到相应程度的减少。

(2) A修建公司。

A修建公司2×10年收入为185.31万元,比2×09年28.81万元多156.50万元;实现利润−39.71万元,比2×09年−0.11万元,少39.60万元。A修建公司相比2×09年成立之初收入有了大幅增长,扣除对应成本,分摊相关管理费用后,在财务数据上仍体现为亏损。

2）指标完成情况

XYZ公司和A修建公司指标完成情况如表9-4所示。

表9-4　　　　　　　　　　　　　　指标完成情况表　　　　　　　　　　　　单位：万元

项目	XYZ公司			A修建公司			合计		
	目标	实际完成	差异率	目标	实际完成	差异率	目标	实际完成	差异率
代建投资额	20 305.38	11 575.64	−42.99%	—	—	—	20 637.38	11 575.64	−43.91%
自营项目投资额	332.00	—	—	—	—	—	332.00	—	−100.00%
固定资产购置	—	—	—	0.55	—	−100.00%	0.55	—	−100.00%
营业收入	549.68	301.00	−45.24%	700.00	185.31	−73.53%	1 249.68	486.31	−61.09%
主营业务成本	—	—	—	607.11	159.38	−73.75%	607.11	159.38	−73.75%
管理费用	418.76	392.28	−6.32%	61.99	59.35	−4.26%	480.75	451.63	−6.06%
其中：工资	202.74	206.55	1.88%	32.26	34.65	7.41%	235.00	241.20	2.64%
福利费	20.27	14.85	−26.74%	3.23	3.22	−0.31%	23.50	18.07	−23.11%
办公费	9.00	8.76	−2.67%	3.00	0.95	−68.33%	12.00	9.71	−19.08%
业务招待费	14.75	13.71	−7.05%	1.52	0.50	−67.11%	16.27	14.21	−12.66%
汽车费用	22.04	21.57	−2.13%	8.76	8.76	0.00%	30.80	30.33	−1.53%
差旅费	3.20	1.95	−39.06%	—	—	—	3.20	1.95	−39.06%
交通费	0.13	—	−100.00%	0.04	—	−100.00%	0.17	—	−100.00%
劳保费	7.63	7.80	2.23%	1.03	1.02	−0.97%	8.66	8.82	1.85%
低值易耗品摊销	0.36	0.36	0.00%	0.12	—	−100.00%	0.48	0.36	−25.00%
财务费用	−4.39	−19.60	−346.47%	—	−0.13	—	−4.39	−19.73	−349.43%
利润总额	105.35	−85.92	−181.56%	8.01	−39.71	−595.76%	113.36	−125.63	−210.82%
净利润	80.81	−85.92	−206.32%	5.43	−39.71	−831.31%	86.24	−125.63	−245.67%

注：①XYZ公司的数据仅反映母公司本部的情况，非合并数据。②表9-4中XYZ公司营业收入、费用及利润数据已扣除××建筑工程的影响。

从目标完成情况上看，XYZ公司代建投资额仅完成目标额的57.01%，受此影响，收入实际完成目标的54.76%；A修建公司收入也仅完成目标额的26.47%。

管理费用上，XYZ公司及A修建公司费用在预算之内，合计费用节约6.06%。在XYZ公司投资额大量减少且A修建公司收入大幅低于预期的情况，合计管理费用与原预算目标差异较小。

从具体费用明细上，与人员有关的工资费用合计及劳保费用合计分别超支2.64%及1.85%。

审计组建议：

（1）A修建公司承建的工程有不同的利润空间，不考虑利润空间而统一以合同价的10%作为毛利，会导致本公司丧失一部分可能争取到的利润空间为施工方所占有，因此建议A修建公司应加强预决算工作，对于利润空间大的项目争取更多的毛利,为企业增收。

(2) XYZ公司及A修建公司应加强管理费用,尤其对占管理费用总额60%以上的与人员相关费用的管理与控制。

(3) XYZ公司及A修建公司应提高预算管理水平,将费用的管理与实际业务量结合,在业务量下降的情况下,应减少如人员费用、汽车费用、办公费用等与实际业务量相关的费用,同时在制定预算时应考虑业务量变化的影响。

3. 经营管理审计情况及审计建议

1) 制度建设情况

XYZ公司与A修建公司的管理制度一致,以集团管理制度为主,没有相应细化的符合本公司管理需要的制度,部分管理规定主要以会议纪要的形式确定下来,如考勤管理、车辆管理、电话费管理等。

审计组建议:

(1) 集团管理制度主要为框架制度,下属子公司应根据本公司的实际情况在集团制度框架下,制定相对细化的制度,以适应本公司加强管理的需要。

(2) 为提高管理的执行力,应将有关管理规定以制度或实施细则的形式确定,以确保制度的系统性、权威性和持续性,同时使管理制度得以不断完善和巩固。

2) 人员及薪资管理情况

(1) 基本情况。XYZ公司及A修建公司的人员总数为40人,符合2×09年集团统一制定的"三定方案"的定员规定;同时职工薪资的构成符合集团公司的薪酬管理规定。在薪资核算上,通过对考勤人员、员工明细及薪资明细进行抽查核对,薪资核算无误;同时,XYZ公司及A修建公司加班费的计算截至2×10年4月份,即4月份开始不再计算加班费,通过对2×10年1～3月份加班情况进行核对,加班费的计算标准符合集团政策,其加班的依据为每月根据管理需要制定的值班表,包括节假日。

(2) 存在问题。

其一,XYZ公司根据实际工作需要,在公司内部设立了拆迁部,部门为3人,1人主持部门工作,2人为征地专员(原为开发部征地专员)。而"三定"方案中无此部门及主持部门工作的岗位。

其二,在薪资核定与发放上,2×10年11月、12月薪资表上与二级公司B物业签订合同的2名职员,以一级公司(XYZ公司)的标准进行薪资核定,并在XYZ公司发放。根据访谈,XYZ公司考虑到该2名员工与XYZ公司的合同虽于2×10年10月结束,但其薪资预算全年都在XYZ公司,故该2名员工的薪资按之前的合同在XYZ公司的核定及发放持续至2×10年结束,2×11年开始按B物业的薪资标准重新核定并在B物业发放。

(3) 审计组建议。

其一,"三定方案"为2×09年集团成立之初,结合当时实际情况制定的,建议根据实际情况的变化,对"三定方案"定期进行评估,必要时进行调整。

其二,随着A修建公司业务的稳定和拓展,A修建公司根据实际情况编制"三定方案"。

其三,XYZ公司对"三定方案"内容的调整,应按规定履行相应的流程,并报集团审批。

其四,XYZ公司应根据劳动合同对员工的薪资的核定和发放进行及时调整,以符合有关制度规定,避免有关制度或法律风险。

其五,与人员相关的工资福利等费用占管理费用总额的60%以上,很大程度上影响公司的利润情况,在业务量的大幅下降的情况,可以考虑通过以下等方法进行减员增效:

● 薪资构成中绩效部分作为工资的浮动部分,对部门及个人进行绩效考核,并按业务量及业绩表现按比例发放,而不进行全额发放。

● 通过对部分岗位工作进行整合等方式对人员进行必要的淘汰,以降低人员费用,如目前驾驶员岗位的人员有4人,可以参考集团内其他公司仅保留2位驾驶员。

● 在XYZ母子公司范围内,甚至在集团范围内,对人员进行整合调配,进行适当的分流,以充分利用人力资源,同时减少人员费用。

3)管理费用审计情况

(1)基本情况。XYZ公司及A修建公司为"一套人马,两块牌子"的管理模式,管理费用按一定方法进行分摊。实际发生管理费用如表9-5所示。

表9-5　　　　　　　　**XYZ公司和A修建公司实际发生管理费用**　　　　　金额单位:万元

项目	XYZ公司			A修建公司			合计		
	2×09年	2×10年	增减率	2×09年	2×10年	增减率	2×09年	2×10年	增减率
管理费用	569.30	392.28	−31.09%	4.90	59.35	1 111.22%	574.20	451.63	−21.35%

注:① XYZ公司已扣除××固定资产的折旧费与摊销共计28.75万元。
②　XYZ公司2×10年代建投资额(业务量)比2×09年下降47.55%。

从管理费用的构成明细上看,所占比例较大的前五类费用为与人员有关的薪资福利、折旧费、汽车费用、业务招待费、办公费用,其总额占管理费用总额的90%。前述费用中,除折旧费用为不可控的固定费用外,其余均为可控的变动费用,与实际业务量有不同程度的正向比例关系。此次审计对上述四类可控费用的管理情况进行重点核查。

(2)存在问题。除了上述人员及薪资,通过审计发现XYZ公司的汽车费用、业务招待费及办公费用的管理存在如下问题:

① 汽车费用管理。XYZ公司及A修建公司公务车共6部,其中3部为班车兼公务使用,3部为领导用车;2×10年有加油补贴的私车数量为13辆,4月份减少为7辆。

● 通过核对3月、7月、10月及11月份汽车加油卡的明细发现,在7月、10月及11月份的明细中存在同一天同一张卡里出现连续两次加油的情况,经询问,该卡为公司董事长持有的加油卡,由于享受私车补贴的车辆按每月800元的油费补贴不够使用,该卡除固定为公务车BF007加油外,还为两部外借的工程车辆(BP139及DFR992)加油。此违反了2×10年4月份实施的《集团车辆管理(试行)办法》中第一款第一条"各公司应做到一车一油卡"的规定。

● 通过对汽车费用的明细进行核查,有两部外借车辆(BP139及FR992)2010年在XYZ公司及A修建公司报支油费24 900.00元及维修、保养、停车、装潢等费用2 785.00元,共计27 685.00元(其中4月至12月份的费用为15 020.00元)。此违反了2×10年4月份实施的《集团车辆管理(试行)办法》中第一款第七条"向外借用的车辆不得在公司报支费用"的规定。

● 经了解公务车BB720使用人实际上为工程部副经理王某,职工董事刘某使用的是外借车辆BP139,XYZ公司从各自工作需要上考虑,给予两人配备了上述车辆使用。

根据2×10年4月份实施的《集团车辆管理(试行)办法》"具备配车及配专职驾驶员的领导:集团公司副总裁以上领导,以及公司正职领导干部(含主持工作的副总);经集团董事会批准的个别领导干部。"上述两人均不具备配车的条件。

② 招待费用管理。

● XYZ公司存在跨2个月以上且跨年度报销招待费的情况,如2×09年中秋餐费1 681.00元于2×10年1月28日报销,2×09年10月份餐费1 909.00元于2×10年1月份报销。该情况不利于业务招待费的控制,影响实行预算控制的效果。

● XYZ公司的2×10年业务招待餐费集中于11月、12月份,2个月招待餐费总额为46 200.00元,占全年招待餐费总额的64.8%。经了解,主要是由于招待用餐地点较为固定,一般于年底集中结算或达到一定额度时再与商家结算。该结算方式虽然方便,但也不利于招待费的管理和控制。

● A修建公司2月份报支业务招待费5 000.00元。2×10年4月1日印发的〔2×10〕49号文《关于A修建公司业务招待费管理(暂行)办法的通知》规定,"从2×10年1月1日起,每季度终了按季度净利润计提15%的业务费""未计提或没有计提额度,不得审批业务费(即业务招待费)",而根据2×10年A修建公司的财务数据,公司1季度及全年净利润均为负数,属于没有计提额度的情况,据此制度,当年不得审批业务招待费。据了解,由于制度4月份印发,该项费用在此之前发生,是依据年初预算额度进行审批与核销。

③办公费用管理。

● 办公用品部分入库单填写不规范(如日期、数量的完整与准确性),且办公耗材没有管理台账,上述问题作为规范性问题,并不影响付款的准确性,但不利于办公用品管理的完善。

● 2×10年10月15日采购的两批办公用品实际清单计算错误,导致实际支付金额比准确计算金额多237.6元。

● 2×10年办公费用在预算范围内,但据对部分办公用品的使用分析,碳粉和墨盒的使用量较大;同时,办公用品的11月份及12月份报支金额较大,据访谈了解,原因在于年底对以往的办公费用作了清算。

(3)审计组建议。

① 严格执行《集团车辆管理(试行)办法》的有关规定,以有效控制汽车费用。对于因特殊原因,需要增加车辆用油的核销及由于工作需要配置车辆,按必要的程序进行审核审批,以加强制度的执行力,做到有规可依、有规必依,对于不符合公司实际情况的制度规定,可提出修改意见。

对车辆费用管理的控制,还应考虑:①对公务车辆的使用进行整合,尽量减少汽车使用量;②对车辆使用进行必要的控制,避免不合理的公车私用的情况;③2×10年通过减少补贴车辆方式节约了一定的费用,建议考虑继续对私车公用的车辆评估其公用的频率,采取合理减少汽车补贴(目前统一为800元/月)方式,以控制车辆费用。

② 加强招待费的管理。为有效控制招待费,建议从以下几个方面细化招待费管理制度:对于招待费的报支进行时限规定,确保相关费用及时入账;招待用餐费用附用餐明细并经商家、参加人签字确认;必要时针对不同人员进行限额管理;对贵重礼品的采购制定相应的内部控制流程,并进行必要的审批限制。

③ 加强办公用品的管理。由于办公用品消耗大,应对办公用品的采购、使用与管理制定控制规定:办公用品的采购应以实际需要为依据,防止过量采购;认真执行采购流程及准确填写并保留入库单、签收单等各类单据,同时加强经办人、财务人员对单据数据的审核,防止出现错误导致损失;办公用品的使用应坚持节约原则;在办公用品的管理上,在办公用品(包括办公耗材)进行台账的建立,并定期进行盘点核对;对于办公费用的报支进行时限规定,确保相关费用及时入账。

审计组(签名)

××集团有限公司
集团稽核部
2×11年×月×日

重 要 概 念

经济效益审计报告　项目经济效益审计报告　经济性审计报告　效果性审计报告

思 考 题

美国通用电气公司的内部审计

美国通用电气公司(GE)是美国最大的产业公司之一,也是世界上最大的电气公司。该公司有12大类产品和服务项目,包括家用电器、广播设备、航空机械、科技新产品开发、销售服务等。

1. GE 内部审计概述

1) GE 内部审计目标与内容

GE 为其公司审计署规定了即使在美国公司中也可以说是标新立异的工作目标：超越账本、深入业务。这一措施的运用使 GE 在检查和改善下属单位的经营状况、保证投资效果符合公司的总体战略目标和培养企业管理人才方面开创了极为成功的范例。

GE 的内部审计包括两类：首先是下属企业财务部门自己的审计，重点审查其自身经营情况和财务活动是否符合总公司的规定；其次是总公司一级的审计。最能代表 GE 特色的是其公司审计署的审计。

2) GE 内部审计的特色

GE 认为，要做好审计工作，有两个关键性的因素必须解决，一个是共同接受的会计标准和原则；另一个是双重报告系统。

总公司财务部保存有一套国家出版的会计标准和原则，每级财务部门的职责就是坚持贯彻这些原则。总公司财务部提供了一个基本的会计结构，各个企业围绕此结构运行。此结构有助于坚持共同的会计标准和原则，审计主要监督的就是各下属企业是否认真遵守了这些标准和原则。

审计遇到的另一个重要问题是双重报告原则。每个下属企业的财务负责人既要向本企业的负责人报告，还要直接向总公司的财务副总裁报告。

审计人员首先从查账入手，但绝不止于单纯查账，而是要花费更多的时间和精力去研究可能有问题的业务，包括业务流程和有关策略、措施，意在从中发现经营效果、公司内部资源的开发利用、产品质量和服务等各个方面有无可以改进之处。他们对于风险大、一般利益也大的方面尤其注意。因为人们习惯于在风险面前明哲保身，往往出现低效率、浪费、不求进取等种种弊端。而这些领域又恰好是审计人员应当关注的重点。

3) GE 内部审计的人员结构

GE 内部审计人员绝大多数是工作过几年的年轻人，其中大约 80% 的人是有财会方面的学历；15% 的人有相关产业知识背景和管理等方面的经验；5% 的人是搞信息处理的。公司每年从几百个报名者中精心挑选几十名进入审计署，同时从审计署中输送同样数量的人去充实 GE 下属企业的管理干部队伍。包括副总裁在内的各级管理干部中有相当数量的人有审计工作经历，整个 GE 中级以上财会管理人员中有 60%～70% 是由公司审计署输送的。每年离开审计署的人员中约有 40% 可以直接提升为中级以上管理人员。

4) GE 内部审计工作过程

在审计工作开始之前，审计小组要做的工作是了解和研究情况，倾听其他有经验成员的各种想法和建议，他们形象地把这种调查研究称之为对自己大脑的一次知识和概念的"风暴"，在此之后才确定本次审计的目标。

在审计中，审计小组对整个审计工作负有全权，召开调查会、进行个别谈话、收集情况和资料等活动都由他们自主安排。在这之后是分析情况、厘清头绪、衡量各种问题间的相互影响。为了实现审计目标，他们可以做他们认为需要做的任何工作，目的只有一个：找出问题的解决方案。

即便找到了解决办法，事情也远未结束。实施方案的具体建议一般由审计小组提出，而且他们总是要把新方案变成一种日常工作，具体落实后才肯罢手，以便在他们离开后能够坚持下去。在这一过程中，审计小组要与被审计部门的领导和业务人员打无数次交道。

总起来说，GE 公司内部审计已远远不是我们一般人所认为的审计概念了（一般人可能认为审计往往带有事后性质，而且也只是财务性质的），它成了 GE 对下属企业进行强有力控制的最有效工具，也是 GE 对其下属企业所有权的具体体现和保证。

2. GE 内部审计特点分析

（1）具有独立性和权威性。公司内部审计部门直接向 GE 总公司的"第三把手"报告，增加了内部审计机构意见的分量和权威性，内部审计人员自己也觉得"说话的声音格外响"，审计工作也往往因此更能得到被审计部门领导的积极配合。

（2）内部审计人员的选用严格、组成结构合理。GE选用内部审计人员时，并不过多考虑审计人员原先所学的专业，而注重人的素质和才能。他们要求每个新人能给审计部门带来他人所没有的或无法做到的新贡献、新思想。进入审计署的人员有着各种各样的学历背景，而且见解往往与众不同。不同的经历和见解有助于问题的发现和解决。有幸入选的审计人员大多能保持这一机构传统的献身精神。他们工作专注，有极高的自觉性、积极性和创造性，且不知疲倦。

（3）在审计工作安排上独具匠心。平均每3个月，审计人员便接受一项新使命，每次都是不同的审计对象，不同的组成人员，不同类型的业务问题。审计人员互相吸收营养，往往在对比中就能发现问题。在设计解决方案时，自然又会将其他审计对象的好经验融入方案，无形中提高了内部审计的效率和效果，促进了内部审计价值的实现。

GE的这些做法表面上看起来很奇怪，但内部审计的内容被他们创造性地加以发挥并由此而获益。GE的经验告诉我们，企业再大也是可以控制的，关键是要找到一个既符合现代企业管理精神，又切实可行的办法，强化内部审计职能，提升内部审计价值就是不错的一个选择。

3. 对我国企业内部审计的思考

借鉴GE内部审计的经验，我们应当从以下几个方面来加强内部审计的职能，促进内部审计价值实现：

（1）加强独立性。领导者要在组织上赋予内部审计机构和人员独立性或相对独立性，更要创造条件引进独立的审计委员会制度，为内部审计发挥管理和控制风险职能打好组织基础。内部审计机构和人员要吸收国际先进的内部审计理论，注重提高专业素质，探索风险管理审计，强化管理和控制风险的职能。

（2）严格实行审计回避制度。内部审计人员不直接参加企业经营管理活动，与被审计单位有亲属关系或经济利益关系的，要主动地回避。

（3）有预防性。现代企业要生存、要发展，要在激烈的市场竞争中立于不败之地，必须建立严密的、完善的控制系统，严格的、科学的管理制度和有效的、畅通的运行机制。只有这样，才能保证经营目标的实现。内部审计着重研究和评价内部控制系统严密性、完善性，管理规章制度科学性、完整性，方法措施适应性、有效性。通过检查分析可以及时发现经营管理中的薄弱环节和存在的漏洞，及早提醒经营管理者采取措施加以改进，起到标本兼治，防患于未然的作用。

（4）注重效益性。内部审计要以促进管理提高效益为重点，一方面开展投资项目可行性评估、经营风险预测审计和生产技术工艺审计，为促进经济效益的提高发挥作用；另一方面开展成本费用和内控制度审计，为堵塞漏洞、降低成本、减少损失、贡献力量。

（5）定位于"服务"。内部审计由过去查错防弊到现在主要从事评价内部控制系统；由检查营私舞弊风险到评估投资风险、经营风险；由过去的"警察"形象转变为"顾问"，重点是为被审计单位或部门服务。其目的是协助管理者顺利完成生产经营任务，实现经营目标。

（6）不断更新观念，研究新方法，采用新技术。内审工作在企业经营环境和生存发展条件不断变化的情况下，也要在不断变化中发展。在观念上，把审计对象看作是服务对象；在方法上，比较广泛应用复杂风险评估技术，提高审计效率、效果；在环节上，主要精力放在计划和决策阶段，及早确认风险；在目标上，更注重寻求避免或减少风险的方法和途径；在技术上，熟练掌握和使用现代化工具，如计算机审计；在素质上，既要求具有高等教育专业水平和具有一定企业经营管理的实际工作经验，又要求取得审计专业任职资格，如注册会计师、注册内部审计师。

（7）内审工作应不断地由事后审计向事前审计、预防性审计发展，注重趋势和风险分析。

问题：

结合GE内部审计，谈谈经济效益审计报告的具体内容。

练 一 练

1. 经济效益审计报告的首要目标是(　　)。
   A. 评价经济活动的合法性　　　　　　B. 评价经济活动的效益性
   C. 评价内部控制的健全性　　　　　　D. 评价财务报表的真实性
2. 下列各项中,不属于经济效益审计报告的内容的是(　　)。
   A. 被审计单位的基本情况　　　　　　B. 审计发现的问题及原因分析
   C. 对未来市场趋势的详细预测　　　　D. 改进建议和措施
3. 经济效益审计报告中,对审计发现问题进行定性时,主要依据(　　)。
   A. 审计人员的主观判断　　　　　　　B. 行业惯例
   C. 相关法律法规和规章制度　　　　　D. 被审计单位的内部标准
4. 在经济效益审计报告中,用于衡量经济效益的指标不包括(　　)。
   A. 投资回报率　　　B. 资产负债率　　　C. 员工满意度　　　D. 成本利润率
5. 经济效益审计报告提交对象通常是(　　)。
   A. 被审计单位管理层　　　　　　　　B. 社会公众
   C. 仅审计部门内部存档　　　　　　　D. 上级主管部门及被审计单位
6. 下列审计方法中,在经济效益审计中较少单独使用的是(　　)。
   A. 详查法　　　B. 抽样调查法　　　C. 效益比较法　　　D. 观察法
7. 经济效益审计报告的有效期一般是(　　)。
   A. 永久有效　　　　　　　　　　　　B. 到下一次同类型审计前
   C. 1年　　　　　　　　　　　　　　D. 视审计发现问题整改情况而定
8. 编写经济效益审计报告时,数据来源的可靠性最为重要,以下最可靠的数据来源是(　　)。
   A. 被审计单位口头提供的数据　　　　B. 审计人员实地盘点、计算所得数据
   C. 被审计单位内部未审核报表数据　　D. 行业公开报道数据
9. 经济效益审计报告对被审计单位取得优异经济效益的部分,应(　　)。
   A. 简略提及　　　　　　　　　　　　B. 不做提及,只关注问题
   C. 重点分析推广经验　　　　　　　　D. 质疑其真实性
10. 经济效益审计报告的语言特点应是(　　)。
    A. 尽量使用专业术语,体现专业性　　B. 通俗易懂,便于非财务人员理解
    C. 文学性强,辞藻华丽　　　　　　　D. 多用模糊性语言以涵盖多种情况

经济效益审计模拟试题

模拟试题(一)

一、单项选择题(本大题共 10 小题,每小题 1 分,共 10 分)

1. 下列各项中,属于产出的是( )。
   A. 折旧
   B. 存货储备
   C. 固定资产净值
   D. 产品品种
2. 以下不属于经济效益审计职能的是( )。
   A. 经济评价
   B. 经济监督
   C. 经济鉴证
   D. 经济服务
3. 下列各项审计证据中,属于环境证据的是( )。
   A. 业绩报告
   B. 内部控制状况
   C. 会计报表
   D. 新产品开发方案
4. 以下不是平衡计分卡组成部分的是( )。
   A. 财务
   B. 客户
   C. 内部控制
   D. 学习与成长
5. 管理职能审计的内容不包括的是( )。
   A. 审计协调职能
   B. 审计组织职能
   C. 审计计划职能
   D. 审计控制职能
6. 下列审计方法中,属于内部控制审计方法的是( )。
   A. 因素分析法
   B. 投入产出法
   C. 问卷调查法
   D. 价值分析法
7. 下列属于国有企业外部风险的是( )。
   A. 并购风险
   B. 管理责任
   C. 知识产权
   D. 环境保护
8. 与金融供给相关的主要财务风险不包括( )。
   A. 控制风险
   B. 市场风险
   C. 信用风险
   D. 操作风险
9. 以下属于企业投资项目效益审计的是( )。
   A. 开发项目效益审计
   B. 公司战略审计
   C. 资金使用效益审计
   D. 成本经济效益审计
10. 政府预算支出绩效评价指标是( )。
    A. 投资利润率
    B. 投资净值率
    C. 投资效果系数
    D. 投资成本率

二、判断题(本大题共 10 小题,每小题 1 分,共 10 分)

1. 效果性是指在产出一定的情况下,实际投入与计划投入的比较。（ ）
2. 经济效益审计一般不需要做审计处理决定。（ ）
3. 经济效益审计的评价标准是单一化的,应遵循统一标准。（ ）
4. 国有资本金绩效评价指标包括财务效益状况、资产营运状况、偿债能力状况、发展能力状况四个方面。（ ）
5. 公司战略审计的主要内容是公司的预算管理。（ ）
6. 实施风险管理审计阶段是整个风险管理审计的审计程序中心环节。（ ）
7. 操作风险是由于内部程序、人员和系统的不完备或失效,或由于外部事件造成的损失风险。（ ）
8. 采购批量的合理与否,间接影响供应业务的经济效益。（ ）
9. 有充足的劳动力意味着所有劳动力都能充分利用。（ ）
10. "顺差"说明货币投放,"逆差"说明货币回笼。（ ）

三、名词解释(本大题共 5 小题,每小题 3 分,共 15 分)

1. 效率性
2. 管理审计
3. 内部控制审计
4. 宏观经济效益审计
5. 经济责任审计

四、简答题(本大题共 3 小题,每小题 10 分、共 30 分)

1. 简述劳动力利用情况的审查内容。
2. 简述经营活动审计的目标。
3. 简述企业投资项目特点。

五、业务题(本大题共 2 小题,第 1 题 5 分,第 2 题 10 分;共 15 分)

1. 甲、乙两方案有关原始投资额、未来报酬及净现值、现值指数等资料见表 1。

表 1　　　　　　　　　　甲、乙两方案有关资料

方案	未来报酬(万元)	原始投资额(万元)	净现值(万元)	现值系数
甲	1 000	700	300	1.43
乙	1 800	1 400	400	1.29

要求:运用投入和产出比较方法,计算并评价甲、乙两方案的经济效益,并说明经济效益与净现值的关系。

2. 某公司 12 月份生产产品 100 件,甲产品耗用 A、B、C 三种原材料的有关资料见表 2。

表2　　　　　　　甲产品耗用 A、B、C 三种原材料的有关资料

原材料品种	单位产品含量(千克)	消耗总量(千克)		原材料利用率(%)		
		计划	实际	计划	实际	差异
A	0.8	100	94	80	85	+5
B	0.25	41.7	31.25	60	80	+20
C	9	1 000	1.125	90	80	−10

要求：根据上述资料，对该公司材料利用的效益情况作出评价，并简要分析原因。

六、案例分析题(本大题共1小题，共20分)

联昌公司是一家从事食品批发兼营食品零售的商业企业，2×16年出现了以下错误和不法行为。

(1) 货物发出后，为向客户收款而开具的销售发票中，销售价格不对。因为计算机输入时，输入了错误的销售价格。

(2) 有一笔购货款发生了重复付款。在第一次付款3周后，该公司收到供货商发货单的复印件，因而又付了一次款。

(3) 仓库保管员将部分食品带回家。收到购入的食品后，仓库保管员将一小部分食品放入自己的包里，其余部分则放入企业的冷库，然后，按照总共收到的数量而不是入库的实际数量填写入库单，送交财会部。

(4) 对零售商店的存货进行盘点时，某些柜组将一些商品的数量误记在另一些商品下，在盘点数量时也出现了错误。

要求：
(1) 对每项错误，指出它缺乏的内部控制的类型。
(2) 对每项错误，指出其没有达到的相关审计目标。
(3) 对每项错误，指出能克服它的一项控制措施。

模 拟 试 题(二)

一、单项选择题(本大题共10题、每题1分、共10分)

1. 下列各项中，属于占用的是(　　)。
　　A. 材料消耗　　　　　　　　　B. 修理费
　　C. 存货储备　　　　　　　　　D. 折旧
2. 下列经济效益审计的内容应由政府审计机关负责的是(　　)。
　　A. 管理咨询　　　　　　　　　B. 内部控制检查
　　C. 经济效益鉴证　　　　　　　D. 固定资产营运效益审计
3. 下列各项中，不属于经济效益审计层次的是(　　)。
　　A. 项目计划大纲　　　　　　　B. 项目控制计划
　　C. 项目实施计划　　　　　　　D. 项目作业计划
4. 经济效益审计评价标准的特点不包括(　　)。
　　A. 多维性　　　　　　　　　　B. 可控性

C. 动态性 D. 强制性

5. 下列各项中,属于企业资产营运状况指标的是(　　)。
   A. 应收账款周转率　　　　　　　　B. 资产负债率
   C. 净资产收益率　　　　　　　　　D. 销售增长率
6. 下列各项中,不属于战略审计内容的是(　　)。
   A. 战略行为审计　　　　　　　　　B. 战略条件审计
   C. 战略经营体系审计　　　　　　　D. 战略态势审计
7. 下列各项中,属于国有企业内部风险的是(　　)。
   A. 信用风险　　　　　　　　　　　B. 管理责任
   C. 定价　　　　　　　　　　　　　D. 合规
8. 人力资源利用效益审计不包括(　　)。
   A. 工作时间利用　　　　　　　　　B. 劳动力辞职率
   C. 劳动力利用　　　　　　　　　　D. 劳动力生产率
9. 筹资业务内部控制评审的内容不包括(　　)。
   A. 职务分离控制　　　　　　　　　B. 授权批准控制
   C. 实物保管控制　　　　　　　　　D. 筹资成本控制
10. 下列属于信贷活动宏观经济效益评价指标的是(　　)。
    A. 贷款资金利润率　　　　　　　　B. 投资产值率
    C. 投资利税率　　　　　　　　　　D. 货币需要量

二、判断题(本大题共10小题,每小题1分,共10分)

1. 美国是最早将政府审计引向经济效益审计的国家。（　　）
2. 效果性是指投入量变动与产出量之比。（　　）
3. 只有主动立项才需要考虑重要性原则。（　　）
4. 经营审计着眼于提高企业整体功能,从根本上改进组织管理。（　　）
5. 内部控制缺陷包括设计缺陷和运行缺陷。（　　）
6. 出具风险管理审计报告是整个审计程序的中心环节。（　　）
7. 制定目标成本的基础是识别和评估风险。（　　）
8. 企业产品定价的方式有浮动定价、自定价格、国家定价等。（　　）
9. 资金的综合利用效益指标包括总资产报酬率、流动资金周转速度等指标。（　　）
10. 投资产值率是说明政府对某部门或产业每支出单位投资额能增加的国民收入。
（　　）

三、名词解释(本大题共5题,每题3分,共15分)

1. 经济效益审计
2. 经营审计
3. 管理审计
4. 公共投资项目
5. 经济责任审计

四、简答题(本大题共3小题,每小题10分,共30分)

1. 简述经济效益审计的特征。

2. 简述平衡计分卡的特点。
3. 简述风险管理审计的程序。

五、业务题(本大题共 2 小题,第 1 小题 5 分,第 2 小题 10 分;共 15 分)

1. 甲、乙两企业某年有关营业收入、成本费用及利润、销售利润率等资料见表1。

表 1　　　　　　　　　甲、乙两企业相关资料　　　　　　金额单位:万元

企业	收入	成本费用	利润	销售利润率
甲	100	70	30	30%
乙	200	150	50	25%

要求:运用投入和产出比较法,计算并评价甲、乙两企业的经济效益,并说明经济效益与利润的关系。

2. 某企业计划筹集资金100万元,所得税税率为25%,有关资料如下:
(1) 向银行借款10万元,借款年利率为7%,手续费为2%。
(2) 按溢价发行债券,债券面值14万元,溢价发行价格为15万元,票面利率为9%,期限为5年,每年支付一次利息,筹资费率为3%。
(3) 发行优先股25万元,预计年股利率为12%,筹资费率为4%。
(4) 发行普通股40万元,每股发行价格10元,筹资费率为6%,预计第一年每股股利0.12元,以后每年按8%递增。
(5) 其余所需资金通过留存收益取得。

要求:(1) 计算个别资本成本。
　　　(2) 计算该企业加权平均资本成本。

六、案例分析题(本大题共 1 小题,共 20 分)

2008 年 1 月 18 日,法国兴业银行收到了一封来自另一家银行的电子邮件,要求确认此前约定的一笔交易,但法国兴业银行和这家银行根本没有交易往来。因此,兴业银行进行了一次内部清查发现,这是一笔虚假交易,伪造邮件的是兴业银行交易员凯维埃尔。更深入的调查显示,法国兴业银行因凯维埃尔的行为损失了 49 亿欧元,约合 71 亿美元。

凯维埃尔从事的是什么业务,会导致如此巨额的损失呢?

早在 2005 年 6 月,他利用自己高超的电脑技术绕过兴业银行的五道安全限制,开始了违规的欧洲股指期货交易。同时,凯维埃尔在法国兴业银行获得了非法使用巨额资金的权限,2007 年他赌市场下跌,因此大量做空,他赌赢了。到 2007 年 12 月 31 日,他的账面盈余价值达到了 14 亿欧元,而当年兴业银行的总盈利不过是 55 亿欧元。从 2008 年开始,凯维埃尔认为欧洲股指上涨,于是开始买涨。然后,欧洲乃至全球股市都在暴跌,凯维埃尔的巨额盈利转眼变成了巨大亏损。

由于衍生金融工具牵涉风险巨大,一旦出现亏损将会引起较大的震动。法国兴业银行事件,成为历史上最大规模的金融案件,震惊了世界。

分析要求:
(1) 结合案例,你认为兴业银行金融风险管理制度有无重大缺陷?应如何治理防范?
(2) 你认为,兴业银行金融风险管理还有哪些可能需要改进的地方?

经济效益审计模拟试题参考答案

模拟试题(一)参考答案

一、单项选择题(本大题共10小题,每小题1分,共10分)

题号	1	2	3	4	5	6	7	8	9	10
答案	D	D	B	C	A	C	B	A	A	C

二、判断题(本大题共10小题,每小题1分,共10分,对的打√,错的打×)

题号	1	2	3	4	5	6	7	8	9	10
答案	×	√	×	√	×	√	√	×	×	×

三、名词解释(本大题共5小题,每小题3分,共15分)

1. 效率性:投入量变动与产出量变动之比,综合反映投入转化为产出的效率,综合反映经济活动合理、有效的程度。

2. 管理审计:由独立的审计人员根据既定的标准,对组织的目标、计划、程序和策略等所进行的综合性的检查、分析和评价,并对组织的效率和效益提出建设性意见。

3. 内部控制审计:通过对被审计单位的内部控制制度的审查、分析测试、评价,确定其可信程度,从而对内部控制是否有效作出鉴定的一种现代审计方法。

4. 宏观经济效益审计:是国家审计机关对国家、地方,或部门的国民经济活动及管理的经济性、效果性和效率性,按照一定的标准进行审查和评价,以促进宏观经济提高效率,控制宏观经济运行风险,检查公共资源责任为目的的审计活动。

5. 经济责任审计:又称任期经济责任审计或离任审计。广义的经济责任审计泛指一切审计;狭义的经济责任审计指在明确国家机关和国有企事业单位领导人经营管理责任而进行的一种审计活动。

四、简答题(本大题共3小题,每题10分,共30分)

1. (1) 劳动力结构和分布的审查。(2分)

(2) 劳动力余缺的审查。(2分)

(3) 劳动力素质的审查。(2分)

(4) 劳动力流动性的审查。(2分)

(5) 科技人员使用情况的审查。(1分)

(6) 职工劳动积极性的审查。(1分)

2. (1) 对企业的经营水平进行综合评价分析其经营能力。(1分)

(2) 审查业务经营计划的完成情况及影响因素,找出关键问题,提出相应措施。(2分)

(3) 审查业务经营各个环节的状况,找出其薄弱环节和不适应的地方,找出影响经营效

益的因素。(2分)

(4) 审查各生产要素对经营的保证程度,提出合理调配生产力各要素,保证业务经营能顺利进行,经营目标能按期实现的建议。(2分)

(5) 审查各生产要素的利用情况,对生产要素的利用程度进行评价。(1分)

(6) 研究改善经营活动,弥补经营缺陷,开发利用生产要素,挖掘利用潜力的途径。(2分)

3. (1) 一次性和独特性。(2分)

(2) 目标的确定性。(2分)

(3) 组织的流动性和开放性。(2分)

(4) 成果的不可挽回性。(2分)

(5) 项目的生命期和阶段性。(2分)

五、业务题(本大题共2小题,第1题5分,第2题10分,共15分)

1. 运用投入和产出比较方法,可以发现,甲方案的净现值小于乙方案,但甲方案的现值指数却大于乙方案,从经济效益的角度看,乙方案的效果性好但效率性较差,甲方案的效果性差但效率性好。(2分)

经济效益与净现值的关系如下:净现值是指某一项投资方案未来现金流入量的现值与现金流出量现值的差额,体现的是投资活动的投入、产出关系;而经济效益是投入和产出的比较,既有相减比较,也有相除比较,更有相减和相除结合比较。因此说,净现值是衡量经济效益的一种形式,而经济效益的内涵和外延更为广泛;考察经济效益时,必须考虑货币时间价值即净现值。(3分)

2. 分别计算A、B、C三种材料消耗定额完成程度为:

A材料:$94 \div 100 \times 100\% = 94\%$ (2分)

B材料:$31.25 \div 41.7 \times 100\% = 75\%$ (2分)

C材料:$1\,125 \div 1\,000 \times 100\% = 112.5\%$ (2分)

可以看出,A、B两种材料消耗定额完成得比较好,C材料消耗定额没有完成,超耗12.5%(112.5%−100%),还有待于进一步分析审查。(2分)

此外,B材料的实际利用率比计划利用率高了20%(80%−60%),固然有其成绩,同时也应注意实际用量(31.25千克)大大低于计划用量(41.7千克)的原因,特别要查明实际用量本身的真实性;其次,要审查B材料的消耗定额,生产单位甲产品耗用B材料0.417千克显然过高,超过了单位产品含量66.8%[(41.7−0.25×100)÷0.25×100],与B材料的工艺损耗情况并不适应。(2分)

六、案例分析题(本大题共1小题,共20分)

(1) 缺乏独立稽核。(1分)

没有达到的审计目标"交易按正确的金额反映(计价)"。(2分)

措施:由两个人独立地对同一批商品进行盘点。(2分)

(2) 缺乏凭证与记录控制,经济业务没有经过适当的授权。(1分)

没有达到的审计目标"记录的交易按正确的金额反映(计价)"。(2分)

措施:及时登记会计账户,付款时在购货凭证上作标记。(2分)

(3) 不相容职务没有充分分离,缺乏必要的资产接触控制,缺乏必要的独立稽核。(1分)

没有达到的审计目标"记录的交易按正确的金额反映(计价)"。(2分)

措施：设立购货验收部门，验收部门会同仓库的员工清点入库的货物，填写入库单，入库单必须两个部门的人员签字；仓库应设有门卫，员工出入携带物品应接受检查；应有独立的部门不定期对仓库抽查。(2分)

(4) 缺乏独立稽核，没有人对盘点进行监督。(1分)

没有达到的审计目标"交易按正确的金额反映(计价)"和"交易被恰当地分类和反映"。(2分)

措施：由两个人独立地对同一批商品进行盘点。(2分)

模拟试题(二)参考答案

一、单项选择题(本大题共10小题，每小题1分，共10分)

题号	1	2	3	4	5	6	7	8	9	10
答案	C	D	B	D	A	C	C	B	D	A

二、判断题(本大题共10小题，每小题1分，共10分，对的打√，错的打×)

题号	1	2	3	4	5	6	7	8	9	10
答案	√	×	√	×	√	×	×	√	√	×

三、名词解释(本大题共5小题，每小题3分，共15分)

1. 经济效益审计：以被审计单位或项目的经济性、效率性、效果性的实现程度和途径为内容，以促进经济效益的提高为目的的一种审计活动。(3分)

2. 经营审计：对被审计单位经营活动的合理性、经济性和有效性的审查，借以检查和证明被审计单位经营责任的履行情况，以促进其改善经营，提高经济效益。(3分)

3. 管理审计：由独立的审计人员根据既定的标准，对组织的目标、计划、程序和策略等所进行的综合性检查、分析和评价，并对组织的效率和效益提出建设性意见。(3分)

4. 公共投资项目：由政府财政性资金或政府组建的特定机构通过资本市场融资筹集的资金投资或参与投资的项目，也包括国有企业事业单位投资的项目。(3分)

5. 经济责任审计：又称任期经济责任审计或离任审计。广义的经济责任审计泛指一切审计。狭义的经济责任审计指在明确国家机关和国有企事业单位领导人经营管理责任而进行的一种审计活动。(3分)

四、简答题(本大题共3小题，每小题10分，共30分)

1. (1) 经济效益审计目标的综合性。(2分)

(2) 经济效益审计对象的广泛性。(2分)

(3) 经济效益审计程序的独特性。(2分)

(4) 经济效益审计标准的多层次性。(2分)

(5) 经济效益审计方法的多样性。(1分)

(6) 经济效益审计作用的建设性。(1分)

2. (1) 可以为企业战略管理提供强有力的支持。(2分)

(2) 可以提高企业整体管理效率。(2分)

(3) 注重团队合作,防止企业管理机能失调。(2分)

(4) 可以提高企业激励作用,增强员工的参与意识。(2分)

(5) 可以使企业信息负担成本降到最低。(2分)

3. (1) 制定风险管理审计计划。(3分)

(2) 实施风险管理审计。(2分)

(3) 出具风险管理审计报告。(3分)

(4) 进行后续审计。(2分)

五、业务题(本大题共2小题,第1小题5分,第2小题10分;共15分)

1. 运用投入和产出比较方法,可以发现,甲企业的利润小于乙企业的利润,但甲企业的销售利润率却大于乙企业,从经济效益的角度看,甲企业经营的效果性好但效率性较差,乙企业经营的效果性差但效率性好。(2分)

经济效益与利润的关系如下:经济效益和企业利润是相互联系的两个概念,不能简单地把它们等同起来。企业利润是按照会计准则的规定计算确定的,它强调会计计量中的配比原则和权责发生制原则。说它与经济效益有联系,是因为它也是投入与产出比较之差。但是,计算利润的投入与产出,是按照上述两项会计原则来定义的,其外延与计算经济效益的投入与产出不同。经济效益的含义,既包括当期实现的效益,也包括当期创造而递延到后期收益的潜在效益;既包括直接归创造者受益的效益,也包括间接由非创造者受益的效益。(3分)

2. (1) 借款资本成本 $= 7\% \times (1-25\%) \div (1-2\%) = 5.36\%$ (2分)

债券资本成本 $= 14 \times 9\% \times (1-25\%) \div 15 \times (1-3\%) = 6.11\%$ (2分)

优先股成本 $= 12\% \div (1-4\%) = 12.5\%$ (1分)

普通股成本 $= 0.12 \div (1-6\%) + 8\% = 20.77\%$ (2分)

留存收益成本 $= 0.12 + 8\% = 20\%$ (1分)

(2) 企业加权平均成本 $= 10 \div 100 \times 5.36\% + 15 \div 100 \times 6.11\% + 25 \div 100 \times 12.5\% + 40 \div 100 \times 20.77\% + 10 \div 100 \times 20\% = 14.89\%$ (2分)

六、案例分析题(本大题共1小题,共20分)

(1) 有缺陷,在长达近3年的时间里,凯维埃尔的上司对他所参与的巨额金融交易完全不知晓。(3分)

对于具有巨大风险的金融产品的交易没有相关的内部控制措施或者说没有实施相应的内部控制措施,无疑使凯维埃尔能够毫无障碍地进行各种未经授权的交易。(3分)

同时,作为凯维埃尔的上级只对他是否赚钱感兴趣,没有看到他赚钱后面的深渊。既没有仔细检查其交易证据,更没有去核查其资金的去向和交易的内容。(3分)

对于金融创新特别是一些新兴、复杂的衍生金融工具,一些评估机构没有经验,交易员们也大多看重其利,其风险评估也就容易出现问题。面对金融创新迅猛发展的局面,金融从业者显得无所适从,而凯维埃尔就是这样一位"不幸的受害者"。(4分)

另外,从道德的角度看,员工的职业操守也存在一定问题。据凯维埃尔的证词,他"承认"曾试图"隐瞒"自己进行的一些交易。超出上级给予的权限进行超额交易的问题都可以通过设置完善的内控监管以及风险管理体系防范并予以制止。(4分)

(2) 建立良好的内部控制环境；严格信息沟通与授权制度；紧跟当代信息技术的最新发展，不断完善监控系统。(3分)

参 考 文 献

[1] 张庆龙,沈征.内部审计理论与方法:基于2013内部审计准则的解释[M].北京:中国财政经济出版社,2014.
[2] 聂萍.顾客导向型政府绩效审计制度改进与实现途径[M].北京:中国人民大学出版社,2015.
[3] 朱乔,等.绩效与审计评估方法及应用[M].北京:科学出版社,2018.
[4] 罗伯特·S.卡普兰,戴维·诺顿.平衡计分卡:将战略转化为行动[M].广东:广州经济出版社,2013.
[5] 赵保卿.绩效审计理论与实务[M].上海:复旦大学出版社,2007.
[6] 中国内部审计协会,译.国际内部审计专业实务框架[M].北京:西苑出版社,2015.
[7] 沈征.内部审计学[M].北京:电子工业出版社,2015.
[8] 罗伯特·莫勒尔.COSO内部控制实施指南(2013版)[M].北京:电子工业出版社,2015.
[9] 王学龙.经济效益审计[M].大连:东北财经大学出版社,2015.
[10] 郑石桥.绩效审计[M].北京:中国人民大学出版社,2018.
[11] 杨肃昌.中国公共支出绩效审计制度研究[M].北京:经济科学出版社,2014.
[12] 中华人民共和国预算法(2019最新修订)[M].北京:中国法制出版社,2019.
[13] 李燕.政府预算管理[M].北京:北京大学出版社,2016.
[14] 高岩芳.企业经济效益审计[M].北京:人民邮电出版社,2006.
[15] 宋维佳.可行性研究与项目评估[M].大连:东北财经大学出版社,2015.
[16] AO培训教材编委会.AO投资审计应用实例[M].北京:中国时代经济出版社,2013.
[17] 罗奈尔·B.罗姆,斯蒂芬·L.摩根.绩效审计:一个计量的过程和方法[M].陈华,李丹,译.北京:中国时代经济出版社,2014.
[18] 陈薛金.绩效审计理论与实务[M].北京:中国时代经济出版社,2013.